武漢近代工業史

第四冊

唐惠虎、李靜霞、張穎　主編

目錄

第一冊

第二冊

第三冊

第七章｜抗戰初期武漢工業內遷的艱難歷程與重大意義 681

第四冊

第十章｜武漢工業的恢復與國家工業基地的確立　961

第十章 ——

武漢工業的恢復與國家工業基地的確立

　　一九四九年五月昔六日武漢解放，武漢工業進入了一個全新的發展階段。人民政府迅速、全面地接管了國民黨在武漢的舊政權和官僚資本，為新中國成立初期武漢工業的恢復作了政治和經濟準備；人民政府為實質性推動武漢工業的生產和經營，穩妥調整公私關係，實施勞資協商，國營工業企業的領導地位初步確立，私營工業產量、銷量增加，為武漢國民經濟恢復任務的勝利完成做出了重要貢獻。

　　一九五三年國家國民經濟第一個五年計畫實施，一批特大型鋼鐵、機械企業在漢建成投產，使武漢重新成為全國重要的工業基地，鋼鐵、機械、紡織成為三大支柱產業。

第一節 ▶ 軍管會接收官僚工業及整頓金融市場

　　一九四八年底至一九四九年初，國民黨政府一方面大規模發動內戰，一方面將大批黃金、美元悄悄運至臺灣。一時間金圓券急劇貶值、物價飛漲，甚至報紙刊出一袋鈔票買不了一袋大米的新聞。工業原料價格飆漲，全國工業面臨困境，民怨沸騰。

　　此時，駐漢的國民黨「華中剿匪司令部」總司令白崇禧雖曾兩次致電蔣介石，要求停止內戰，但同時也下令在從武漢潰退前實施炸廠、炸重要工業設施、炸城市基礎設施的破壞活動。中共武漢地下黨組織積極動員市民和工人、學生，展開反搬遷、反破壞、護廠護校迎解放的鬥爭。在全市民眾的努力下，除少數軍事工廠被強行搬走部分機器外，全市絕大多數工廠的機器設備都較好地保存下來。國民黨軍隊制訂的炸毀城市堤防、水陸交通設施

及水電工廠、電訊局等計畫未能得逞。[1] 與此同時，中央中原局組織人員編寫出四十餘萬字的《武漢調查》及其續編，其中包含重要的武漢工業相關情況，為武漢解放後制定官僚資本的接管計畫，提供了重要依據。

一、武漢市軍管會的成立

一九四九年五月上旬，鑑於長江沿線的有利戰局及國民黨白崇禧部即將撤退的動向，中共中央軍委命第四野戰軍先遣兵團與江漢軍區部隊匯合，在西線渡江解放武漢，並通知江北各路參加接管武漢的人員迅速隨軍南下。

根據中央的部署，解放武漢、接收城市的主要機構、人員主要由東北局、華北局、中原局、華東局抽調派遣，大多數來自齊齊哈爾、瀋陽、長春、大連、北平、天津和濟南等先期解放的大城市。其中，既有接管城市豐富經驗的幹部，也有具有專業知識的技術人員。遴選的市委書記張平化，曾任全國解放最早的省會哈爾濱市市委書記；參加接管國民黨武漢財經系統的，均來自東北局的「南下財經大隊」；此外還有一批熟悉武漢各方面情況的幹部。為順利接管，這些人員在開往武漢的途中，分別在天津、鄭州、開封、徐州等地進行了短期整訓。整訓內容包括：第一，

1　夏鋼、劉永明主編《武漢城市接管與社會改造》，1997 年；中共湖北省委黨史研究室編，《城市的接管與社會改造・湖北卷》，中共黨史出版社，1997 年 1 月版，第 33 頁。

學習 1949 年 3 月毛澤東在中共七屆二中全會上的報告和全會文件，使接管人員對黨的工作重心從農村轉移到城市有明確的認識。第二，進行接管城市方針政策的教育。學習《中國人民解放軍布告》《接管瀋陽的經驗》《天津市軍事管制委員會工作綱要》《關於接管工作中幾個原則問題的決定》《接管注意事項》《移交守則》《接管江南城市的指示》等，以及劉少奇所作的關於接管城市工作形勢、方針和政策的報告。第三，介紹武漢城市基本情況，使接管人員掌握接管武漢工業的方針、方法和步驟。

5 月 12 日，中共中央決定撤銷中原局，組建華中局（後更名中南局）。林彪、羅榮桓、鄧子恢分任第一、二、三書記。

5 月 13 日，遴選的武漢市軍管會、市委和市政府的主要領導先後抵達武漢近郊黃陂，並主持了各路接管幹部入城前的準備工作。武漢市軍事管制委員會發布第 1 號對內通告，要求廣泛發動職工護廠，利用上層活動及其他各種方法，阻礙國民黨軍隊對武漢工廠和物資的搬運與破壞。通告還指出：「我們進到城市不面向工人，不依靠工人，不把工人組織起來提高其覺悟，都是要犯大錯誤的，但如我們不宣傳與組織工人積極生產，也會犯錯誤的。」[2]

1949 年 5 月 15 日，解放軍第四野戰軍第四十軍第一一八師直插漢口劉家廟。16 日、17 日武漢三鎮全部解放。

2　中共湖北省委黨史研究室編《城市的接管與社會改造·湖北卷》，中共黨史出版社，1997 年 1 月版，第 109 頁。

根據中共中央軍委和毛澤東主席的決定，全國解放之際在北平、天津、南京、武漢、上海、廣州等大城市，成立軍事管制委員會，為所在城市解放初期軍事管制時期的權力機關，其任務是建立新秩序，逐步恢復生產。五月二十二日，武漢市軍事管制委員會在漢口正式成立，軍管會主任譚政，副主任陶鑄（後增補張平化）；委員為譚政、陶鑄、蕭勁光、倪志亮、唐天際、張平化、吳德峰、張執一、李一氓、朱滌新、趙爾陸、徐林、何偉、王闌西、卓雄。二十七日，又增補潘梓年、李一清為委員。

　　武漢軍管會下設四個接管部：物質接管部，部長趙爾錄，副部長徐林、李一清、曾志，下設工業、財糧、金融、海關貿易、農林水利、後勤、房管、衛生八處；交通接管部，部長李一清，第二部長劉惠農，下轄鐵道、公路、電信、航運、郵政五處；軍政接管部，部長楊春甫，副部長張靜之，下轄軍事、政權二處；文化接管部，部長潘梓年，第二部長王闌西，副部長廖井丹、陳荒煤、陳亞丁、劉白羽、胡克實、劉祖春，下轄教育、文藝、新聞出版三處。軍管會駐漢口洞庭街一一一號。負責接管國民黨中央與省市財政、工廠、企業與官僚資本之企業。交通接管部，負責接管平漢、粵漢兩鐵路、全省公路、長江內河航運、電訊，郵政等機構及其附設工廠與各種交通工具等。

　　五月二十四日，武漢市人民政府布告（政字第一號）發佈，「案奉：中國人民革命軍事委員會及中原臨時人民政府電令：對前漢口市、武昌市及漢陽城區等所轄地區成立武漢市人民政府，任命吳德峰為市長、周季方為副市長，遵即就職」。二十五日，中共武漢市委成立，市委書記張平化，副書記謝邦治。

新中國的武漢市行政建制自此開始。

二、接管國民黨政府國家資財和沒收官僚資本

武漢解放後，武漢市軍管會發佈了關於清查敵遺國有資財的布告。

・一九四九年五月二十三日，武漢市軍事管制委員會頒布第一號布告

國民黨政權撤出武漢前後，「各公共機關、公共企業的各種物資、財產、檔案、武器、彈藥及各種軍用器材，或分存民間，或化名轉移，或廉價拍賣，亦有個人暫時將某項遺棄物品代為收集者，亦有個人混水摸魚企圖自利者」。為此，武漢市軍管會規定，「凡存有上述資財者，准限於十五日內向本會各接管部門或市政府、警備司令部、公安局報告，以便接收。凡有知道某地或某人存有上述資財者，亦可向本會各接管部門或市政府、警備司令部、公安局報告，經接管部門審查確實後，派員接收。對於以上

兩種報告人，接收後均當酌情給予獎勵」。[3]

但是，武漢此時的工業十分蕭條。長期戰爭和惡性通貨膨脹，工廠開工生產不如囤積物資有利可圖，全市的大部分工廠已停工減產，一些工廠轉向商業投機，一部分工廠業主抽走資金、轉移設備。武漢三鎮臨近解放時，全市二十五家國有工廠中有十四家停工。據漢口地方組織一九四九年三月調查，武漢應接管的單位三十一個，年內業已拆遷者八廠，計畫拆遷者三廠，不能立即拆遷者三廠，工人五千七百人。見下表：

表 10-1 武漢應接管工廠簡表 [4]

原屬系統及資本來源	廠名	生產能力及設備	職工總數	應變態度	備註
官僚資本（宋系）	既濟水電公司	17 500kW	1 000	無拆遷計畫	民股約 30%
官僚資本（宋系）	南洋煙草公司	大煙機 25 部	422	無拆遷計畫	民股約 40%
財經部及川鄂湘等六省投資 80%	中國植物油廠	日煉桐油 5 噸、榨豆油 75 擔	200	榨油廠租用部分已發還	民股約 10%
四行兩局	華新水泥公司	日產 6 000 桶	1 300	無拆遷計畫	民股約 10%
資源委員會	鄂南電力公司	18 000kW	600	無拆遷計畫	15 000kW 在大冶大部分未完成

3　武漢市檔案館編《武漢解放》，武漢出版社，1996 年 6 月版，第 164 頁。
4　徐鵬航主編《湖北工業史》，湖北人民出版社，2008 年 3 月版，第 277 頁。

原屬系統及資本來源	廠名	生產能力及設備	職工總數	應變態度	備註
資源委員會	華中鋼鐵公司	30 噸小煉鐵爐 1 座	800	無拆遷計畫	
資源委員會	中央電工廠	各種幹電池、蓄電池	62	無拆遷計畫	
糧食部	五豐麵粉廠	日產 3 000 包	110	無拆遷計畫	
糧食部	五豐米廠	每 10 小時碾米 600 包	50	無拆遷計畫	
糧食部、鄂省府合營	漢口米廠	每 10 小時碾米 600 包	100	無拆遷計畫	
兵工署	第 30 兵工廠	修機	1 100	有計畫未行動	
兵工署	第 26 兵工廠	製造火柴		機器未裝成已南遷	
聯勤總部	漢陽煉油廠	日榨豆油 51 擔	175	大部拆遷	
聯勤總部	漢口製革廠			大部拆遷	
聯勤總部	304 汽車修理廠			大部拆遷	
聯勤總部	武漢被服廠			大部拆遷	
聯勤總部	武漢糧秣廠			大部拆遷	
聯勤總部	修船廠			大部拆遷	
國防部	海軍工廠			有拆遷計畫	
國防部	空軍工廠			有拆遷計畫	
善後事業會	農墾處	曳引機多部,修理汽車設備	80	無拆遷計畫	
善後事業會	農機公司	機械留滬			
湖北省政府	漢陽煉油廠	日榨豆油 100 擔	122	無拆遷計畫	
湖北省政府	湖北機械廠	工具約 150 部	325	無拆遷計畫	修船及造農機
湖北省政府	惠工車輛公司	日產三輪車 60 輛	48	無拆遷計畫	
湖北省政府	漢口紡織廠	動力人力機各 40 臺	139	無拆遷計畫	

原屬系統及資本來源	廠名	生產能力及設備	職工總數	應變態度	備註
湖北省政府	漢口化工廠	日產皂九千箱酒精三萬加侖	57	無拆遷計畫	
湖北省政府	民生印刷公司	對開機 2 部、四開機 4 部、二號元盤 3 部、三號元盤 1 部	41	無拆遷計畫	
湖北省政府	武漢玻璃廠	日產玻璃 150 噸			機器到漢尚未裝置
	漢陽打包廠	日打 300 包		無拆遷計畫	

　　軍管會接管沒收工作主要按以下原則進行：（1）按「各按系統、自上而下、原封不變、先接後分」原則，完整地接收企業，防止設備、財產被亂搬、亂拿和被破壞分散。（2）按照「保持原職、原薪、原制度」不打亂原有組織結構並維持其正常運轉的原則，對接管企業（單位）實行內部的民主改革。對原廠長、礦長及工程師和其他職員，只要沒有劣跡血債，不是破壞分子，願意留下的都保持原職務不變。原機構、規章制度、工資等級標準及獎勵制度也暫時不變。（3）堅決依靠工人階級和爭取原高級職員共同做好接收的財產、資金、設備、庫存物資、帳冊、檔案清理和登記工作，轉化為人民政權的國有財產和生產資料。（4）軍代表不直接參與企業的經營管理，只監督企業生產的回復和保證上級命令的貫徹。[5]

　　按照分工，以市軍管會物資接管部和交通接管部為主，接收並處理了敵偽產業及公共物資財產，包括一切屬於國家的交通航運事業。軍代表沒收所有官僚資本，直接暫行代管屬於國家之企業，爾後逐步移交給中央和地方人民政府。物資接管部分別接管了國民黨在漢的工業、財糧、金融、海外貿易、農村水利、房產、衛生以及後勤等系統的機關、工廠、倉庫。據財糧、工業、後勤、房地產、衛生部門的統計，共接管國民黨的漢口、武昌的財經機關二十個，官僚資本工廠企業三十一個，官僚資本房地產單位二百八十七個，後勤供應單位四十四個等。交通部接管了鐵路、航運、公路、郵政、電訊各系統大大小小的單位一百七十多個。市職工總會籌委會接管了各官辦的工會房產、碼頭業及各公營工廠的職工福利事業。[6]

　　此時，國民政府在武漢的官僚資本、金融機構均被撤走，物資南運，人員解散，庫空囊癟。公用企業亦凋敝不堪。接管時，除了全市工廠、機器、廠房等不動產外，接收的貨物資財為數甚少，其總價值不過一百億元（1955 年 3 月國務院發行新人民幣前，1 萬元相當於 1 元）。

　　為儘快恢復城市經濟，武漢市軍管會成立了公營企業生產恢復委員會，負責研究解決公營企業在恢復生產中的各項問題。要

6　夏鋼、劉永明主編《武漢城市接管與社會改造》，1997 年，中共湖北省委黨史研究室編《城市的接管與社會改造・湖北卷》，中共黨史出版社，1997 年 1 月版，第 38 頁。

求能復工的盡量復工，能復工一部分的就復工一部分，不能復工的則集中職工學習專業技能。到一九四九年九月，復工的國營工廠有電力、鋼鐵、煤礦、水泥、機械等重工業及織布、麵粉等輕工業十四個企業，產量也日漸提高。如華新水泥公司產量由五月份產一百噸增至六月份產一千五百噸。[7] 在企業內部調整上，清洗了劣跡斑斑和拿乾薪的人，調動了工人的積極性，減輕了企業負擔。但是，這種減員十分謹慎。據一九四九年八月二十二日統計，漢口化工廠裁減了二人，南洋煙草公司減二十六人，五豐麵粉廠減六人，漢口碾米廠減四人，華中玻璃廠減一人等。[8] 由於支援前線和發展經濟的需要，此時武漢工業企業隸屬關係的調整原則是管理權集中，較大規模的工業企業由華中局統一管理，企業性質相同的應當合併。按此原則，武漢軍管會報經華中局財委會同意，將所接管的國營企業按隸屬關係進行調整：（1）華中鋼鐵公司、華新水泥公司、鄂南電力公司、華中玻璃公司、南洋煙草公司、華福捲煙廠、湖北機械廠（所屬惠工汽車修理廠分出與 403 汽車廠合併）、武漢汽車廠（原 403 汽車廠）、漢陽船舶製造廠、海軍工廠（與漢陽船舶製造廠合併，暫歸交通部使用），由華中局人民政府公營企業部管理。（2）漢口碾米廠、五豐麵粉廠、五豐碾米廠、漢陽煉油廠、中國植物油料場（與漢陽

7　武漢檔案館編《武漢解放》，武漢出版社，1996 年 6 月版，第 119 頁。
8　湖北檔案館藏（G9-1-92），轉引自徐鵬航主編《湖北工業史》，湖北人民出版社，2008 年 3 月版，第 279 頁。

煉油廠合併）、榮磚廠歸華中貿易總公司管理。（3）中福麵粉廠、骨粉廠（原屬化工廠）、建昌煤礦公司、鄂南煤礦公司歸湖北省政府管理。（4）漢口紡織廠、磚瓦廠、漢口化工廠（三個分廠歸湖北省政府管理）、華中造紙廠歸武漢市政府管理。（5）第 30 兵工廠、湖北製藥廠、湖北血清廠歸四野後勤部管理。（6）電池廠暫歸交通部管理。[9] 這樣劃分的好處是：對於一些重工業及規模大的帶有全國性的輕工業，由華中局統一管理，便於統籌全域；而歸省政府領導的企業便於向農村推銷產品，吸收農村原材料供應企業生產，促進企業發展。

武漢地區的國民政府國有資本與官僚私有資本轉化為新中國國有資本，為武漢市國有工業經濟的建立、恢復奠定了基礎。

三、整頓金融秩序

解放初期，武漢市政府必需支出的費用數額巨大，項目繁多。工廠恢復生產需要資金，被破壞的城市市政設施亟待正常運轉，留用的軍政公教人員薪酬需要及時發放，支前需要經費等等。而此時，武漢市正式的稅收制度還沒有建立；舊政權金融機構留下的資金僅有銀元 15 953 元、白銀 43.75 兩、黃金 19.34 兩；舊漢口市財政局移交的除文書檔案外，僅有 1 100 塊銀元和

9　《武漢市軍事管制委員會通知》，湖北省檔案館藏（革 5-3），轉引自徐鵬航主編《湖北工業史》，湖北人民出版社，2008 年 3 月版，第279頁。

已成廢紙的金圓券。

早在一九四九年五月十三日，中央華中局就擬定了進入武漢後的金融政策：公佈金圓券為非法貨幣，限期禁用；買賣、貸款、薪資、賬款一律使用人民幣，拒用者，以破壞金融罪論處；對黃金、銀元暫不公佈禁用。這一金融政策並規定了人民幣發行辦法和支持辦法。發行辦法為：（一）軍政機關使用；（二）對接管機關、企業職工與公教人員先發半個月的生活維持費，以人民幣支付；（三）以人民幣收兌一部分銀元、黃金；（四）以人民幣向職工及公教人員、學生收兌一定數量之金圓券。支持辦法為：（一）在江漢購買一千萬斤大米，沿漢水運入武漢，並在信陽囤放三百萬斤到五百萬斤糧，二百萬斤鹽，五十萬斤棉花，一百萬斤油，屆時動員漢口車輛到信陽運取。（二）由李一清攜帶五十萬銀元做「黑市活動」。（三）擬向商號借十億款，以人民幣支

·一九四九年六月二十二日，《長江日報》刊載的「武漢各界代表集會，舉行拒用銀元總動員」報導

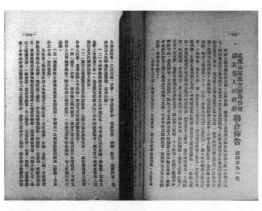

·武漢市軍事管制委員會頒布的打擊銀元投機的布告

付。[10]

五月二十五日，武漢市軍管會發佈第二號布告，宣佈人民幣為統一流通的合法貨幣。六月四日，頒發《關於禁用偽金圓券的布告》，宣佈自即日起金圓券為非法貨幣，禁止流通。為便於清理結算，規定金圓券十萬圓折合人民幣一元為換算標準。武漢市民迫切要求擺脫手上已成為廢紙的金圓券，收兌工作進行得異常順利，一拿到人民幣，趕緊去買米、調換銀元。但是，有些工商業者恐懼資金會像民國時期一樣換幣縮水，寧可相信「工不如商，商不如囤」，大量囤積物資，造成全市物價繼續如脫韁野馬失去控制，一些資本家則大發其財。人民幣成了「早出晚歸者」，早上發出去，晚上又全部回到銀行。六月十五日前後，有些商店乾脆公然以各種方法拒收人民幣。人民幣的信用受到嚴重威脅，正常的商品流通遭到破壞，工廠復工受到阻礙。

此時，銀元投機、銀元黑市活動也遍及全市。銀元黑市主要由幾種人操縱：一是以政治破壞為主要目的的金融特務；二是以

10　武漢市檔案館編《武漢解放》，武漢出版社，1997 年版，第 380 頁。

投機操縱、組織走私的「銀蟲」和從中牟取厚利的經紀人；三是銀元販子。他們利用人民幣立足未穩，抬高銀元價格，擾亂金融市場。軍管會公佈武漢市場的銀元與人民幣比價為 1：300 或 350，但銀元黑市價格至六月十七日竟漲到 1：3150，後又突破 1：4500。天津、上海等地的商販也往來於武漢進行投機買賣，農村交易要麼以物易物進行等價交換，要麼是用銀元作媒介，武漢到農村購買農副產品必須拿銀元，而農村到武漢購買工業品的商販帶的也都是銀元。武漢的一些金店銀樓，甚至私營錢莊、貿易行棧等都參與了銀元黑市買賣活動。漢口統一街上首與民權路交叉點甚至成為大宗銀元黑市交易中心。他們公開喊牌論價、拍肩交易。到了六月中旬，有些商店開始用各種方法拒收人民幣，稱人民幣「外觀雖亦能起了通貨作用，但早出晚歸，不能在市場上站住且流通速度急速」，「當時武漢市場實際上已拒用人民幣而無形停市」。[11]

銀元黑市猖獗，對武漢工業生產的恢復與發展產生了巨大的衝擊。正常的商品流通受到破壞，工廠企業復工受到阻礙。煤商大批進貨後，都是零星售給各用戶，收款大半達不到進購價，出現虧損。市福新麵粉公司決定六月二十五日復工生產，但到鄉間購買小麥要付銀元，只好以同是榮氏家族企業的申新紡織公司的

11　一九四九年七月十日華中局《關於五、六月間武漢等大城市金融物價情況給毛主席的報告》，轉引自中共武漢市委黨史資料徵集編研委員會辦公室編《中共武漢地方黨史社會主義時期專題資料選編》，1985年版，第 50 頁。

存紗虧本換取小麥。銀元黑市同時引起市場混亂，物價暴漲。據貿易機關的統計，從五月二十五日到七月初，武漢物價曾經兩次陡漲，第一次是在五月二十五日以後，以銀元帶頭，各種物價扶搖直上，至六月十七日只能以銀元兌人民幣 1：600 的比值來計算當時貨物的實際物價。如以五月二十三日物價指數為 100，則六月十七日物價指數達到 484.995，上漲了近四倍，銀元則上漲近五倍。**12** 第二次是在七月初，物價指數比五月中旬上漲近三倍。飽經通貨膨脹之苦的市民和工人群眾的生活，再次受到嚴重的威脅，工業生產也面臨著嚴峻的經濟形勢。

為此，中共武漢市委、市人民政府配合軍管會領導了一場聲勢浩大的平抑物價、穩定市場的鬥爭。大體經歷了三個階段。

從 九四九年五月下旬到七月初是第一階段。五月下旬至六月上旬，軍管會和武漢市委、市人民政府從實際出發，合理規定銀元與人民幣的比價；在全市正式發行中國人民銀行鈔票，同時明令禁止金圓券以及中原局原發行的中州農民銀行鈔票在市內流通。軍管會副主任陶鑄指出：「只有嚴格拒用銀元，以人民幣為主，才能穩定物價，使那些特務與奸商無法興風作浪，才能發展生產與繁榮經濟，使廣大人民生活日益改善。」**13** 二十一日，武漢各界拒用銀元委員會正式成立，同時舉行第一次會議。會議決

---

12 《陶鑄在武漢市一屆一次各界人民代表會議上所作的市軍管會工作報告》，轉引自武漢市檔案館編《武漢解放》，武漢出版社，1996 年 6 月版，第 124 頁。

13 《長江日報》，1949 年 6 月 21 日。

· 一九四九年六月二十三日，《長江日報》上刊發武漢市軍事管制委員會頒布的關於《私營銀錢業申請登記審查辦法》

定由市職工總會籌委會擔任各界拒用銀元委員會主任委員，並通過了拒用銀元的七條公約以及《要求武漢市軍管委員會與武漢市人民政府迅速頒布禁用銀元命令》的呈文與建議。二十二日，武漢市軍管會和湖北省人民政府發佈禁用銀元的命令，定銀元黑市為非法。宣佈：「自布告之日起，金銀只准保存，不准流通，更不許從事金銀投機」，「銅元、鎳幣也一律與銀元同時禁用。」[14]

為貫徹上述命令，市公安局制訂了具體政策措施：對不明政策使用與持有少數銀元（50元以下）的工人、市民、農民等，要求其到銀行將銀元兌換成人民幣；對專以販賣銀元為業者，令其迅速改業；對少數有計畫破壞金融的搗亂分子，嚴肅查處。二十二至二十七日，市公安機關出動，共逮捕金銀黑市嫌疑犯一百六十七名，搜出銀元9174元、黃金121兩以及在黑市交易中使用的人民幣1038100元，查獲專做金銀投機生意的大錢莊兩家，

14　《大剛報》，1949年6月22日，轉引自皮明庥主編《武漢通史·中華人民共和國卷》，武漢出版社，2006年版，第13頁。

打擊了銀元黑市。

市軍管會和市政府採取了緊縮通貨、抓緊稅收、拋售物資和組織緝私等一系列有力措施，平抑了市場物價，安定市民生活。僅幾天工夫，市場一反往昔情形，大都改用人民幣作計價單位及支付手段；許多商店要求顧客以人民幣付款，不收受銀元。結果，人民幣幣值上升，銀元每枚由二千八百元降至一千三百元，二機米每斤由 360 元跌至 170 元，12 種主要物價指數平均下落 50%。[15]

從一九四九年七月到八月是第二階段。此時，武漢金融物價再次出現不穩定，原因十分複雜。解放軍雲集武漢及其周圍地區，部隊使用人民幣，而鄉間仍使用銀元，因而人民幣大量流入武漢；人民政府掌握的物資不充分，實力不雄厚；敵特、奸商趁國民黨軍機空襲騷擾武漢周邊，散佈「國民黨不久就要反攻」的謠言，製造緊張空氣。另外，受上海花紗布漲價的影響，武漢物價也以花紗布帶頭急劇上漲。銀元黑市價也由六月下旬的一千三百元，驟然回升到三千二百五十元；此時的銀元黑市買賣大多轉入秘密交易，金店銀樓也相繼玩弄花樣，並採取改頭換面的手法以掩人耳目，從而進行更大的冒險。

武漢金融物價的不穩定，波及湖北全省及湖南、河南、四川部分地區。為此，中央華中局於七月五日作出《關於穩定武漢金

---

15 皮明庥主編《武漢通史・中華人民共和國卷》，武漢出版社，2006 年版，第 13 頁。

融物價的決定》，指出：「全黨必須嚴重注意此種形勢，必須共同努力來克服此種形勢。」武漢軍管會和市委、市政府採取了許多具體措施。其中，責成中南花紗布公司於七月初開始拋售棉紗，使動盪數日的棉紗價格回落，其他商品價格也相繼下降。少數投機商人企圖操縱市場，在中南花紗布公司低價拋售的情況下大量吸收棉紗，中南花紗布公司則以平時交易額五倍之巨的貨物進行拋售，終於將棉紗價格壓到較低水準。市糧食公司也增設代銷處與門市部，定價較市價為低，使米價日趨平穩，金融及市場趨於穩定。一九四九年七月十日，中央華中局在《關於武漢等大城市金融物價情況給毛主席的報告》中，作出這樣的結論：「武漢經驗：沒有革命的鄉村，孤立的人民城市經濟是無法穩定的。」[16] 這一階段性結束，人民幣的信譽和地位得到進一步鞏固，物價基本平穩。銀元黑市價格回跌到一千三百元；大米、布匹、食鹽等生活必需品的價格也大幅度降低。

　　從一九四九年十一月到一九五一年底是第三階段。在二十天的時間裡，物價上漲 70%-80%。此次漲風主要是受上海的影響，由紗布帶頭，並影響到棉、糧價格上升和銀元比值上漲，其中銀元上漲 40% 以上。為此，軍管會、市政府一方面繼續大力恢復生產，組織物資供應以及統一財政經濟，執行調整工商業政策；另一方面重點加強了對金融、市場、物價的管理和對投機活動的打擊，一九五○年共查獲金銀黑市案件五百零三起，一九五

16　武漢檔案館編《武漢解放》，武漢出版社，1997 年版，第 442 頁。

・一九五四年五月二十四日至六月一日，中共武漢市第一次代表大會召開，將武漢建設成新的社會主義工業城市列為最中心任務

一年上半年繼續破案 89 起，共沒收黃金 42 萬多兩、銀元 26500 多枚、白銀 1700 多兩、人民幣 11 億多元。一九五一年十月，出現了銀元黑市價低於政府規定牌價的局面，人民幣作為唯一的貨幣穩固地佔領了武漢市場。[17]

人民政府對金融市場的整頓，保障了民眾利益，促進了城市經濟的恢復與發展，同時對不法投機商以沉重的打擊。全市專做投機買賣的 百零二家金銀首飾店、三十三家紗號、八家保險公司和九家珠寶店全部垮臺，只有房產而無足夠資金的私營銀行、錢莊也垮了一部分；做轉手批發的鹽商也紛紛停業或轉為自運自銷，國營商業在市場上逐步成長和壯大起來，全市工業生產逐步走向正軌。

第二節 ▶ 私營工業的恢復與發展

私營工業是新中國經濟的重要組成部分。武漢解放前夕，由

---

17 皮明庥主編《武漢通史・中華人民共和國卷》，武漢出版社，2006 年版，第 16 頁。

於國民黨白崇禧集團的大肆破壞，私營工業處於十分困難的境地。從一九四九年五月到一九五二年底，市人民政府提出以恢復和發展為中心，採取利用和限制的方針，積極發展私營工業，有力推動了武漢私營工業的恢復和發展。

一、私營工業恢復之措施

毛澤東在中共七屆二中全會報告中指出：「關於恢復和發展生產的問題，必須確定：第一是國營工業的生產，第二是私營工業的生產，第三是手工業生產。」既要反對「認為只要注意國營經濟就夠了，私營企業是無足輕重的了」的觀點，又要反對「認為主要地不是幫助國營企業的發展，而是幫助私營企業的發展」的思想，既要反對「認為應該對私營資本限制太大太死，或者認為簡直可以很快消滅私人資本」的「左」的情緒，也要反對「認為現在不要限制資本主義，認為可以拋棄『節制資本』的口號」的右的傾向。[18]

因此，武漢市在基本完成對舊政權國有企業和官僚資本的沒收與接收後，即將主要精力集中於對私營工商業的扶持與建設上來。

（一）妥善處理勞資糾紛與調整工商業政策

武漢解放後，一些私營企業家在經營管理上仍堅持一貫做

18　吳仲炎著《情系大武漢》，武漢出版社，1998 年 9 月版，第 248 頁。

法：一方面，對工人採取極端苛刻的盤剝；另一方面，攫取廉價原料，囤積居奇，偷稅漏稅。由於長期以來的反共宣傳，一些私營企業家對共產黨的政策顧慮重重，害怕財產被沒收，害怕稅收過重賺不了錢。因此，有的藉口困難，拖延或拒絕復工；有的販資轉貨，縮小生產經營，甚至轉移資金，外遷企業。同時，有些工人對增加工資和改善生活方面要求過高，勞動紀律鬆弛，任意干涉企業的經營管理，勞資糾紛增多。

針對以上問題，中共武漢市委在接管工作結束以後公佈的《關於武漢市目前工作任務的決定（第二次草案）》中把恢復生產作為當時最中心、最迫切的任務，明確提出對私營企業進行三方面的工作：第一，在原料供給、成品推銷、稅收政策與運輸政策上貫徹公私兼顧的方針。認真整理稅收，逐漸建立新的統一的稅收制度。鐵路和航運應盡可能開闢與增加商運，對外廠內遷應採取歡迎與協作的態度。第二，在勞動條件與勞動紀律上貫徹勞資兩利的方針，目前勞資雙方特別關心的工資問題，必須適當解決。一般的應保障原有的實際工資，不應提高也不應降低。在私營企業中，亦應建立新的勞動態度與遵守勞動紀律，應使職工了解在新民主主義政權下，自己所處的社會與國家主人翁的地位，社會財富的增加對工人階級是有利的。為了建立正確的勞資關係，以產業或行業為單位的集體合同，應有步驟地開始協商與訂立。第三，對私人資本的工商業家，進行適當的教育工作。糾正害怕與工商業家接近的關門主義傾向，對於投機奸商，則必須堅

決反對，給以政治上的限制和經濟上的鬥爭。[19]

中共武漢市委還在決定中指出，恢復生產必須抓緊兩個環節。一是城鄉關系；二是職工運動。決定指出職工運動主要是恢復生產的基本力量，要在工會工作者和行政管理人員中牢固樹立依靠工人階級，依靠從事生產的勞動者的思想。從完成恢復生產任務的角度出發，還需要進一步提高職工的覺悟與團結，進一步深入開展職工運動。

一九五〇年，中共武漢市委書記張平化在向中南局並中央的綜合報告中指出，武漢工商業面臨著許多困難。私營工業從一九四九年六月到十二月七個月的時間停歇業三十八戶；從一九五〇年一月到四月停歇了二百六十戶。停歇業的原因在客觀上是由於舊的秩序向新的經濟秩序轉換，主觀原因則是公私關係不協調和稅收與公債的影響。如工商界代表在各界代表會上反映，市內棉花牌價比產地低，檢驗手續過繁，運輸工具又為公家掌握，以致散在農村的棉花不能收購上市；麵粉廠、製米廠早已停工，而我專業公司存放在私人倉庫的大量麥子和稻子，因無計畫而不敢加工；鹽業公司批發零售價格一樣；煤球公司更以批發價挨戶傾銷，使私營煤球廠無銷路；稅收任務 7 億斤，原包括鹽稅、關稅等項在內，這幾項撥出之後等於增加。加之自三月以後，由於物價下跌市場營業額大為縮小，如棉花成交量四月上旬比三月上旬

19 《中共武漢市委關於武漢市目前工作任務的決定》，轉引自武漢市檔案館編《中共武漢市委文件選編（1949-1951）》，第 18 頁。

降低 75%，紗降低 81.85%，布降低 66%，糧降低 43.48%，其他交易均下降，四月中旬雖稍有增加，但四月下旬糧、布的成交量又向下降，營業額減少是直接增加了稅收的困難。公債也確有一小部分無法完成，除行商已免除外，個別業體所承擔公債占其資金額大部甚至超過其資金額。[20]

為引導民營企業渡過難關，武漢市委於五月三十日通過了關於加強領導私營企業克服當前困難的決定。決定指出：

第一，堅決地、具體地執行公私兼顧的政策。公營貿易一方面要完成貨幣回籠平穩物價的任務，同時還要完成扶助私營企業的任務。要堅決糾正具體的違反公私兼顧精神的問題，打開市場上的呆滯局面，使私營企業得到喘息的機會。公營企業要把解決私營企業的困難當作恢復與發展工業，爭取國家工業化的重要步驟來看待。

第二，對於尚能維持對國計民生有利的生產企業應以勞資協商會議為中心。積極地研究改善生產，實行經濟核算，從而改善勞資關係。在工人實際工資一般提高，工人政治地位也有保證的情況下，教育工人主動照顧資方並與之協力共渡難關。工人階級領導是私營企業能在新民主主義經濟體系中存在與發展的決定關鍵。私營企業要從舊的狀態中擺脫出來，必須依靠企業中的工會

20　《中共武漢市委書記張平化關於三、四月份工作向中南局並中央的綜合報告》，轉引自武漢市檔案館編《中共武漢市委檔選編（1949-1951）》，第 53 頁。

與工人以主動積極的態度改善生產組織制度、訂立計畫，並組織全體工人來執行。決定嚴厲批評了勞資協商會沒有把問題集中到生產問題上來，而是忙於扯一些零碎事件。決定認為，勞資協商能夠抓緊生產問題進行工作，便完全有可能使勞資雙方關係密切起來。唯其如此，才有可能在新的物價穩定的環境中，使資本家打下經營的信心。

第三，對於需要維持而難以支援下去的私營企業，應主動說服工人適當降低待遇，降低成本，克服困難，以求生產維持下去，如一部分化工業、麵粉業，均應如此做。

第四，有益的企業而實不能維持現狀者，可以主動說服工人，與資方協力，縮小生產，解雇一部分員工。

第五，對於將來無發展前途，人民不需要者，應合力動員其轉業，不要拖，拖久了，根本失掉轉業經營的機會，損失更大。[21]

一九五〇年六月中共七屆三中全會召開，毛澤東在會上作了《為爭取國家財政經濟狀況的基本好轉而鬥爭》的報告。按照全會精神，武漢市人民政府發出《關於進一步調整工商業和改善公私關係的決定》，幫助私營工商業共渡難關：

一是適當擴大加工訂貨和產品收購的比重。二是組織一批不適合國計民生需要的行業（如金銀首飾業）轉業，指導一批企業

21 水世闓主編《中國資本主義工商業的社會主義改造・湖北卷・武漢分冊）》，中共黨史出版社，1991 年版，第 69-72 頁。

轉變經營方向（如中西餐館經營大眾食品）。三是大量取消糧食、食鹽、煤油、紙張、煤炭國營門市部和合作社的代銷店。調整棉花地區差價，縮小糧食、百貨、布匹等行業批零差價。四是召開一系列米麵、紡織、火柴、肥皂、捲煙等專業會議，安排私營工商業的產銷計畫，制訂產品標準，合理確定加工費用。五是組織各種形式聯營，承接加工任務，聯購聯銷，溝通城鄉內外關係，發展對外貿易。據此，全市各行各業普遍召開勞資協商會議，許多工人自動降低工資待遇，放棄某些福利要求，甚至同意資本家暫時解雇，停薪留職，團結資方共渡難關。

到一九五〇年十月，全市私營工業復業戶、開業戶和職工就業人員顯著增加，工業品成交量和工業利潤均有所增加。武漢四大紗廠即武昌第　紗廠、裕華紗廠、震寰紗廠和申新紗廠，開動的錠數即使在最困難的時候也沒有降低，始終保持在平均一萬五千至十二萬一千錠。這是武漢市工商業公私關係、勞資關係第一次大調整。一九五一年，武漢市工業出現了抗戰以來罕見的「淡季不淡，旺季更旺」的繁榮景象，私營工業較上年增加一百三十戶，職工增加四千零九十八人，資本增加九百九十五萬元，產值增加一千四百六十七萬元。[22]

---

22 武漢市工商管理局編《私營工商業歷年統計資料》（1949-1956）下冊，第 83-221 頁，轉引自水世闔主編《中國資本主義工商業的社會主義改造‧湖北卷‧武漢分冊）》，中共黨史出版社，1991 年版，第 686 頁。

（二）對私營工業企業的加工訂貨

加工訂貨是指委託加工、計畫訂貨、統購報銷三種形式。委託加工，是由國家供給原料或半成品委託私營工廠按規定的規格、品質、數量和期限，進行加工生產，產品交給國家，由國家付給加工費。計畫訂貨，是國家規定所需產品的規格、品質、數量、交貨期限和合理價格，向私營工廠訂購產品，私營工廠根據合同規定的標準進行生產，國家預付一部分定金或配售一部分原料。統購報銷，是國家以不同的方式長期地和全部地控制了某些重要的民營工廠產品。統購產品是國家收購，工廠不能自行銷售。統購報銷通常是採用委託加工、計畫訂貨方式進行的。

武漢市對私營工業企業的加工訂貨，始於一九四九年五月接受解放軍第四野戰軍南下作戰的軍需加工訂貨任務。這對扶植私營工商業，壯大國有經濟力量，推動資本主義工商業的社會主義改造，都起了重要作用。一九五三年，過渡時期總路線公佈以後，對私營工業企業加工訂貨作為利用、限制、改造資本主義工業的重要形式。直到一九五六年全行業公私合營後方才停止了對私營工業企業的加工訂貨。

武漢市對私營工業企業的加工訂貨，可以分為兩個階段。

第一階段是從一九四九年六月到一九五二年底。在國民經濟恢復時期，加工訂貨作為「支前」和扶植民營工業、恢復生產的措施。武漢解放時，私營工業處於極端困難的境地，同時，解放全中國的任務尚未完成，支援前線的軍需加工任務繁重急迫，有大批加工訂貨要在武漢完成。針對私營工業的困境和「支前」任務，市委和市政府極為重視。一九四九年六月一日，武漢市委和

中原職工總會籌委會召開全市職工代表會，號召工人群眾「團結工廠主和企業家迅速恢復生產和發展生產」。九月五日，全市召開了各界人士首屆代表會議，市長吳德峰在報告中著重指出，「改善勞資關係，恢復生產，發展商業，建設新武漢」是全市的中心任務。對一些關係國計民生而又確有困難的工廠，國家投放軍需加工訂貨任務，並分別採取銀行貸款、貸給原料、收購產品等方式，予以扶植。對停工已久的武昌第一紗廠，國家貸款四萬五千一百二十元、貸給原棉三萬擔後，六月中旬就迅速恢復生產。裕華、申新、震寰等紗廠在國家以收購產品等形式的扶植下，也迅速擴大了生產。碾米工業企業在國家加工訂貨任務扶助下，由原來的九十五家增到一百四十三家。麵粉工業 80％ 的生產設備納入國家加工任務。私營棉紡織業共加工軍用棉紗 3.74 萬件，棉布 32.32 萬尺，蚊帳布 41 萬尺，私營染色業代染各種軍布 34 萬匹。私營紅爐業加工軍用道鎬 1.6 萬把。私營毛巾業加工軍用毛巾 260 萬條。漢陽區一九四九年五月只有織毛巾五百乘，到十月增到五千乘。到一九四九年底，不僅全市民營工業大部恢復了生產，有的還得到了發展，而且初步建立了社會主義經濟和資本主義經濟的聯繫。

一九五〇年三月，全國財經統一，市場物價穩定，虛假購買力消失，市場商品「過剩」，私營工業的生產又出現了困難。武漢也出現部分工廠產品積壓，資金周轉不靈，停工停產的狀況。一九五〇年五月，武漢四大民營紗廠積壓成品紗四千件，僅申新紗廠就積壓成品紗一千零九十四件，相當於該廠一個月的產量。私營企業主發出《當前危機的緊急呼籲》，要求國家收購產品，

貸給原棉。一九五
〇年六月以後，武
漢市把擴大對私營
工業企業的加工訂
貨作為調整公私關
係的重要措施，決
定對全市的加工訂
貨實行統一管理，

・武漢市全面開展「三反」「五反」運動

規定「凡機關、部隊、學校、公司企業在本市工廠、作坊進行大
批委託加工時，應向工商局提出委託加工計畫。工商局在分配加
工訂貨任務時，根據國家安排，適當擴大對私營工廠的加工訂貨
和產品收購的比重」。由於政府對私營工業的扶植和公私關係的
調整，一九五〇年國家對私營工業訂貨總值八千二百七十七萬
元，占私營工業總產值的 41.6%。幾個關係國計民生的重要行業
加工訂貨，占各該行業私營總產值的比重是：麵粉業占
69.61%；碾米業占 56.59%；棉織業占 51.57%；建築材料業占
42.67%；印染業占 100%；私營四個大紗廠加工訂貨棉布 30.19
萬匹，占四個紗廠棉布總產量的 91.1%；加工棉紗 7.55 萬件，
占 67.5%。[23] 一九五一年，國家繼續調整私營工商業，加工訂貨
進一步擴大，武漢市私營工業總產值達 21431 萬元，是一九四九

23 中共武漢市委黨史資料徵集編研委員會辦公室編《中共武漢地方黨史
　　社會主義時期專題資料選編》，1985 年版，第 232 頁。

年的 134.17%，資本家稱這一年是「難忘的一九五一年」。

第二階段是從一九五三年到一九五五年。加工訂貨作為利用、限制、改造資本主義工業的重要形式，有計畫地擴展加工訂貨。到一九五二年底，武漢市國有經濟有了迅速發展，樹立了社會主義經濟優勢和領導地位。私營工業的產值占全市工業總產值的比重由一九四九年的 86.57% 下降到 27.74%。全市加工訂貨總產值，占到私營工業總產值 65.20%。這為武漢市大規模、有計畫地進行社會主義建設創造了有利條件。一九五三年，國家公佈了第一個五年計畫的基本任務，規定：基本上把資本主義工商業分別納入各種形式的國家資本主義軌道，建立對私營工商業社會主義改造的基礎。

大規模經濟建設的開展，帶來社會生產力的迅速發展，市場供求矛盾突出。不法資本家趁機活動，黨政機關和人民團體、經濟部門中的貪污、浪費和官僚主義現象有所增長。一九五一年，武漢市級機關和企業工作人員中查處貪污的有一百七十四人，貪污款項達六億餘元。[24] 十二月八日，毛澤東親自為中央起草了《關於「三反」鬥爭必須大張旗鼓進行》的電報，隨後，武漢市「三反」運動從黨政機關到人民團體、國營和公營合營工廠企業全面鋪開。隨著運動的進行，在全國各地都發現揭露出來的大量貪污案件往往與工商業者的不法行為有關。為此，毛澤東在一個

---

24 皮明庥主編《武漢通史・中華人民共和國卷》（上），武漢出版社，2006 年 6 月版，第 33 頁。

批語中指示全黨，開展針對資產階級的「五反」鬥爭，「一定要使一切與公家發生關係而有貪汙、行賄、偷稅、盜竊行為的私人工商業者，坦白或檢舉其一切違法行為，特別注意在天津、青島、上海、南京、廣州、武漢、重慶、瀋陽及各省省城，用大力發動這一鬥爭，借此給資產階級三年來在此問

· 一九五一年至一九五二年，武漢市政府開展針對資產階級的「五反」運動。圖為武漢市人民法庭集中宣判奸商案件大會會場

題上對於我黨的倡狂進攻（這種進攻比戰爭還要危險和嚴重）以一個堅決的反攻，給以重大的打擊，爭取兩個月到三個月內基本上完成此項任務」[25]。武漢市「五反」運動自一九五二年二月初開始，運動中廣泛發動、清查帳目、罰款補稅。查出全市犯有「五毒」行為的違法工商戶 12671 家，占私營工業總戶數的 68.05％；非法收入 3212 萬元，相當於當年私營工業資本總額 60.31％。一九五三年全市私營工業盈餘 1131 萬元，比一九五二年增加 190.73％。盈餘增加後，許多私營企業業主開始拒絕加工訂貨，盲目發展自營，市場上出現了「公退私進」的不正常局

25 中共中央文獻研究室編《建國以來重要文獻選編》第 3 冊，第 14 頁。

第十章・武漢工業的恢復與國家工業基地的確立

面。

　　私營工業企業內部的勞資關係，也隨著企業經濟形勢好轉而緊張。有的工人對企業業主的「三權」，即財產所有權、經營管理權、人事調配權不夠尊重；有些陷入困難的企業，企業業主用「三停」辦法（停工、停薪、停夥）消極經營，把困難推向工人，引起職工的不滿。公私矛盾，勞資矛盾、民營經營的盲目性和國民經濟有計畫發展的矛盾，反映了資本主義生產關係已經日益成為社會生產力進一步發展的桎梏。武漢市政府堅持了對私營工業的加工訂貨舉措，不僅僅幫助其克服經濟困難，維持工業生產；更重要的是把它作為改造資本主義工業為中級國家資本主義的重要形式。

　　一九五三年，全市對民營工業的加工訂貨繼續得到發展。全市年加工訂貨總產值一萬五千一百一十一萬元，為一九五〇年的182.55％，是歷年加工訂貨產值最大的一年。這一年，在全市私營工業中，有二十四個行業納入國家加工訂貨計畫，其中全部納入加工訂貨計畫的行業有紡織、織布、染色、帆布製品、麵粉、碾米、油脂、釀酒等行業；大部分納入加工訂貨計畫的行業有製藥、建築材料、印刷、木器、皮革五個行業；以自產自銷為主、部分加工訂貨的有鋸木、制材、肥皂、製革等行業。一九五三年國家加工訂貨的舉措發生一些重要變化：第一，由大型工廠發展到一般中小型工廠。全市大型工廠加工訂貨占大型工廠總產值，比一九五二年只增加3.62％，而小型工廠加工訂貨的產值占私營小型工業總產值的比重，由一九五二年的31.50％上升到40.48％。第二，由主要工業行業發展到一般工業行業，在原納

入加工訂貨行業的基礎上，一些沒有加工訂貨或很少加工訂貨的搪瓷、造紙、文具、電池、肥皂等九個行業也開始承接加工訂貨。第三，收購比重減小，加工訂貨比重增加。一九五三年全市民營工業加工訂貨總產值中，中級國家資本主義的加工訂貨占89%，低級國家資本主義的收購只占11%。

一九五四年武漢市遭到百年未遇的長江洪水，私營工業生產遇到嚴重困難，市委提出「加強防汛，維持生產」的指示。市貿易局於一九五四年七月十三日發出《關於在防汛期間加工訂貨的幾點意見》的通知，要求所屬國營商業專業公司「原則上仍應根據既定的加工訂貨計畫執行，應按照工商局分配的數額簽訂合同，撥付原料，進行生產」。中國人民銀行武漢市分行則擴大了對私營工業企業的貸款。一九五四年第二季度至第四季度，加工訂貨貸款比一九五三年同期增加83.09%，全市對私營工業貸款總額平均每月162萬元，占流動資金的12%。由於採取上述措施，一九五四年私營工業加工訂貨產值仍維持14207萬元，占總產值的75.67%。在完成國家加工訂貨任務的同時，武漢企業還加工生產了防汛物資。從一九五四年六月二十六日到七月二十三日，私營工廠僅完成防汛器材加工的總產值就達到19.5萬元。

一九五五年，武漢市私營工業出現「設備有餘、工人有餘、任務不足、原料不足」的困難，市委於四月二十七日到五月三日，召開了全市資本主義工業及公私合營工業會議，確定對私營工業按行業歸口管理，除原有市工業局、紡管局外，另設市建築材料工業管理局、機電工業管理局；各區人民委員會設工業科，加強對私營工業的管理。市人民委員會作出《關於加強對私營工

業的領導，實行統一安排、按業歸口、分工管理》的決議。會後全市資本主義工業很快就按行業、按產品實行了「一條鞭」的「歸口」管理，即把對資本主義工業的加工訂貨任務的安排、原材料的供應、計畫的平衡、對企業的管理改造等，都由有關國營工業主管局負責。各主管局把中央下達的生產任務和地方國營商業部門加工訂貨任務，統籌安排到公、私合營工廠。一九五五年私營工業歸口管理後，生產進一步納入了國家計畫，使多數私營工廠的生產得以維持。一九五五年第二季度，全市加工訂貨計畫總值較第一季度實際減少 3.48％，但對資本主義工業的加工訂貨仍能維持 57.15％ 的設備生產率。其中毛巾、鍍鋅、鐵皮、皮鞋、製革等業維持 80％ 以上的設備生產率，比第一季度還略有增加。到 九五五年底，全市資本主義工業加工訂貨產值占其總產值的比重，由一九五〇年的 41.65％ 上升到 83.85％，自產自銷只占 16.15％，而且是一些細小商品。主要工業產品產量均納入加工訂貨，為資本主義工業的公私合營準備了條件。

二、私營工業的恢復與發展

私營工業企業在武漢近代工業中佔有舉足輕重的地位。武漢是私營工業企業較集中、較發達的城市。但是，經過七年城市淪陷和抗戰後的官僚資本的肆意「劫收」，私營工業已是殘缺不全、經營乏力。一九四九年，全市私營企業 2629 家，工人36709 人，資本額僅有 6253 萬元，年產值 15788 萬元。武漢解放後，武漢軍管會、市政府為了發展國民經濟，主動採取多項措施，對私營工業給予扶持與支助，使武漢私營工業在較短的時間

內得以恢復與發展。

（一） 一九四九年武漢私營工業之狀況

解放初期，武漢市私營工業企業數量偏少，規模偏小，絕大多數是不足十人的小型工廠和手工作坊，且以輕紡工業為主。

武漢私營工業企業抗戰內遷後元氣大傷。一九四九年，武漢市私營工業企業中工人數在十六人以上的工廠僅為一百七十四家，占全部私營工業企業總數的 6.6%。輕工業在私營工業中占主體，主要生產以農產品為原料的產品。解放時，武漢市職工總會籌委會研究室編制的概況表中所列出的十二個私營工業企業均為生產棉紡、麵粉、火柴、香煙等產品的輕工業。

此時，全市重工業僅有能源、建材和機械工業等行業的少數廠礦。鋼鐵工業由於抗戰初期漢陽鐵廠內遷重慶，成為空白行業。機械工業曾是武漢私營資本活躍和有重要影響的領域，由於大多數企業抗戰時內遷，在解放前夕已無大廠，只能生產簡易機械設備，基本上以修理為主。周恆順機器廠曾是全國機械業首臺首套設備製造最多的大型工廠之一，內遷後技術人員和大型設備要求留在重慶等地，回漢的人員和設備大量減少，連修理業務也不能繼續下去，只得關門歇業。私營電力工業企業屈指可數，且裝機容量小。既濟水電公司解放時的裝機容量僅為 17500 千瓦。建材及非金屬礦業各廠相繼陷入停產狀態。曾在工藝水準和生產規模都屬遠東第一的華新水泥廠，一九四九年初，建廠工程因資金告罄而陷入停頓，也靠變賣原燃材料來維持員工生計。

大部分企業大多處於全停或半停狀態。一九四九年八月，據

對全市十七個行業、九百八十九家企業調查顯示，在二千六百二十九戶私營工業中，能夠勉強開工生產的只有七百六十二戶，停工戶占 22.95％，其中使用機器生產的二百六十家工廠中，停工二百二十家，占 84.62％，武漢有名的一紗、裕華、申新、震寰四大紗廠，抗日戰爭以前擁有紗錠 207912 枚，解放時只有145000 枚，其中實際運轉的錠子只有 25720 枚，開車率為17.74％，其中最大的武昌第一紗廠，原有紗錠 85000 枚，布機950 臺，解放前兩個月就停產了，6000 多名職工失業。麵粉工業開工率只有 50％，最大的福新麵粉廠，一九四九年一到五月斷斷續續開工只有 124 個小時，勝新麵粉廠則完全停工。捲煙業24 戶中，開工的只有 10 戶，月產捲煙 1000 餘箱，只及正常生產量 20％，染整業中規模最人的華東、人華新、茂記 3 家，具有月染布 77000 匹的能力，一九四九年上半年只染布 61836 匹，不及一個月的正常生產量。

全市私營企業資金薄弱，技術設備落後，資本有機構成低。據一九四九年十月統計，武漢市私營編織業共有紗錠 14.8 萬枚、動力 1.09 萬瓦，布機 1700 臺、馬力 1.47 匹。而武昌第一紗廠的紗錠 8.22 萬枚、布機 1200 臺，均為英國文沙利斯的舊設備；震寰紗廠此時僅有紗錠 5104 枚、布機 223 臺。武漢是麵粉工業較為集中的地區，一九四九年為 40 家，主要機器設備有雙

力機 45 部、單邊機 138 部、電馬達 9 部 770 匹。[26] 除福新、勝新等 4 家有當時較先進的雙邊鋼磨外，其餘都只有小量的單邊磨，且動力設備很有限。此外，香煙、碾米、機器、製皂、榨油、食品等行業也大抵如此。

可見，本就先天不足的武漢私營企業，經長期戰爭的摧殘，到武漢解放初期，已衰弱不堪，苟延殘喘，亟待政府的提攜與相助，以圖恢復往日之風貌。

（二）武漢私營工業的恢復與發展

針對武漢私營工業所面臨的困境，武漢市人民政府以國家對私營工業政策為準則，根據武漢地區私營工業之特點，先後制定各種刺激政策，多途徑、多手段促進武漢私營工業的恢復與發展。

動員抗戰時期離漢的工商界人士回漢生產經營。一九四九年六月，組

· 一九四九年六月，《長江日報》上刊發的漢口第一紗廠復工的消息

26　《武漢區工業生產統計表》，1949 年 10 月 15 日，湖北省檔案館藏（G9-1-21），轉引自徐鵬航主編《湖北工業史》，湖北人民出版社，2008 年 3 月版，第 293 頁。

織了以工商名人陳經佘為團長的「武漢工商界赴滬訪問團」；同年十一月，又派實業家華煜卿與中南局統戰部孟起處長到香港招商。這兩次動員工作，收到了較好的效果。漢口著名工商界人士李國偉、賀衡夫、程子菊、劉梅生等由香港返回武漢；裕大華財團董事長黃師讓從英國取回 36000 枚紗錠（價值 108 萬美元）、布機 500 臺、一座鍋爐和價值 400 多萬元的其他紡織零件，積極恢復生產和經營。同時，全市還採取了貸款和訂貨兩種方式扶植私營企業，積極幫助私營企業解決生產中的實際困難。政府號召國營銀行擴大對私營企業貸款，支援私營企業發展生產。武漢解放僅三個月，就先後給重點私營企業貸款五千多億元（舊幣）。許多有利於國計民生的私營企業，如麵粉、紡織、碾米、肥皂等，在人民政府貸款與收購定貨方式的扶植下逐步發展。武漢四大私營紗廠從一九四九年六月到年底共獲得貸款八十萬元（新幣），其中武昌一紗廠解放後先後由貿易公司貸放棉花三萬擔，收購棉紗千餘件，銀行貸款四十萬元，始得開工生產。武漢最大的榨油廠福源油廠也是在人民銀行有計畫的扶持下復工的。各級政府組織了社會遊資投入生產，擴大貸款的對象，私營申新和震寰兩紗廠、勝新麵粉廠、漢昌肥皂廠及其他私營企業因此獲得了巨額的貸

· 一九四九年八月，南洋煙草公司漢口煙廠恢復生產的「大公雞」牌香煙

款。到一九四九年九月初全市已有二百三十家企業開工，共有職工一點六萬人。其中，麵粉工業企業由解放後的十六家增至四十二家，產量提高了四倍多。碾米業由二十家增加到一百六十八家。紡織業中武昌第一紗廠、申新、裕華、震寰四家，原有十四點五萬枚錠子，已有十一萬錠子開動。其中第一紗廠開動了八點五萬枚錠子，武漢印刷業、麵粉業、紙煙業和火柴業等大部分工廠在解放後已復工。

　　武漢市政府鼓勵私營商業投資工業企業。一九四九年九月，武漢四戶私營藥店合資一千銀元，在漢口辦起了全省第一家生產輸液藥品的大眾藥廠，一九五〇年三月，曾開設過大華搪瓷廠的商人楊學琛再次與任瑞祥、喻興文合夥，在漢口洪益巷八十四號開設漢豐搪瓷廠，資本總額為二萬四千元，雇請二十個工人利用爐窯和簡單工具手工製作字牌、杯子、醫療器械等產品。一九五二年，該廠獲得平均每月五至七千元人民銀行貸款，用於改造廠房和增添設備，隨後同豐、美豐、德裕昌、元興、松茂、天錄等搪瓷商店先後轉入該廠。一九五一年，上海棉花商「永泰花號」轉向工業，投資十五億元（舊幣），在武昌創辦永安化學製藥股份有限公司。一九五二年，商業資本轉向工業資本有了進一步的發展。按照國家提出的中藥科學化的要求，中成藥研製要統一配方，實行統一的工業專業化生產，改變過去落後的前店後坊的生產銷售模式，武漢市出臺了《武漢市管理藥商暫行規則》。同年，武漢市一百九十九戶大中藥店組成湖北省第一家中成藥專業生產企業中聯製藥廠，生產各種丸、散、膏、丹、曲茶、露汁和酒精，在全國享有聲譽。

　　武漢市政府積極支持社會需求旺盛的工業行業做大做強。新中國成立前，武漢肥皂工業根基深厚，大型肥皂廠就有漢昌、天倫、祥太三家；中型廠有裕成、其昌、華中、明星、華奧盛、天津、柏林、大中園八家；小型廠有金城、民生、美華、利用、光華、金華、華昌、天壇、復興、亞光、權威、榮口、豫昌、利民、德華、福華、祥昌、天祥、同源、天星、三友、五豐二十二家。這些肥皂企業歷經抗日戰爭、解放戰爭後，到武漢解放前夕已大部分停工停產。據統計，一九五〇年全年生產企業僅九家，時開時停十六家，全年停工者三家，歇業者五家，漢昌、天倫、祥太三家私營大廠生產萎縮，設備利用率低。一九五〇年時漢昌每月生產能力是一萬四千箱，而該年四五兩月實際產量平均只達一千四百箱，僅利用生產設備能力的十分之一。為了改變這一現狀，市政府對肥皂業進行扶助。首先，政府多次召開肥皂業會議，宣傳國家私營工商業政策，鼓勵私營業主積極從事經營；其次，積極向企業提供貸款，一九五〇年前後漢昌共貸款十億元（舊幣），祥太貸款七千萬；第三，加工訂貨。一九四九年下半年武漢市軍事管制委員會就開始向天倫訂貨，以後國營貿易機關又不斷向各私營廠訂貨，說明他們推銷產品；第四，供應原料。從一九五〇年起，國營原材料供應機關就向私營企業供應部分原料，以後逐漸供應全部原料，使它們的生產有了保證；第五，召開調整產銷關係專業會議。從一九五〇年十月起，肥皂行業先後三次召開行業會議，確定以銷定產的方針，逐步將其引到計畫經濟的軌道上來，並在生產任務的分配上，本著公私兼顧、扶助進步、照顧全面、觀及歷史的方針，充分照顧到各私營企業的發

展。如一九五〇年十月第一次會議決定今後三個月的肥皂生產量的分配時，國營武漢化工廠只占 19.4％，其餘 80.6％ 的任務分配給私營企業，第二次專業會議又決定國營武漢化工廠佔有 18.1％；第六，幫助改善經營管理，擴大再生產。一九五〇年時，國營武漢化工廠的肥皂成本不斷降低，銷售價格低廉，引起資本家的恐慌。國營武漢化工廠便向他們介紹經營管理的經驗，幫助其降低成本，政府又幫助他們成立聯合採購原料、技術研究和核算成本的組織，以解決原料採購的困難規定和檢查產品規格，核算成本。並確定以能維持再生產為計算成本的標準，使其在困難的情況下也能保本。為了說明中小型廠解決資金困難、產品品質低劣等問題，動員中小廠主組織聯營，經過數次的籌畫，後因其另有打算而未成功。

解放初期，武漢私營肥皂廠設備普遍簡陋、陳舊，無法保證正常生產。政府利用銀行貸款，先後幫助漢昌、天倫、祥太等企業增添甘油機器設備，使這幾家私營肥皂企業的生產實現了以機器生產代替手工製造，從生產單一產品發展到生產多種產品。漢昌利用貸款於一九四九年底就向上海定購了全套甘油機器，一九五〇年十月裝成，正式投入生產。甘油是從製造肥皂的廢液中提煉出來的，隨著該廠肥皂產量的逐年增加，甘油產量亦一年比一年增加。一九五一年和一九五二年甘油年產量均為五萬公斤左右，一九五三年即增加到八萬八千公斤。由於甘油為牙膏主要原料，資本家利用自產甘油的有利條件，又在一九五一年冬向上海定購牙膏機和軟膏機全部設備，於一九五二年七月裝成，形成生產，是武漢市生產牙膏之始。

‧武漢工人積極恢復生產，建設新武漢

天倫也利用政府貸款於一九四九年十月間即購置 5 呎 ×12 呎蒸汽鍋爐一座，又在上海定購了全套製皂機器，於一九五〇年一月裝置完成，二月間正式投入生產，一九五一年又增置四十五塊冷板，使肥皂產量增加一倍，一九五三年八月又添置 5 呎×20 呎大蒸汽鍋爐一座，此時，全部肥皂設備，月產量達一萬二千箱以上，比解放前的手工生產增加了三倍多。同時還購置了全套甘油機器設備，同年丨月投入生產，到一九五四年十月止，生產甘油價值 116036000 元（舊幣）。此外，為利用淡季剩餘人力和部分肥皂設備產制硬脂酸，又添置了硬脂酸生產設備，一九五四年一月正式投入生產，最高月產量為八千公斤左右，總計一九五三年內天倫皂廠增加的設備價值達十一億元。某些中型廠也隨著企業生產的新的生產設備，如裕成皂廠在解放後即添置了皂化鍋、調和缸冷板機鍋爐馬達、泵浦等製皂設備。新機器設備的增加，經營範圍的擴大，結束了武漢私營肥皂工業大部分長期停滯在手工生產和單一品種生產的歷史，新設備的採用，不僅大大增加了產量，也大大減輕了工人的體力勞動，改善了勞動條件，滿足了人民的需要，活躍了市場，特別像甘油的生產，降低了肥皂原料 6% 左右，甘油是化學工業的主要原料之一，除供應我國市場以外，還組織了一部分出口，獲利頗豐。然而正因如此，企業者為追逐利

潤，盲目生產，甚至粗制濫造，如，漢昌老闆陳隆恕，看到上海、天津生產牙膏的企業獲得了高額利潤，不等牙膏試製成功，就於一九五二年七月倉促生產，結果所產「七星牌」牙膏品質低劣，產品存在發幹、難擠、澀口、流水等缺點，不僅在消費者中失去了信譽，而且使國營百貨公司的定貨大批積壓，影響資金周轉。後因銷路不暢，本來機器全部利用可月生產牙膏三十七萬支，而實際月產卻只有七萬支，閒置了五分之四以上的生產力，到一九五四年第二季度以後，牙膏生產幾乎停頓。而且，由於盲目經營和不注意技術改進，一些私營廠生產設備長期閒置的現象也較多，漢昌的香皂機和新置欲製造脂肪酸的水解鍋和處理槽三個，一直閑著未用；祥太兩座鍋爐僅使用一座，製皂鍋也空置未用，印表機大部分放置在倉庫裡，鋸板機生銹，這暴露了管理上的落後。為了滿足市場需求、提高私營肥皂企業生產能力，在政府的號召下，肥皂業工人主動加班加點，甚至採用減薪、減伙食費等辦法，增加生產，節減開支。一九五〇年漢昌職工自動減薪、減伙食三個月，據一九五〇年四到六月統計，漢昌減薪1200 餘萬元，伙食費 700 餘萬元，水電費 300 餘萬元，煤碳160 餘萬元，義務加班節省 3000 多萬元，三個月共節省 5300 餘萬元。不久，抗美援朝開始，工人們又掀起了增加生產，支援前線的勞動競賽，把企業的生產大大向前推進了。

　　武漢民營肥皂業的產量逐年增加，利潤也逐年提高。一九五〇至一九五五年，每年都有盈餘。

表 10-2 私營企業歷年肥皂產量統計表

時間	單位	數量	百分比 %
1949	箱/噸	111804/2892	100
1950	箱/噸	148221/3750	132.56
1951	箱/噸	186957/4730	167.2
1952	箱/噸	223360/5651	199.72
1953	箱/噸	243992/6173	218.2
1954	箱/噸	171 649/4	153.34
1955	箱/噸	2781/89	31.47

注：百分比是按曆年產量噸數計算的。一九五五年產量驟減，主要是因三家私營工廠公私合營，產量未計入。

從總產量看，肥皂生產一九五三年比一九四九年增長了一倍以上。漢昌甘油產量一九五三年比一九五〇年增長了八倍，這些數字說明了武漢私營肥皂業解放後獲得了很大的發展。

隨著國家資本廣義初級形式的發展，私營企業除成品銷售發生變革外，原材料的供應也相應發生了變化。國家通過對原料和銷售市場的控制，促進了國家資本主義初級形式的發展，把私營工業逐步納入國家計畫的軌道。

第三節 ▶ 國有工業企業的建立與發展

新中國成立初，武漢市國有工業企業主要接收官僚資本企業，此外解放區遷漢的軍械修理、被服廠、衛生材料廠等軍需企業也占一定比例。一九四九年，全市工業總產值中，全民所有制

和集體所有制工業總產值只占 8.32%，公私合營企業占 2.92%，[27] 其餘均是私營企業。

　　這一時期，武漢市政府十分重視投資興辦、擴建國營工業企業，力圖以此促進全市國民經濟和工業生產的恢復發展。至一九五二年，全市工業總產值 4.32 億元，為一九四九年的 118.5%。全民所有制企業由三十九個上升到二百零三個，工業總產值中各種經濟成分的比重中，全民所有制工業企業上升至 25.9%，私營企業總體數量增加但占比下降到 37.9%，集體所有制企業為 4.9%，公私合營企業占 18.5%。[28]

一、電力工業

　　解放前夕，在中共武漢地下市委領導下，既濟、鄂南公司地下黨支部發動工人、職員開展護廠鬥爭，保護了設備的安全，堅持了發電和供水。解放後，市人民政府接管既濟水電公司和鄂南電力公司，既濟水電公司成為公私合營企業，鄂南電力公司成為國營企業。原既濟協理兼總工程師孫保基和鄂南總經理黃文治繼續留任原職（孫於 1949 年 9 月提任公司經理）。一九四九年，既濟、鄂南兩公司發電設備總容量為 21250 千瓦。

　　一九四九年五月十六日，武漢解放，武漢軍事管制委員會派

27　武漢地方志編纂委員會主編《武漢市志・工業志》（上），武漢大學出版社，1999 年版，第 60 頁。

28　武漢地方志編纂委員會主編《武漢市志・工業志》（上），武漢大學出版社，1999 年版，第 60 頁。

‧國營漢口無線電廠裝配「東方紅」牌收音機

軍代表進駐既濟水電公司，不久該公司交武漢市人民政府領導。嗣後，公司水廠（即漢口水廠）發電所發電設備容量和年發電量實行單列統計，此時，電廠發電設備容量為1.425萬千瓦，年發電量3032萬千瓦。為增擴容量，一九五〇年二月中央燃料工業部撥給該廠1臺50赫茲、4000千瓦發電機及1臺蒸發量為20噸／小時的舊鍋爐，十月動工安裝。一九五〇年十月十日，中南軍政委員會發出「執行中央關於本區十一個電廠改歸國營統一領導的批示」，將既濟水電公司改歸國有。一九五一年四月，武漢、大冶六十六千伏輸電線建成，大冶電廠向武漢輸電。武冶線全長115.2公里，輸電容量為一萬千伏安，是中南地區電壓等級最高、線路最長的一條高壓輸電線。十月開始籌組武漢冶電業局。既濟水電公司與鄂南電力公司合併，原既濟水電公司電廠改名為武漢冶電業局第五發電廠。一九五一年十月一日，武漢冶電業局籌委會將大冶電廠華鋼發電所、獅子山發電所、武昌發電廠、界限路發電廠、利濟路發電廠（即漢口電廠）、水廠發電所分別命名為第一至第六廠。翌年六月，武昌、漢陽、漢口三鎮以原有的過江水底電纜及過河水底電纜和架空線實現電力聯網，武漢地區各企業自備電廠亦加入電網運行，該網逐步改為五十赫

茲交流供電，形成統一的武漢冶電力系統，武漢電網的建設進入新的發展時期。八月武漢冶電業局正式成立，形成武漢冶電力系統及地區電力工業統一經營管理的格局。武漢冶電網實行統一管理時期，地區電業取得較大發展。恢復時期，武漢冶電業局執行一九五〇年二月全國電業會議的基本方針，重點進行電源建設，實行經濟調度，降低損耗。和一九四九年相比，一九五二年武漢地區電業的發電煤耗下降 50%，線路損失率下降 80%，售電成本下降 58%。一九五三年三月原既濟電廠 4000 千瓦新機組投入運行，發電容量增擴至 13750 千瓦，發電量由一九五二年的 2854 千瓦・小時上升到 5196 萬千瓦・小時，發電煤耗率由 864 克／千瓦・小時降到 739 克千瓦・小時。同年，既濟水電公司水廠改由武漢市人民政府領導，至此該公司水、電二廠分別劃歸武漢市人民政府和武漢冶電工業局。

一九四九年六月湖北鄂南電力公司下屬大冶電廠恢復施工，進行第一臺 5000 千瓦汽輪發電機組的安裝，與此同時其餘設備也陸續運抵該廠進行安裝。一九五〇年七月六日發電機組投產，並與華鋼發電所並網運行。隨後，又安裝了第二臺 5000 千瓦汽輪發電機組。到一九五一年，大冶電廠（含華鋼發電所和獅子山發電所）共有 4 臺機組，容量 1.84 萬千瓦，發電量 2095 萬千瓦・時，同時，武昌至大冶的 66 千伏輸電線投入運行。同時，武昌熱電廠建成一座 12000 千伏安、66/6.6 千伏的變電站。

國家「一五」計畫期間，武漢市開始了以建設大型高溫高壓電廠和 35 千伏城市電網為重點的基本建設。青山熱電廠從一九五三年開始籌建，一九五五年破土動工興建，至一九五九年完成

第一期工程，發電設備容量為 11.2 萬千瓦。同時進行相應的輸變電配套工程建設，建成武漢市區 35 千伏供電環網，並於一九五七年建成湖北省第一條 110 千伏輸電幹線——青鐵線（青山熱電廠—黃石鐵山變電站）。一九五八年建成武漢市區第一條 110 千伏輸電幹線—青路線（青山熱電廠—珞珈山變電站）。武漢冶電力系統在建設過程中，經濟效益日益提高。一九五九年和一九五〇年相比，單位發電成本下降 63％；單位售電成本下降 77％。一九五九年武漢冶電力系統發電設備總容量占全省的 90％左右，發電量占全省的 95％左右。系統容量能夠滿足武漢和大冶地區用電負荷的需要。武漢冶電網成為後來全省大電網的基礎。

二、冶金工業

武漢是中國近代鋼鐵工業的搖籃。然在抗日戰爭前期的一九三八年，漢陽鐵廠內遷重慶，原有的鋼鐵工業基礎已不復存在。武漢解放後，六月一日武漢軍事管制委員會派出軍代表接管「華中鋼鐵有限公司」，同年十二月結束軍管，成立華中鋼鐵公司。

剛成立的華中鋼鐵公司的首要任務即是籌建武鋼。一九四九年十二月至一九五〇年二月，毛澤東率領中國代表團出訪蘇聯六十三天，主要成果之一就是蘇聯專家幫助中國興建和改造五十多個大型企業，其中有兩個鋼鐵工程項目。這兩個鋼鐵項目之一就是武漢鋼鐵公司。一九五〇年，中央、政務院提出要迅速發展鋼鐵工業，改變中國「北重南輕」的工業布局，儘快把中國建成社會主義工業化強國。

武漢鋼鐵公司是新中國成立後建設的第一個規模宏大的新型鋼鐵聯合企業。當時，全國除東北鋼鐵工業基地外，沒有其他大型鋼鐵工業基地，不能適應整個國民經濟的發展。

·武漢鋼鐵廠一號高爐

實際上，對於在武漢興建特大型鋼鐵廠，蘇聯專家最初是不予認可的。為了打消蘇聯專家在武漢建設鋼鐵廠的顧慮，一九五〇年重工業部邀請蘇聯專家馬婁歇夫等人到大冶考察。經考察，蘇聯專家建議在大冶建造五十萬至一百萬噸規模的鋼鐵企業。一九五二年五月六日，中央決定在大冶地區建立中國第二個鋼鐵工業基地。中央財委主任陳雲親自召見中南工業部部長劉傑，責成其迅速成立籌備機構。

確定在武漢附近建立新的鋼鐵企業後，緊接著面臨選址問題。一九五二年十二月，在原來成立的大冶鋼鐵辦事機構「三一五廠」籌備處的基礎上，正式成立華中鋼鐵公司，隸屬重工業部，辦公地點設漢口江漢路一〇四號。為選擇廠址，從一九五二年四月到一九五四年三月，華中鋼鐵公司及其前身辦事處組織一千多人次，歷時兩年多橫跨湖北、湖南，行程十八萬公里，先後組織五次大的野外踏勘。其中，大規模野外踏勘有兩次，一次為沿長江從武漢至黃石一帶勘察；一次沿粵漢鐵路從武昌至長沙等地勘察，前後選點二十三處。經勘察，考察組初定油坊嶺、下陸

和徐家棚三處為候選廠址。武鋼正式開建是在國家「一五」期間。

三、機械工業

由於機械行業主要大廠在抗戰期間內遷四川、湖南、貴州等地，因而，一九四九年底武漢機器業同業公會會員廠僅 436 家，職工 1473 人，工具機 1525 部，動力 420 餘匹馬力，總資本 133585 萬元。

一九四九年六月，武漢市軍管會物資接管部接管了湖北省機械廠和善後事業委員會機械農墾處湖北分處，分別改名為湖北機械總廠和湖北省人民政府機械農墾處。一九五一年，農墾處撤銷，成立湖北農具製造廠（現湖北柴油機廠）。湖北農具製造廠是生產改良農具和新式農具的基地，先後試製和生產各種新式步犁、輕便耙、中耕器、播種機、除草器、噴霧器、軋花機、礱穀機和碾米機，一九五三年又試製成功全省第一臺六至八馬力柴油機。同年十月十六日，武漢市人民政府沒收了日偽財產的阮恆昌機器廠，更名武漢機器製造廠，成為武漢市第一家國營機器工廠，交武漢市工業局管理。十一月，經中南財經委員會批准，周恆順機器廠實行公私合營，改名中南工業部公私合營中南恆順機器廠。一九五二年一月，市工業局又接管了隱匿敵偽財產的喬興發五金機器廠，十月改名國營喬興發五金機器廠，一九五三年七月併入武漢機器廠。

一九五〇至一九五二年，經過民主改革和「三反」「五反」運動，武漢機器業各私營工廠逐步實行聯營。一九五二年底，華

中壽記機器廠等四十八家廠（店）集資聯營，公推郭壽恆為經理，高廣安為董事長，組成大同機器廠股份有限公司。一九五三年，聯營後的大同機器廠發生虧損，僅上半年就虧損五億元（舊幣），發不出工資和伙食費，一百多名工人罷工。九月七日，經市工商局批准，將該廠退財補稅款和銀行一切公債作為公股，改為公私合營，由市工業局接管。這是繼周恆順機器廠之後的第二家公私合營機器廠。一九五二年十一月，漢口開明鐵工廠股份有限公司成立，由源渝、曾義興、華昌（翻砂）、公記、冠昌、易大成、周義興、華太、萬國、新華（機器）、江恆昌（模型）、劉公記、楊順興、徐福興、蔡和興（紅爐）等戶合營，共有職工四百二十人。該廠主要產品是翻砂鑄件、印刷機、起重機、水泥制管機、通風設備及初級工業用品，採取加工訂貨。隨後又有近三百家私營廠實行了聯營。

一九五三年，武漢重型機床廠和武漢鍋爐廠開始籌建。武漢重型機床廠是國內最早新建的特大型機床廠，一九五五年動工，一九五八年建成。武漢鍋爐廠以生產電站鍋爐為主，一九五六年動工，一九六〇年建成。這兩座特大型機械廠，至今仍是我國重要的大型裝備製造企業。

一九五六年，武漢機電業共有一百六十五家私營機器廠實行

·武漢鍋爐廠加工生產的鍋爐汽包

公私合營，又從手工業系統將四到九人的小型廠（社）四十三家分別併入公私合營戶。至此，全行業實行了公私合營。全行業公私合營後，市機電局屬企業三百人以上的工廠達十家，其中湖北農具廠（現湖北柴油機廠）已具相當規模，職工一千二百餘人，固定資產原值為二百一十七萬元，年工業總產值逾一千萬元，年產內燃機四百五十臺二千七百馬力，動力一廠年產農用水泵達一千二百餘臺。

·武漢重型機床廠正在安裝機器設備

一九五六年，本著「大部不變，少數調整」的原則，武漢市機械行業進行了經濟改組和行業調整，在以不減少原生產品種、不打亂協作關係的前提下，充分利用現有廠房，更好地發揮企業現有的潛力。除交給市交通局和省糧食廳十家外，對一百九十八家企業以「並、聯、管」的形式進行了改組。根據國家第一機械工業部（簡稱一機部）的統籌，將武漢機器廠與武漢五金製造廠劃歸一機部領導，分別改名為武漢機床廠和武漢機床附件廠，定向生產工具磨床和機床附件。一九五六年底，改組後的武漢市機電局所屬機械工業企業有國營企業五戶（不含武漢機床廠和武漢機床附件廠），公私合營企業一百零二家，共計一百零七家。其中使用動力設備或有工人三十人以上者五十八家，計有一百人以上的工廠二十三家。其中一千人以上的一家，五百人以上

的三家，三百人以上的六家。生產能力有了較大的提高，工業總產值比一九五五年增長了一倍多。

四、紡織工業

自張之洞在武昌建立湖北紗布絲麻四局以來，武漢的紡織業在全國保持領先水準。抗戰時期，武漢主要紡織廠除一家欠英國債務留漢外，全部內遷至陝西、四川、貴州等省。到一九四九年五月武漢解放時，棉紡織行業除有武昌一紗、裕華、震寰、申新四個大型棉紡織廠，職工八千八百四十二人，還有織布、毛巾、染坊、針織、制線等私營企業和手工業勞動者一千多戶近一萬人，但大都處於停工、半停工狀態，工人生活困難。

一九五○年，紡織工業部決定在全國主要棉產區新建四個棉紡織廠，即武漢國棉一廠和湘潭棉紡織廠、西北國棉一廠、邯鄲國棉一廠。武漢國棉一廠原訂紗錠十二萬枚，配套布機二千臺，擬引進英國 PLATT 的紡織機器，後因美國的封鎖，機器難以入境，遂將機器全部改為國產，並將規模降為五萬紗錠。美國的封鎖激起中國工人自力更生，這成為我國自己製造全套紡織機器的開端。

武漢國棉一廠建在原漢陽兵工廠舊址，地處漢江與長江交匯處，占地面積約三百三十五畝。一九五○年九月成立國棉一廠工程建設委員會，一面採購原料，一面議定設計合同。國棉一廠設計由華東林業部華東建築工程公司承擔，一九五○年十月該公司即派人來漢商討設計工作，確定設計工程範圍，一九五一年一月著手設計，六月二十五日破土動工，一九五二年四月建成，並開

始安裝設備，六月初部分機器開始試車。國棉一廠總投資8295645 萬元（舊幣），有紗錠 5 萬餘枚，主機 596 臺，輔機 13 臺。

一九五二年國棉一廠投產後，企業基礎工作逐步加強，生產水準穩步提高，工業總產值一九五二年為 646.8 萬元，一九五七年達 3185.53 萬元，平均每年遞增 37.56％。生產的紅旗牌 20 支、21 支、32 支棉紗，產量一九五二年為 9070.52 件，一九五七年達 4102 918 件，平均每年遞增 35.24％。其中，供紡織行業生產毛巾、被單的 21 支棉紗，在用戶中享有較高聲譽，被評為全國優良產品。

一九五二年、一九五三年由益民織布廠、群力織布廠、勞工第一織布廠、勞工第二織布廠、勞工第三織布廠和榮生針織廠、勞生針織廠共七家公營小廠合併組建湖北省合作總社染織廠，屬湖北省合作事業管理局領導。

一九五〇年起武漢市政府又對私營四大紗廠進行社會主義改造，並於一九五三年順利完成，使武漢紡織業國有化得到進一步加強。

在新中國成立後的三年恢復期，武漢紡織業得到從政務院到市政府的關注。國有紡織工廠發展迅速；四大私營紡織廠，以及數以千計的紡織小企業和個體紡織業戶，通過國家的救助扶持、加工定貨和收購產品等形式，得到不同程度的恢複與發展。

二十世紀五〇年代，武漢紡織業生產快速發展，並形成以棉紡織印染為主體，包括毛紡織、針棉織、服裝鞋帽、紡織機械等行業門類較為齊全、結構比較合理的武漢工業三大支柱產業之

一。

五、輕工業

輕工業與民生休戚相關，涉及眾多就業工人和家庭，武漢市政府自解放之初對其重點投入。據記載，一九五〇到一九五二年政府的基本建設一項支出一點〇九六六億元，其中最大的投資產業是輕工業，達到四千二百二十一萬元。

·武漢國棉一廠紡織女工

一九四九年五月武漢解放時，全市輕工業生產基本處於停頓狀態，省營漢陽油廠僅存黃豆三百四十七噸，無法開工，三十三家捲煙廠無一家生產。一九四九年五月底，武漢軍管會按政策接收了漢陽煉油廠、中國植物油料廠、漢陽油廠、漢口化工廠，接管了南洋煙廠、宇宙煙廠中的官僚資本股份。中南軍政委員會接管了由私商租辦的官僚資本華中造紙廠，旋即組織上述各廠復工生產。同時人民政府以貸款、收購、訂貨等方式，扶助私營燧華火柴公司等一批企業復工。一九四九年九月，全市輕工業有二十七家工廠復業，新開的有五十三家工廠，多為食品、肥皂、火柴、釀酒、捲煙、電池等涉及國計民生的企業，均占同期全市復業、新開業工廠的一半。

接管的兩個煉油廠合併後改名國營武漢油廠，為武漢最早的

地方國營工廠之一。二十世紀五〇年代仍以機器榨油為主，達到年產食用油六千噸、油餅二萬噸、棉短絨一千八百噸。漢口化工廠、華中造紙廠、宇宙煙廠隨即改為國營企業。南洋煙廠因為有民族實業家的股份，實行公私合營。各級政府部門先後投資合營或租賃舊有私營企業，開辦火柴、食品、捲煙、白酒、印刷等十二家工廠，一九五〇年，湖北省政府在漢陽沌口興建全省第一家國營製漿、造紙聯合工廠——湖北造紙公司（即漢陽造紙廠）。國營企業由一九四九年的四家增加到一九五二年的十六家。這些企業逐步發展成為輕工業骨幹企業。

六、化學工業與建築工業

一九四九年，武漢化工企業有三十三家，只有三四家勉強維持生產，總產值二百五十萬元。新中國成立後生產迅速恢復，一九五制漿年全市化工企業增至一百五十戶，職工一千人，其中醫藥一百一十戶。按專業性質分，有醫藥、輕化工、製漆、染料、玻璃、塑料加工等行業。

一九四九年五月三十日，武漢市軍管會接管湖北省民生實業股份有限公司化工廠，改名武漢化工廠，恢復肥皂生產，到年底生產肥皂三點八萬箱，泡花城三十九噸，年產值比原漢口化工廠增長兩倍。一九四九至一九五三年該廠骨粉分廠和玻璃分廠被劃出。同時太平洋的肥皂廠遷至仁壽路總廠。一九五六至一九五八年又先後將華中、天倫和祥泰等肥皂廠的肥皂生產設備，漢昌和新康化工廠的肥皂、牙膏、甘油、泡花城生產設備和部分職工併入，使該廠逐步發展成為武漢地區獨家生產肥皂、牙膏的專業工

廠。一九五二年，全市兩家主要化工企業武漢製藥廠和武漢化工廠，年總產值 1426 萬元，占市工業局所屬二十二個企業的 19％。

一九五二至一九五七年，武漢化工經過恢復、調整和社會主義改造，形成日用化工、化工原料、製漆、製藥、橡膠等 12 個行業，有職工 4500 人。這期間，用於武漢地方工業的投資 1590 萬元，其中化工占 33％，化工固定資產淨值從 55 萬元增加到 357 萬元；一九五七年化工完成工業總產值 8268 萬元，是一九五二年的 6.8 倍，每年平均遞增 58％，其中公私合營企業

· 新中國成立初期，國營武漢化工廠出品的「警鐘」牌肥皂包裝紙

總產值為一九五二年的 9.4 倍；利潤從一九五二年的 30 萬元增加到一九五七年的 997 萬元；一九五七年全員勞動生產率為 13495 元／人。

新中國成立後，武漢隨著經濟恢復和基建規模擴大，建材需用量日增，磚瓦灰石不宜遠途運輸，且供應緊張，促使磚瓦灰石工業迅速發展，各建設單位相繼創辦了磚瓦、採石、煉灰等工廠。一九五〇至一九五二年，中南軍區、第四野戰軍後勤部、湖北軍區後勤部、武漢市民政局、財政局、建設局、公安局、房地局、中原大學和市委黨校等單位，分別采取接收、收買、租用原

有的一些小磚瓦廠，並以此為基礎，共創辦了磚瓦廠 21 家、採石廠 2 家、煉灰廠 2 家。一九五二年共產磚 1.88 億塊、平瓦 2 299 萬片、石料 11.47 萬立方米、石灰 0.65 萬噸。其中磚的產量為一九四九年的 7.1 倍（其他產品無對比數）。此外，中南空軍後勤部於一九五二年在漢口韓家墩創辦中南水泥製品廠，開始用離心成型工藝生產直徑 75-1350 毫米的水泥排水管。

同年八月，漢口四家五金商店集資創辦國華油氈廠，批量生產航空牌煤焦瀝青油氈，為建材工業增添了新品種。

上述企業，當時分屬中南區、湖北省、武漢市的各有關部門管理和經營，多為自身建設用料而臨時開辦或屬於機關單位附設生產企業，其管理方法、工資制度、產品品質均不一致。為了加強管理，保證武漢地區國家重點建設的建築材料供應，根據中南財經委員會的決定，武漢市工業局從一九五四年起逐步接收原屬於中南區、湖北省及武漢市的磚瓦灰石企業（不包括公安部門的勞改企業），本著便於管理和有利生產的原則，將這些工廠合併、改組成十個磚瓦廠、兩個採石廠和一個煉灰廠。一九五五年八月一日，武漢市建築材料工業管理局（簡稱市建材局）成立，統一管理上述磚瓦灰石工廠，並歸口管理全市的私營建材企業。

第四節 ▶ 資本主義工業的社會主義改造

新中國成立以後，武漢市迅速完成了國民經濟恢復任務。到一九五二年，各種主要工業產品都超過歷史最好水準。一九五三年國營工業在工業總產值中的比重，由一九四九年的 10% 上升

到 30％，國營經濟開始在市場上起主導作用。與此同時，武漢市政府在完成金融業和航運業社會主義改造的基礎上，著手私營企業和手工業的社會主義改造，積極引導私營企業和個體手工業逐步朝公私合營和手工業生產小組、供銷合作社和合作社方向發展，使武漢工業所有制結構發生變化，國有制經濟份額逐漸增多。

一、有計畫有準備地進行社會主義改造

公私合營是新中國成立初期國家對私營工商業進行社會主義改造的必經步驟，是國家資本主義的高級形式。一九四九年五月十六日，武漢解放，武漢軍管會、武漢市政府迅速強制性地沒收官僚資本，並將其轉變為國營資本，從而建立了社會主義公有制經濟，並有意識地使其成為國民經濟中的領導者。在此前提下，政府對資本主義企業的改造也漸進提上議理日程，政府針對私營資本家一方面具有發展資本主義的強烈願望，另一方面又有擁護新政府進行土地、工商改革決心，採取利用、限制和改造的政策，以和平方法，適時地對資本主義工業進行社會主義改造。

武漢解放後，武漢市政府十分重視對資本主義工業進行改造。一九五〇年武漢市政府對武漢著名紗廠——武昌第一紗廠進行公私合營，由此拉開了武漢私營企業公私合營的序幕，一九五三年，隨著黨在過渡時期的總路線和總任務出臺，武漢市政府根據總路線「要在一個相當長的時期內，逐步實現國家的社會主義工業化，並逐步實現國家對農業、對手工業和對資本主義工商業的社會主義改造」這一核心主旨，在全市範圍內開展了一系列關

於過渡時期總路線和總任務宣傳活動。一九五三年十二月五日，中共武漢市委第一書記王任重在全市幹部大會上宣講了過渡時期總路線和總任務，並向全市發出《學習和宣傳過渡時期總路線和總任務的指示》的號召，派市、區報告員分頭對各行業私營企業職工廣泛宣講過渡時期總路線和總任務，通過大力宣傳，使大多數私營資本家正確認識過渡時期的總路線和總任務，看到了私營工業的發展前途，克服了私營工業「無前途，不光榮」「要求立竿見影，馬上搞社會主義」的思想。使他們認識到國家工業化和農業、手工業、資本主義工商業社會主義改造的內在聯繫，並聯繫過去執行利用、限制、改造政策的情況，進行了初步檢查，提高了執行過渡時期總路線的自覺性。

對於武漢資本主義工業的公私合營，武漢市委在一九五三年十一月，曾批轉了市工業局提出的《解決現有公私合營企業中突出問題和積極做好公私合營準備工作的報告》，該報告詳細分析了尚未公私合營的工業企業的特點，提出做好公私合營的準備工作：「一、總結過去合營的經驗，以便作出具體的步驟和方法。二、摸清現有私營企業的家底，還需要與有關部門特別是與上級領導結合進行，以便掌握企業的多項情況及資本家的思想活動，以充實爭取活動的內容。三、根據所掌握的情況，研究投資辦法，以便在股權上取得控制權。四、通過所派遣的幹部，實行對企業的領導。五、對這些企業的資本家，一方面要採取正面的教育，另一方面對這些企業的產銷、原材料（尤其是一些有關國計民生的企業）給予適當的控制，以使資本家有合營的要求，達到

我們計畫爭取合營的目的。」[29]

　　而且，為了加強對資本主義工業的社會主義改造的領導，武漢市成立以市委書記劉惠農為組長、副市長王克文為副組長的十人小組，下設辦公室，各區設立對資改造辦公室，增設了工業、商業管理專業公司，各區按行業設立辦事處，以推動公私合營《規劃》早日實現。市十人領導小組發出《關於全市資本主義工商業在一九五六年一月二十日以前全部完成公私合營的意見》，為此，《長江日報》發表《向北京看齊》的社論，市工商聯連夜到各行業做思想工作，市工會號召私營工商業的職工推動資本家申請實行合營，提出「搞好生產，迎接公私合營」的口號，武漢市掀起了公私合營的高潮，工業、商業、飲食業、服務業、交通運輸業、建築業等行業很快全部實行了公私合營，手工業也全部實現了合作化。

　　武漢市資本主義工業的社會主義改造大致經歷三個階段：

　　第一階段是從一九四九年到一九五三年，主要是資本主義大企業的公私合營。在此期間，共有 31 戶企業實行公私合營，雖只占全市私營企業總戶數的 2％，但職工人數占 49.52％。其中工業 26 戶。這 26 戶公私合營工業企業有職工 18281 人，資金 5226 萬元，產值 12952 萬元，分別占私營和公私合營工業企業

29　《武漢市工業局黨組關於公私合營問題的報告》（1953 年 10 月 29日），轉引自水世琭主編《中國資本主義工商業的社會主義改造・湖北卷・武漢分冊》，中共黨史出版社，1991 年版，第 136 頁。

職工、資金、產值的 33％、44％、37％。它包括 3 個紗廠、1 個染廠、3 個煙廠、2 個火柴廠、1 個麵粉廠、4 個印刷廠、3 個磚瓦廠、2 個機器廠、1 個水電公司和榨油、打包、製漆、玻璃、貝扣、製藥等 6 個廠。[30]

第二階段是一九五四至一九五五年，整頓公私合營企業，有計畫地擴展公私合營。

一九五四年四月，市委召開「武漢公私合營工作會議」，貫徹中央「鞏固陣地、重點擴張、作出榜樣、加強準備」的指示精神，作出了「積極領導、穩步前進」的決定，並制訂了《關於整頓武漢市現有公私合營企業的意見》和《1954 年擴展公私合營工業企業的計畫》。會後，即開始對公私合營企業進行整頓，著重解決了幾方面的問題：首先，對尚未清產核資的企業，按照實事求是、公平合理的原則，進行清產核資，確定公股私股，許多工廠經清產核資都有增值，對原安排不當的私方人員進行了調整，使他們「有職有權、守職盡責」，對盈餘尚未分配的企業，確定從一九五三年起按「四馬分肥」（對國家、企業、資本家、工人四方面按一定的比例分配盈餘）的原則進行分配。其次，在一九五四年就按計畫，根據資金、幹部條件選擇了國家需要、產供銷平衡和有改造條件的十八戶私營工業企業擴展為公私合營工業企業。再次，對中小型企業，則根據其規模小、地點分散等特

---

30 水世圖主編《中國資本主義工商業的社會主義改造‧湖北卷‧武漢分冊》，中共黨史出版社，1991 年版，第 22 頁。

點，採取全行業安排、通盤籌畫、改組與改造相結合的方法進行公私合營。一九五四年，全市棉紡、搪瓷、火柴、捲煙、製漆、製磚等行業已全部實行公私合營，其他主要行業的大廠，如機器製造業的開明、大同，麵粉業的福新，針織業的一中、樹綸毛巾廠，也都已實行公私合營。到一九五五年下半年，全市私營工業十人以上的工廠中，已經實行公私合營的工廠產值占私營工業值總數的61％，工人占總數的58％，資產占總數的90％。

‧一九五六年一月，武漢市人民熱烈慶祝資本主義工商業社會主義改造的勝利

主義社會第三階段是一九五六年的全行業的公私合營。一九五五年十二月，市委召開全市有關部門黨員幹部會議，傳達中共中央關於《資本主義工商業改造問題的決議》精神。市政協、市民建、市工商聯以及市總工團市委、市婦聯等也分別召開

‧一九五六年一月二十二日，武漢各界集會，慶祝武漢完成對農業、手工業和資本主義工商業的社會主義改造，勝利進入社會

代表會，討論資本主義工商業改造問題。一九五六年一月上旬，北京市資本主義工商業完成全行業公私合營的消息傳來，加快了武漢這一工作的步伐。到一月十八日止，全市資本主義工商業實行了公私合營，一月二十日，全市工人、店員、農民、手工業者、資本家及其家屬、部隊、機關和國營企業代表共十五萬人，敲鑼打鼓，分別在武昌、漢口兩地舉行聯歡大會和遊行，慶祝武漢市對資本主義工商業社會主義改造的勝利完成。

二、資本主義工業的社會主義改造

武漢市對資本主義工商業的改造起步較早，從一九四九年五月武漢解放起，武漢市政府就積極推進對資本主義工商業的改造，到一九五四年武漢各工業門類均有大量公私合營企業存在，突出表現在紡織、輕工、化工等行業。

武漢市委、市政府十分重視這項工作。一九五二年二月，湖北省委書記、湖北省省長李先念兼任武漢市委書記、武漢市市長後，主持召開中共武漢市委擴大會議，並作了把工作重點轉移到經濟建設上來的講話，號召廣大幹部要像當年學軍事一樣，學會經濟建設這門複雜的科學。

（一）紡織工業的社會主義改造

對於資本主義工業的社會主義改造，中共中央和毛澤東同志運用了贖買政策，制訂了通過國家資本主義形式——加工訂貨、公私合營等，逐步把資本主義工業改造成社會主義工業。

武漢資本主義工業公私合營是從四大私營紗廠開始的，早在

一九五〇年，武昌第一紗廠就著手進行社會主義改造，這是武漢市第一家公私合營企業，在全國都是較早的。

新中國成立前夕，武漢私營企業由於戰事大量抽逃資金，生產難以維持；解放初期又由於部分私企投機倒把，經營不

·公私合營漢口第一紡織公司徽章

善，以致企業虧損，負債累累。震寰紗廠解放後雖然有四千多紗錠以及一百餘臺布機在運轉，但完全是靠借貸維繫。

該廠一九五〇年四月底結算，流動資產總額為三十九億餘元，而負債總額則高達八十二億餘元，負債超過流動資產一倍以上，企業雖然可以靠國家預支工繳費繼續維持，但仍無法解決債務問題。當時震寰紗廠主已向人民銀行及民營銀行聯放處貸款達四十三億餘元，無力歸還，而各行莊貸款期限很短，利息又高，震寰紗廠主每天東借西挪，結果是利息愈背愈重，企業已瀕於破產。裕大華紡織公司所屬武昌、重慶、成都三個分廠，除武昌廠略有盈餘外，其餘兩廠均為虧損，一九五〇年虧損約一千零二件（折合棉花 6812 擔），該公司其他下屬企業情況亦不例外。重要的是，加工代紡的國家資本主義形式還不能解決公私關係和勞資關係上的矛盾。在這種情況下，這四家企業資本家迫切需要謀求一條出路，解除重負，避免企業經營更加惡化，先後向政府提出

公私合營，實行公私合營也是生產力發展的客觀要求。

以武昌第一紗廠（以下簡稱「一紗」）為例。一紗創辦於一九一四年，抗戰期間為日軍佔領，改名泰安紡績株式會社，抗戰勝利後恢復原名。一九五〇年公私合營時，改名公私合營漢口第一紡織公司，一九六五年又改為公私合營武昌第一棉紡織廠，一九七〇年最終定名為武漢市第六棉紡織廠，即武漢人俗稱的國棉六廠。

一九四九年四月，一紗的經營者大量拋售空頭紗單，造成二千多家小工商業者倒閉，自家也資金枯竭。馬達不轉，機器不響，工廠處於停工，六千職工，近兩萬名家屬在饑餓線上掙扎。解放後在武漢市政府扶持下復工，並作了多方改進，但仍未擺脫虧損的局面，到一九五〇年五月，負債達七十八億元，以當時一紗的設備規模而言，每日至少須有八億至十億元的資金才能周轉，而要使企業走上正軌，估計須三百億元以上的資金。如此龐大數額的資金，一紗根本無力拿出，一紗只得靠國家拿錢維持。一九四九年五月十七日，武漢解放第二天，武漢市軍管會了解這一情況後，立即派出十三人的軍管小組進駐一紗，解決一紗的問題，經各方努力，一九四九年六月二日，一紗召開了解放後的第一次股東大會，聘請了有關專業人士組成了一紗新的領導班子，與政府簽訂了代紡代織合同，由政府先後貸款約二十次，折合棉紗約二千件，作為流動資金，同時代棉約八萬擔，終使一紗於一九四九年六月十四日復工，計開錠七萬六千七百六十枚，布機二十二臺。復工初期，一紗 80% 以上的紗布產品系政府軍用。一九五〇年四月，一紗召開勞資協商會議，以民主、平等和兩利關

係為宗旨，工廠經營與管理隨之發生變化，為改變長期靠政府貸款，生產虧本的局面，在於勞、於資、於政府都有利的前提下，一九五〇年五月十五日，一紗實行公私合營，這是整個中南地區第一家實現公私合營的企業，它的合營標誌著武漢私營資本主義工業社會主義改造在武漢的成功，也預示著武漢國民經濟邁入新的航程。

公私合營後的一紗重組董事會及監察委員會，廢除舊的管理制度，實行一系列的改革，調動了工人的積極性。一九五二年，一紗開展了「三反」「五反」「增產節約」等運動，將二班制改為三班制，並普遍提高了看臺，粗紗由原來的二人看一套，提高到一人看一套，清花由原來二人看一套，提高到一人看一套，細紗由一人看半臺，提高到一人看一臺半，布場由原來最高每人看布機二臺，提高到最低一人看四臺，漿紗由原來二人一臺提高到三人看二臺，提高看臺後，使棉紗產量超額完成計畫的 3.21%，棉布產量超額完成計畫的 5.85%，並在企業推廣郝建秀等先進操作法，在企業建立各種科學的管理制度，湧現了以朱早娣為代表的一批勞動模範，企業一九五二年年末實現了利潤翻三番。為了提高產品品質，消滅斷頭率，一紗組織幾批工人圍剿斷頭，接著又投資增添了一萬餘枚紗錠和近三百臺自動布機，將舊的縱橫交錯的天地傳動軸換成新的單獨傳動的新電機，安裝了兩臺大型鍋爐、通風設備和吸棉裝置，使企業生產能力大幅度提高。中南紡織工業局組織大區同行業到一紗觀摩，學習其《細紗保全五三工作法》《細紗機五三平車式作法》和《細紗機五三揩車工作法》等先進生產方法。合營兩月後，收支基本平衡，繼而開始盈利，

一九五一年完成總產值 3502893 元，實現利潤 120.75 萬元，比一九五〇年增長 65.52 萬餘元。公私合營使一紗生產關係發生了重大變化，社會主義經濟在企業內同資本主義經濟合併居於領導地位，企業在公方領導下，不再採取資本主義的經營方式，企業由私有制變為公有制。隨著一紗的社會主義改造的完成，震寰一九五一年八月一日實現公私合營，裕華（包括裕大華紡織資本集團各企業）於一九五一年十一月十一日、申新於一九五四年一月一日也實現公私合營。四大私營紗廠相繼公私合營後，一九五四年二月中共武漢市委決定，成立武漢市紡織工業管理局，管理四大紗廠及中小型公私合營和私營紡織企業。紡織行業的個體手工業及以後成立的手工業合作社由市手工業管理局管理，至一九五七年八月按行業歸口後，劃歸市紡織局管理。各中、小型企業也按行業管理，並成立武漢市針棉織工業公司和武漢市紡織染整工業公司。

表 10-3 武漢四大紗廠公私合營股份表 單位：元

廠名 股份 項目	一紗		裕華		震寰		申新	
公股	3031023	46.49%	7688568	33.45%	760000	50%	4802394	39.56%
代股營	94187	1.44%	236272	1.03%			94321	0.77%
未登記股			759551	3.03%				
合營股			392540	1.71%				
私股	3394757	52.07%	13907708	60.51%	760000	50%	7243771	59.67%
合計	6519967	100%	22984639	100%	1520000	100%	12 140 486	100%

注：轉引《武漢紡織工業》編委會編《武漢紡織工業》，數據略有修訂，武漢出版社，1991 年，第 135 頁。此表合計數與分項合計不完全吻合，系照錄原書統計表所致。

在四大紗廠公私合營的帶動下，私營東華染整廠也實行了公私合營。一九四九年武漢解放後，武漢市軍需管制委員會接管了官僚資本企業新華染廠，將其變為國營企業，當時武漢其他一些中小型染整廠業務稀少，中南軍政委員會軍需部供給各廠原料、燃料和染化料，付給工繳費、委託代染軍布 226.17 萬米，幫助武漢染整業渡過難關。一九五二年，武漢市染整業中職工人數最多（近 200 名職工）、機械化程度最高的東華染整廠，與國營新華染整廠合併，實行公私合營，仍用東華染整廠廠名，它是武漢染整業中第一家公私合營企業。

武漢市政府對紡織業公私合營主要通過以下三種方式完成：第一種：國家投入一定資金，派入公方代表，直接參加企業的私營管理。一紗、申新兩廠均採取這種方式。一紗股本中除了私營資本外，還有一部分官僚資本，國家沒收官僚資本，對私營資本則採取逐步贖買的政策。一九五〇年五月，經協商，國家除沒收官僚資本轉為公股外，另由中南工業部投資一百億元作為流動資金實行公私合營。同時改組董事會，由國家委派公方代表，直接領導企業的生產經營，申新是由資本家先行申請，國家投資 2 萬紗錠，由公私雙方協商同意後，簽訂協定書，然後宣佈合營，同時改組原董事會，派公方代表參加企業的領導工作。

第二種：國家以一定數量資金與私營廠的一部分生產設備共

同組成公私合營企業，如震寰紗廠以其安裝之紗錠 8128 枚、布機 247 臺及附屬設備機物料及廠房等估價 120 億元。由政府投資 60 億元取得半數股權，再由雙方投資 16 億元作為流動資金，合計 152 億元，公私股額各占 50％，按公私股權比例各推出五人，共同組成公私合營董事會，工廠實行經理制，這種方式有兩個特點：第一，國家投入的資金，資本家拿去一部分還了以前的債務，而不是全部用於本企業的生產，第二，原有的私營震寰董事會仍然繼續存在，並且擁有一部分財產，一九五二年及一九五五年才分兩次將這部分財產約計三十七萬元（新幣）重新投入合營企業，並將私營董事會撤銷，併入合營董事會。

第三種：國家以收購股票方式與裕華公司進行公私合營，一九五一年十一月裕華公司在其財團內部矛盾無法解決的時候，由黃師讓向武漢市工業局申請其所屬利華煤礦所持有之裕華、大華兩公司的股票各 75 萬元售給政府，索價 120 億元。

嗣後黃師讓因向湖北省人民政府索得 26 億元還債，假裝減讓價格改為 94 億元，另加償還債務的利息 2 億元，共 96 億元，國家為了迅速恢復國民經濟，扶持生產，就如數收買了。一九五一年十一月十一日召開第一次公私合營董事會，正式宣佈實行公私合營。其特點：第一，國家通過收購股票掌握一部分股權與其總公司合營，總公司合營了各地工廠也同時進入公私合營。第二，裕華公司的合營不是由國家直接撥款投資，而是收購了利華煤礦所持有的一部分裕大華股票而取得股權，因此在合營的當時裕華並未利用到國家的投資，而國家投資是由裕華作了償清債務之用。第三，各地分廠由當地黨政領導，就地改造，單獨核算，

總公司不再領導業務，但總公司仍然保留，負責處理私股股權、債務、統一分配股息，認購公債及對股東進行教育改造等工作。

（二）輕、化工業的社會主義改造

輕、化工業是武漢工業支柱性產業，它與人民生活息息相關，涉及面廣，有製漿造紙、煙草加工、傢俱、皮革皮毛、日用雜貨、食品飲料、文化體育、服裝鞋帽、日用化工等，達數十大類，上百品種。而武漢輕、化工業以捲煙、麵粉加工、火柴、製藥、肥皂為主。解放後，武漢人民政府以人民生活為重，加大對這一領域的扶持力度，使其得到較快恢復與發展，提早步入公私合營的行列。最早進行合營的有南洋煙廠、武漢火柴廠、燧華火柴廠和江漢印刷廠。

南洋煙廠是武漢老牌煙廠，解放後，在政府的直接領導和扶助下，於一九五一年八月一日正式組成公私合營。合營後的南洋兄弟煙草公司武漢分廠全部資產約值 15099193545 元（折合大米為 14259259 斤，以當時牌價計算），由上海總公司領導，全部資金亦由總公司統一調配。

合營後的武漢分廠在生產上進行了大力改進，產質、品種都有很大提高，一九五一年平均捲煙機只開動九部，每部每日工作九時，日產六十箱左右，到一九五三年已開動十八部，日產量達一百六十二箱，為以前的 170%。先後出產愛國、白金龍、大公雞、珞珈山、長城等各種捲煙，產品在市場上供不應求。

表 10-4 各級香煙產銷比較表

年度	年產量		各級煙占年產量比重			銷售量		銷售量占年產量（%）
	箱	%	乙級	丙級	丁級	箱	%	
1950 年	16155	100%	0.25%	91.33%	8.43%	16647	100%	103.05%
1951 年	22140	37%	2.57%	87.36%	10.07%	21040	26.39%	95.03%
1952 年	30174	86%	5.71%	68.05%	26.24%	30384	82.54%	121%

　　創建於一九一七年燧華火柴廠，一九五〇年實行公私合營。該廠原為湖北省建設廳接收日本在漢口開辦的火柴廠，有職工500 餘人，排梗機 10 部，日產量 30 餘簍。一九四八年三月大昌銀行老闆周昌埼等人買下該廠，並將其改名為武漢火柴廠，生產「航空牌」火柴。

　　一九四九年六至八月武漢火柴廠因資金困難曾一度停工，後在人民政府恢復與發展生產的號召下，該廠又招添新股，本市海味業義成、公大兩號轉來商業資本 80000000 元（當時折合大米5 千擔），重整開工，但由於經營管理不善，產品品質差，無法暢銷，造成嚴重虧損現象，以致無法維持生產。一九五〇年湖北省軍區生產合作總社投資 21 億元（舊幣），對該廠遂進行公私合營，廠名仍為燧華火柴廠。合營後共有資金 16 億 5000 萬元，其中國家資本 1 億元，私人資本 5000 萬元，「三反」運動中，發現私營資本家在合營時將其資產價格高估 20 萬元，故將其整個資本按 70.91％ 調整，減少私營股本 1 億 6000 萬元，現在實有私營股金 3 億 9000 萬元。燧華火柴廠歷史上生產「漢口」「雞球」兩種安全火柴，以產漢口牌為主（因為品質較好），一九五

一年公私合營後，停止漢口牌火柴生產，又恢復航空牌（品質與漢口牌相當）火柴的生產。一九四九年下半年共產 7552 件，一九五一年全年生產 51891 件，一九五二年受「三反」運動的影響，加之柳木供應缺乏，故只完成 72223 件，一九五三年計畫生產 99040 件，因產品滯銷，調整計畫為 72500 件。從每年生產量上來看，合營後該廠產量逐年增加。

一九五四年，武漢市私營製藥工業大多數已納入國家資本主義初級形式，即加工訂貨形式，這雖然使得國家在很大程度上掌握了它的生產情況，但企業仍為資本家所有，資本主義經營管理、勞資之間、公私之間的矛盾仍普遍存在。雖然有部分藥廠主比較能夠服從國家要求，較好地完成國家的加工訂貨任務，但是有一部分資本家在接受加工訂貨後，不按國家要求，按時保質保量完成任務，他們對經營管理不關心，生產發生困難就依賴工會，沒有資金就依賴銀行，沒有任務就靠政府。有的甚至虛報成本，偷工減料。如濟世藥廠，在議定工繳貨價時，虛報工人工資和管理費用，牟取利潤。私營維康藥廠，為了追求利潤，在加工針劑時，購進不合標準的安裝瓶裝藥，致所加工的藥品進庫不到三個月沉澱變質，國家蒙受損失。凡此種種，嚴重地限制和阻礙了武漢製藥工業發展。一九五四年武漢市人民政府開始有計畫地對武漢製藥工業實行公私合營。私營久安藥廠、私營中聯、健民三家製藥廠是武漢當時三家規模較大的製藥廠，三廠設備較好、生產能力較強，其總產值占武漢製藥工業的 43.9%。一九五四年九月，政府首先對私營久安藥廠成功實行公私合營，一九五五年又完成中聯、健民兩家中藥廠的公私合營。武漢市政府在對這三

家製藥廠合營過程中，以「積極領導，穩步前進」為原則，在合營前，就派幹部下廠，深入發動工人，讓群眾明確合營的重大意義以及工人的重大責任，在充分發動工人與瞭解工廠情況後，與資本家協商談判，取得合營中重大問題的原則協議，為企業公私合營做好準備。當企業批准合營後，又在廠內廣泛開展清產核資政策的宣傳，讓全廠明瞭政府方針政策。後公私雙方進行協商，選出雙方代表，組成清產委員會，根據「公平合理、實事求是」的方針進行資產核算。經過艱難的清產核資後，政府隨後在久安等三個藥廠投資三十四萬元，作為公股，注入藥廠。這時企業生產資料已由原來資本家所有變成為公私共有，社會主義所有制已在企業內部居於領導地位，這樣三家藥廠在經過政府周密的安排與引導下，順利地進行了公私合營，變為社會主義企業。之後，三家藥廠對企業內部進行調整改革，調整不合理的機構，改革不合理的規章制度，加強生產計畫管理，減少非生產人員，充實生產力量，改善「勞閑不均」和生產混亂的局面。經過公私合營後，工人積極性得到發揮，勞動生產高，一九五五年比一九五四年提高勞動生產率 66.6%，產量和品質得到迅速增長，片劑的生產由每月 120 萬片，增加為 800 萬片，最高時達 2100 萬片，且品質好。因此，合營後半年，即由原來虧損 54044 元，變為盈餘 70807 元，企業面貌煥然一新。

一九五六年隨著全市資本主義工業改造進入高潮，武漢製藥業進行全行業的改造，並進行了並廠改組，將濟世、民生、信德三廠合併為一廠，定名為公私合營濟世藥廠，實行統一管理，集中生產。健民、萬成兩家中藥廠合併，定名為公私合營健民藥

廠，保健藥廠併入國營武漢製藥廠，馬應龍藥廠因為產品單一，而且是名牌，則實行單獨合營。這樣，武漢製藥行業計有國營一家、公私合營五家。

其中，西藥有國營武漢製藥廠、公私合營久安製藥廠、馬應龍、濟世四家，中藥有中聯和健民二家。在此基礎上，武漢市政府還根據各廠的優勢，對產品的生產也在全行業內進行了初步分工，國營武漢製藥廠生產片劑、針劑和化學原料藥品，公私合營久安製藥廠生產獸藥及油膏，濟世製藥廠生產酊水、丸散、成藥，馬應龍、健民和中聯仍生產中藥。經過合併、改組和生產產品分工，充分發揮了各廠的長處和特點，使武漢製藥業基本上克服了從前生產分散，品種多，數量少，資金短缺，設備簡陋和技術力量分散等缺點，生產設備、技術力量和勞動力調配等逐步走向均衡。不僅如此，武漢市政府還對製藥工業進行了大量投資和擴建，僅一九五六年一年內國家投資達四十一點四萬元，擴充了生產設備，增加職工二百零三人，使各廠有能力從事新產品研製工作，更有利於有計畫地進行生產和管理，從而提高產品品質和數量，提高生產率，降低成本，為把武漢市發展成為我國強大的製藥工業基地之一，創造良好的條件。

(三) 武漢手工業的社會主義改造

武漢市手工業有悠久的歷史，到一九四九年武漢解放時，武漢手工業有二百二十九個自然行業，從業人員達三萬三千零七十八人，個體手工業戶（有 16623 戶，平均每戶不到 2 人）遍及武漢三鎮，主要以縫紉、食品、竹木等行業為主，生產的高洪太響

鑼、曹正興菜刀，鄒紫光閣毛筆、剪紙、漢繡、牙雕等產品不少馳名中外，不僅銷往全國，而且遠銷歐美。武漢手工業生產經營形式是以自產自銷的家庭手工生產，勞動生產率很低，每人平均年產值約 400 元，為當時全市工業平均勞動生產率的 10%。全市手工業生產總產值只占全市總產值的 18.51%。解放後，武漢市政府對手工業的扶持、引導和改造從未鬆懈，從一九四九年五月到一九五七年，在長達八年的時間裡，政府對於手工業，通過逐步恢復——發展——走合作化道路，使手工業從個體私有經濟發展為社會主義集體所有制經濟。武漢手工業的社會主義改造經歷了三個階段：

第一階段從一九四九年六月至一九五二年十二月，屬典型示範階段。

一九四九年六月三日武漢市工商局發出第一號通告，對解放前的各種舊合作社限期登記。七月一日再次發佈《關於登記合作社的通知》，明確指出：「舊合作社經審查後，多與合作精神不相符，均係假合作社之名，實屬合夥商店或工廠，除個別社准予改造外，一律不得使用合作社名稱營業」。之後，武漢市政府根據有利於國計民

・二十世紀五〇年代，江漢區慶祝手工業聯社成立，全區手工業實現合作化

生、提高技術、有發展前途的原則，組織了針織業、度量衡、皮件、被服等第一批六個合作社，社員八百二十八人。這是武漢國民經濟中一個新型的勞動群眾集體制經濟組織。為了扶持第一批合作社健康發展，政府貸款 269313990 元（舊幣）給第一批生產合作社和來料加工，來料加工的產值占總產值的 44%，如武漢市度量衡生產合作社成立後，市零售公司將蘇（聯）式糧食比重器二十臺磅秤介紹給他們做，並且由訂貨單位預付七成貨款，省糧食局看到合作社做的磅秤品質好、價格低，也把四百臺一千斤的磅秤交給他們生產。這一階段，武漢市政府主要建立兩種合作社：一是由失業工人代表發起，召集同行業工人開會協商，確定機構、交納股金，擬定社章，集中生產，另一種系類似漢口針織業產銷合作社形式，由家庭手工業組織起來，分散生產，統一供銷。在組社規模上，大社、小社並存，以中小社為主。在社內分配上，強調社員親自參加勞動，堅持按勞分配，不吃「大鍋飯」，較好地使合作社得到發展。

第二階段從一九五三至一九五五年，屬普遍發展階段。

過渡時期總路線發佈後，手工業合作化運動進入了普遍發展階段，一九五三年一月二日，武漢市委批轉了市合作總社《武漢市手工業的情況及措施》的報告，提出「手工業生產合作社組織，必須採取自願結合，由低級到高級逐步發展」的原則，三月，武漢市人民政府批准成立武漢市手工業生產合作社聯合社籌備委員會，一九五四年四月和九月，中共武漢市委決定成立「武漢市手工業管理局和局黨組」，之後，五個城區（武昌、江漢、江岸、礄口、漢陽）分別建立了區聯社和黨總支，為全面進行手

工業社會主義改造作好了組織準備。一九五四年五月，市委召開全市手工業工作會議，又提出了武漢手工業合作化道路的方針、做法和步驟，即深入宣傳總路線，組織個體手工業者走合作化道路，「採取逐步過渡的辦法」，按照由低級形式的供銷生產小組、供銷生產合作社過渡到高級形式的生產合作社，「由小到大，由手工業到機械化」。一九五四年底到一九五五年初根據合作社發展中出現的新問題，指出發展合作社要「以鞏固提高現有社（組）為主，並相應發展的方針」。一九五五年七月市委再次指出「關於手工業改造的五年規劃問題，應注重鞏固一批，發展一批，在組織形式上應強調由低級到高級的秩序前進」。這些具體的政策指導著合作化運動順利向前發展。截至一九五五年，武漢市合作組織發展到二百九十六個，人數二萬零七百二十四人，其中供銷生產小組七十個，供銷合作社三十八個，生產合作社，一百八十八個，手工業產值和利潤分別是一九五三年的七倍多。

第三階段為一九五六年，進入武漢市手工業合作化高潮階段。

一九五五年十二月二十六日武漢市召開全市手工業生產合作社首屆社員代表大會，成立了「武漢市手工業生產合作社聯合社」。市聯社組織二千零二十五名合作化工作隊員，按區按行業深入群眾中建社。

此時，武漢市學習借鑑了北京手工業改造的經驗，採取以區按行業先報名批准再建社的辦法，通過吸收社員、徵集股金、民主選舉理監事會成員、安排生產，在一九五六年一月十六、十七、十八日三天內，共組織了六百一十二個合作社，發展三萬九

千一百五十九名社員，至此，合作社總人數已占全市手工業從業人員的 99.12％，提前實現了手工業的社會主義改造。在新形勢下，還按行業成立金屬製品、竹林棕藤、服裝縫紉、棉針織、皮革皮毛、食品、綜合七個市專業聯社，各區成立專業聯社及黨（團）總支部，領導基層生產合作社。

一九五六年二月至一九五七年二月，武漢市政府針對手工業改造進程中出現服務網點減少、供銷協作關係混亂、生產下降、社員收入減少，甚至出現有人要求退社的情況，又對武漢市手工業經濟改組，在集體經濟體制上，把許多大合作社改變為小合作社或分散的合作小組，把許多行業的混合社改變為專業社，把由統一核算盈虧改變為各生產車間或合作小組、各戶自負盈虧，減少機構層次，提高辦事效率，使手工業恢復了布點分散、服務周到等優良傳統。經過改組，一百人以上的大社不到總數的四分之一，一百人以下的小型社占多數。另外手工業系統的領導層次由四級改為二級，撤銷市、區兩級專業聯社。

武漢手工業社會主義改造歷經七年，效果顯著，壯大了集體經濟，實現了手工業由個體經濟到集體經濟，提高了生產力，並提前超額完成了第一個五年計畫，一九五七年實現利潤總額為一九五二年的三十九倍，工人的

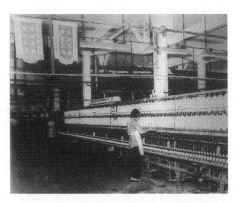

·一九五六年九月，公私合營後的武漢裕華紗廠提前完成第一個五年計畫的總產值

年平均產值從一九五二年的 1384 元提高到一九五七年的 3629
元，為一九五二年的 262.21％，且大部分生產合作社實行了公費
醫療，合作社的機械化程度和廠房建築有一定程度的提高和擴
大，這都充分顯示出社會主義集體經濟的優越性。但是，從一九
五六年開始，武漢市對農業、手工業、私營工商業的社會主義改
造，出現了「左」的盲目冒進的傾向。一是生產資料所有制變革
違背了「一五」計畫原先規定的逐步進行的方針，脫離了社會生
產力發展水準，急於過渡；二是生產資料所有制的社會主義改
造，在形式上也過於簡單劃一；三是新的生產關係建立以後，整
頓鞏固工作做得不好，工作較粗糙。

第五節 ▶ 國家工業基地的建設

一九五三至一九五七年，國家進入國民經濟發展第一個五年
計畫時期。這一期間，武漢奠定了全國工業基地的重要地位。

經黨中央、政務院批准，國家「一五」期間工業項目的基本
任務是集中主要力量發展重工業，建立國家工業化和國防現代化
的初步基礎；相應地發展交通運輸、輕工業、農業和商業；相應
地培養建設人才。

經中國和蘇聯等東歐社會主義國家專家反復考察、論證，中
央決定國家「一五」計畫以一百五十六個重大專案為中心，以六
百九十四個大中型專案為重點，初步建立社會主義國家工業體
系。

武漢在國家工業布局上被確立了優先發展重工業的戰略，將

城市建設成為以冶金、機械、紡織工業為主體的南方工業基地。武漢周邊資源豐富、交通發達、市場腹地廣闊，既有長江沿岸鐵礦、銅礦資源和江漢平原農業優勢，又有長江、京漢、粵漢鐵路交通之便，是發展工業的理想重鎮。特別是武漢作為我國近代工業誕生地之一，「工業強國」的理念融入城市的靈魂。

經黨中央、政務院批准，國家計委將國家「一五」期間一百五十六項重點工程項目中的七項安排在武漢──武漢鋼鐵公司、武漢重型機床廠、武漢鍋爐廠、武昌造船廠、青山熱電廠、武漢肉類聯合加工廠、武漢長江大橋，投資額在全國占比突出。經批准，國家計委又將六百九十四個大中型工業項目中的十餘個專案落戶武漢──武漢船用機械廠、武漢重工鍛造廠、漢陽造紙廠、武漢國棉一廠、武漢印染廠等等。

國家優先發展重工業戰略和以武漢為中心建立華中工業區的計畫，為武漢工業的發展提供了難得的歷史性機遇，武漢不負眾望，成為全國重要的工業基地。

一、「一五」時期武漢工業經濟計畫

「一五」時期，國家為改變中國以往重工業特別是鋼鐵工業薄弱和國民經濟發展不平衡的狀況，決定將武漢建設成為華中地區最大的重工業基地。

依據中央和政務院的發展要求，武漢市制定了一九五三至一九五七年國民經濟發展第一個五年經濟計畫。計畫核心是：積極支援國家在武漢的重點工程建設，加強城市建設，在充分發揮現有工業優勢的前提下，擴建和新建一部分地方工業，根據「統籌

兼顧，全面安排」的方針，基本上實現對資本主義工商業、手工業和郊區農業的社會主義改造，積極擴大商品流轉，相應地發展運輸業。具體量化到工業，即為市屬工業總產值計畫由一九五二年的 27437 萬元增加到一九五七年 54271 萬元，平均每年增長速度為 14.6％；手工業總產值，計畫由一九五二年的 6540 萬元增加到一九五七年的 25029 萬元。在工業總產值中，國營工業獲得較快發展，五年期間平均每年增長 23.1％，五年期間公私工業企業比重發生變化，國營佔有比由 15.63％ 上升到 23.1％。國營、合作社營、公私合營三項工業產值，在全部工業產值中所占的比重由 42％ 上升到 81.37％，私營工業比重由 58％ 下降到 18.63％。工業建設投資五年累計投資為 8087.7 萬元，占 44.75％，城市公用事業為 8105.4 萬元，占 44.85％。

　　圍繞以上指標，武漢市政府把基本建設放在首位，於一九五三年提出了「基建第一」的口號，並決定由市委基建部和市政府基建辦公室統一負責基建服務工作的指揮協調，以加強對重點建設工程的領導。一九五四年五月，市委市政府提出「緊密團結起來，為把武漢市建設成為新的社會主義工業城市而鬥爭」的口號，要求以全力保證重點工程的完成作為全市的中心任務。由此，從一九五三至一九五七年，全市人民從實際出發，從國民經濟的需要和可能出發，上下一條心，舉全市之力，步調一致搞建設。在「一五」計畫的執行過程中，做到了統籌兼顧，並且十分注意財政、信貸、物資三大平衡。在確定工業建設特別是重工業建設是「一五」計畫的中心任務時，兼顧了農業、輕工業、商業、運輸業，做到了重點建設和全面安排相結合，保證了武漢市

國民經濟各部門協調發展。工業建設的總規模建立在逐個主要專案綜合平衡的基礎上，每個建設專案的規模又建立在資源供應的可能性和國民經濟對這一企業的產品的需要進行平衡的基礎上，實質性地推動了武漢市的工業建設。

二、「一五」時期重點工業項目的建設

武漢國有大中型工業企業的大規模建設，始於一九五三年。

按照國家「一五」計畫，以一百五十六個重大專案為中心，以六百九十四個大中型專案為重點。經黨中央、政務院批准，一百五十六個重大項目中七個專案定點武漢，投資總額預計達到15.1479億。到了一九五五年，僅武鋼一期工程一個專案投資額已逾十五億元。「一五」時期，武漢一批大中型重點「武」字頭企業的建設，推動了武漢城市工業化進程，奠定了全國重要工業基地的地位。

（一）武漢鋼鐵公司

武漢鋼鐵公司是國家「一五」計畫的重點項目，也是新中國成立後建設的第一個特大型鋼鐵聯合企業。專案原為華中鋼鐵公司，從一九五〇年開始謀劃，籌建處設在漢口江漢路。一九五四年初蘇聯專家組應邀來湖北省考察，最終提出在武漢市東郊的青山鎮設廠。同年五月十二日，國家計畫委員會、國家建設委員會批准同意，廠址選定在武漢市青山地區。

一九五四年底，國家重工業部根據蘇聯專家建議將華中鋼鐵公司更名為武漢鋼鐵公司，並將原華中鋼鐵公司劃分為甲、乙兩

方。甲方為武漢鋼鐵公司，管生產，代表國家投產；乙方為武漢鋼鐵建設公司，負責建設。後又發展成立了武漢地質勘探公司、武漢黑色冶金設計院，統一由武鋼總黨委領導，由李一清任總黨委書記兼武鋼總經理。

一九五五年一月，中國在莫斯科接受了蘇聯承擔的武漢鋼鐵聯合企業初步設計書，其第一期工程規模為年產鋼一百二十萬到一百五十萬噸，成品鋼材九十萬到一百一十萬噸。一九五五年六月十二日，國家正式批准武鋼第一期工程的初步設計。

第一期工程預算投資額為 15.46 億元，其主要專案有 4 座 65 孔（炭化室）焦爐，4 臺 75 平方米燒結機，2 座高爐（容積分別為 1 386 立方米和 1 436 立方米），1 座 250 噸和 4 座 500 噸平爐；此外，還有初軋機、人型軋鋼機和中厚板軋機各 1 臺。整個建設工程在考慮符合生產工藝流程的前提下，抓住出鐵、出鋼、成材三個環節，組織大規模施工。

一九五五年八月，大冶鐵礦剝離基建工程開始施工，揭開了武鋼建設施工的序幕。同年十月，武鋼青山廠區工程破土動工。一九五六年春，大規模的平整場

・一九五八年九月，武漢鋼鐵廠一號高爐投產慶典

地開始，繼而建設機修、鍛造、金屬結構等輔助修理車間，水源構築物、變電所等動力設施的工作也全面鋪開。同時，在蘇聯專家的指導下，建成著名的「紅房子」職工住宅區。一九五七年四月八日，武鋼十五個主體工程正式開工；耐火材料、焦化、煉鐵、燒結等工程相繼興建。一九五八年七月一日，大冶鐵礦提前產出礦石，十五日，武鋼煉鋼廠開工興建。八月十二日，焦化廠一號焦爐提前建成出焦。

武鋼的建設和生產一直受到黨中央的關懷。一九五八年九月十三日，毛澤東主席蒞臨一號高爐爐臺觀看出鐵時說：「像武鋼這樣的大型企業，可以逐步辦成綜合性聯合企業，除了生產各種鋼鐵產品外，還要辦點機械工業、化學工業、建築工業等。」十月二十五日，周

・一九五八年九月十三日，毛澤東觀看武漢鋼鐵廠一號高爐出第一爐鐵水

恩來總理陪同朝鮮金日成首相參觀一號高爐。鄧小平、胡耀邦、江澤民、胡錦濤相繼視察過一號高爐。

至今，武漢鋼鐵公司年生產規模 4000 萬噸左右，居世界鋼鐵行業第 4 位，是世界 500 強企業。

（二）武漢重型機床廠

　　武漢重型機床廠（簡稱「武重」）是根據一九五二年國家公佈的「一五」計畫一百五十六項全國重點專案和一九五三年五月我國政府與蘇聯政府簽訂的協議書合同第 102212 號建設的。

　　一九五三年五月十五日，「中南重機床廠籌備處」成立，同年八月五日更名為「中南重型工具機廠籌備處」。九月，政務院第一機械工業部將原在湖南長沙的「中南車床廠籌備處」併入中南重型工具機廠籌備處。一九五六年五月十五日，定名為「武漢重型機床廠」，史梓銘任籌備處主任，先後擔任過籌備處副主任的有王侯山、葉華、李義堂、張翼、張超、孫毅等。

　　武漢重型機床廠的廠址選擇，從一九五三年五月開始至一九五四年七月歷時十四個月，先後初選武漢市武昌區的徐家棚、黃土山、洪山、答王廟等八處廠址。一九五四年五月，國家計畫委員會批准在答王廟建廠。在選址過程中，同時開展設計基礎資料搜集工作，先後三次補充修改彙編及譯製了十五卷三十冊，合計七十萬至八十萬字資料，為正確選定廠址和進行建廠設計提供了大量依據。

・武漢重型機床廠重型機械製造車間

　　武漢重型機床廠在興

建前，即開始了各類人才的挑選與培訓工作，先後從全國各地調配了大量的技術人員和行政幹部；一九五六年又在武漢本地招收了一千一百六十名具有初中畢業以上文化程度的新工人，在短短的兩年時間內全廠職工達三千六百八十三人。一九五六年，由瀋陽、齊齊哈爾、大連、哈爾濱、濟南、重慶、南京、上海等二十多個部屬工廠代培二千一百多人。同時，選送一百多人到大中專學校深造，選送八十名幹部、技術人員和技術工人到蘇聯莫斯科紅色無產者機床廠、梯比利斯基洛夫機床廠、明斯克機床廠、列寧格勒重型機床廠等工廠學習，為武重的投產打下了良好的人才基礎。一九五六年六月初，毛澤東視察武漢時，在聽取史梓銘廠長、孫毅副廠長彙報武重情況後稱讚說：「及早抓住工人的培訓工作，使新生力量很快地成長起來，將來新老結合起來，床子開動了，你們就主動了。」武漢重型機床廠原計畫從一九五六至一九五九年底分兩期建成，一九五五年三月工廠在複審建廠計畫時，根據當時國民經濟建設發展較快的情況，重新修訂了建廠總進度計畫，將兩期工程合併為一期進行，提前一年半到一九五八年六月底建成並全面投產。工廠這一新計畫在得到乙方（施工建築單位）和丙方（設計單位）的同意後，向國家一機部遞送了書面報告，十二月經一機部向國家計委上報，獲准執行。在整個興建過程中，先後有三十多名設計、測量、土建、設備安裝等方面的蘇聯專家到廠工作，熱情耐心地把自己所掌握的各種技術，傳授給了我方工程技術人員。

經過兩年零兩個月的艱苦建設，一九五八年六月武重勝利建成，比原計畫提前了一年半。建設期間投資完成情況是，一九五

三至一九五五年完成 4.5%，一九五六年完成 20.9%，一九五七年完成 62.2%，一九五八年完成 12.4%。武重建廠計畫總投資原為 1.5 億元，實際用資是 1.31 億元。

武重投產初期主要仿製蘇聯機床產品。第二年，工廠即自行設計出第一臺新產品。武重在興建期間和全面投產後，一直受到黨和國家領導人的關懷。毛澤東曾兩次對武重建設工作作過指示，朱德、董必武、鄧小平、陳雲、李先念、彭真、胡耀邦等也到廠視察並作了指示或題詞。

至今，武重是我國研發、生產重型、超重型機床規格最大、品種最全的大型國有骨幹企業。

（二）武漢鍋爐廠

武漢鍋爐廠是「一五」計畫建設時期由我國自行設計和建設的大型鍋爐製造廠，位於武漢市武昌區塗家嶺。於一九五三年開始籌建，一九五六年動工興建。

武漢鍋爐廠基本建設分兩期完成。一九五三年初步設計規模為年產仿捷克 12-40 噸鍋爐 110 臺，總蒸發量為 3280 T／H。第一期工程始於一九五六年 1 月興建，投資總額 4355.1 萬元。一九五八年十月，國家一機部決定武漢鍋爐廠擴建，並將遠期規劃定為年產鍋爐 20000 T／H，最大單機容量為 660 T／H 高壓鍋爐，同時撥二期工程費 1956.6 萬元。兩期工程累計投資 6311.7 萬元，交叉施工，齊頭並進。一九五九年九月，一期工程主要專案和二期工程部分專案建成。到一九六〇年五月，完成了建築工程 43 項，建築面積達 10 萬平方米，安裝設備 4495 臺，完成設

備投資 2180 萬元，一九六〇年，國家驗收委員會對該廠建設進行驗收，認為該廠設計先進，技術裝備具有現代化水準，施工品質優良，建設速度快，資金使用節約、合理、投資效果顯著，批准於一九六〇年六月二十八日起正式投產。

一九九八年武漢鍋爐股份有限公司在深交所上市，後與法國阿爾斯通公司合資，成為阿爾斯通在亞洲太平洋地區的研發中心和出口基地。

（四）武昌造船廠

武昌造船廠（簡稱「武船」）位於武漢市武昌區長江鯰魚套口，其前身為一九三四年建成的武昌機廠以及一九五〇年建成的江漢船舶機械公司。一九五二年十二月，中央人民政府政務院財經委員會批復工廠初步設計，並確定工廠為國家「一五」計畫一百五十六個重點項目之一，設計為每年造船三萬噸，以小批生產特種船為主。十二月四日，國家船舶工業局決定將江漢船舶機械公司改名為武昌造船廠，自一九五三年一月一日起啟用新名。總建築面積為八萬一千一百零五平方米。年總產值五百七十五萬元，職工人數二千零一人。「一五」期間，國家發展造船工業的總方針是「以艦船轉讓製造為重點」，先將一些骨幹老廠按新規劃進行調整充實，改善生產流程，新建擴建船臺及滑道，配置起吊裝備，增強加工、裝配和檢測能力。一九五三年，工廠開始推廣採用風動鉚釘工具和調整切削法，試行多支電焊法和深角電焊法，建立品質檢驗制度等。工廠能批量建造中型艦艇和兩千噸級民用船舶，能承擔五千噸級船舶的縱向下水滑道一座、高跨室內

艙臺四座、低跨室內船臺二座，露天船臺八座，在全長一千三百米的長江南岸廠區設有三座專用碼頭，擁有機械、動力、焊接等各類設備二千五百餘臺，並形成從鋼材預處理、下料加工、分段裝配、總段裝配到船體大合龍的生產流水線。總廠內設有六個主要生產車間，四個輔助車間，另設有機械製造和鑄造二個分廠及設計室、中心試驗室、焊接試驗室、電腦站等機構，具有較強的生產、科研和設計能力。

武船建成不久，就自行設計製造並安裝了時年我國最大的水利樞紐工程——長江荊江分洪工程的閘門及絞車。一九五四年，蘇聯專家委員會來華研究艦艇技術轉讓，針對軍品生產的要求提出修改工廠設計，增添國內外新設備七百三十二臺，從而大大加強了船舶建造能力，一九五五年開始建造水上、水下特種船舶。

至今，武船是我國重要的軍工生產基地和以造船為主的大型綜合性企業，在高技術、高附加值船舶或裝備上居國內領先地位或達到國際先進水準，特種船舶出口歐洲。同時，武船是我國船舶工業企業中擁有高等級承包資質最多的綜合企業，是長江三峽樞紐人字門、西昌衛星發射塔架、杭州灣跨海大橋等的建造者。

（五）武漢肉聯廠

武漢肉類聯合加工廠（簡稱「武漢肉聯廠」）是「一五」期間由國家投資、蘇聯援建的大型肉類聯合加工企業。一九五五年動工修建，一九五八年三月十日建成投產。工廠坐落在漢口堤角，瀕臨長江和朱家河匯合處，京廣鐵路把廠區分為東西兩部分。該廠建築面積十五萬多平方米，現有職工四千零六十九人，

・一九五八年朱德副主席視察武漢肉類聯合加工廠

固定資產六千一百零八萬元。該廠設有候宰廠、肉脂加工廠、熟食品、罐頭、綜合利用製藥、機械製造、化工等車間和容量達 1.7 萬噸的冷藏庫以及汙水處理站，設有專用長江碼頭和鐵路專用線，備有內燃機車、輪船和汽車隊。全廠共有八個分廠、三個公司和輔助生產單位，全國屠宰加工情報中心站和中南技協組設在廠內。全廠生產程式均裝配有當時蘇聯的最新設備，從生豬進廠到豬肉出廠四十多道工序，全是機械操作。生豬在屠宰過程中經過四道衛生檢驗。生產項目分食用、工業原料、醫藥原料和肥料四大類，共八十餘種產品。該廠投產後，實際生產能力由原設計的每班日宰生豬二千五百頭逐步提高到五千頭。該廠的主要產品有豬肉及副產品、熟肉製品、罐頭、生化藥品、綜合利用工業品以及屠宰加工機械等六大類，一百六十三個品種，並有與之相配套的廠房、設備、水電汽動系統、汙水處理設備以及健全的品質保證體系和檢驗專職機構。

（六）青山熱電廠

國營青山熱電有限公司熱電廠，簡稱青山熱電廠，前身為湖北青山熱電廠。位於武漢市青山區蘇家灣，毗鄰武漢鋼鐵公司。

一九五五年十一月二十一日開工，一九八一年底建成，先後分六期建成，是當時湖北省最大的火力發電廠。青山熱電廠第一期工程是蘇聯向我國援建的一百五十六項重點工程之一，一九五五年十一月動工，一九五九年二月完工，裝有 4 機 4 爐，裝機容量11.2 萬千瓦。第二期工程從一九五八年九月至一九五九年十二月，安裝 1 臺 5 萬千瓦汽輪發電機並網運行，全廠發電設備容量增至 16.2 萬千瓦，為當時全省發電設備總容量的 49.36%。第三期工程建於國民經濟「三年」時期，於一九六〇年十月二十日安裝完成 1 臺鍋爐，使青山熱電廠發電設備達到 5 機 5 爐。第四期工程建於「三五」計畫期間，從一九六五年二月至一九七〇年十二月，建成 2 臺 5 萬千瓦機組，使發電容量達到 26.2 萬千瓦。第五期工程建於「四五」計畫末期。為適應武鋼擴建一米七軋機和湖北電網用電增長的需要，自建廠以來，青山熱電廠一直承擔著向武漢鋼鐵公司提供高爐生產用氣和保安電源的重任。經過多期擴建和改造，高峰時期最大裝機容量為 100.6 萬千瓦。

（七）武漢長江大橋

武漢長江大橋是國家「一五」計畫一百五十六個重點專案之一。一九五三年五月，成立武漢大橋工程局，開始籌備興建，一九五四年七月，蘇聯政府派遣以康士坦丁‧謝爾

‧一九五七年十月，武漢長江大橋建成通車

蓋維奇・西林為首的專家工作組來華進行技術援助。一九五五年九月動工，一九五七年十月十五日大橋建成通車，歷時僅二年零一個月。大橋全部工程預算為 1.72 億元，實際只用了 1.38 億元，節約資金約 20％。武漢長江大橋是第一座橫跨長江的鐵路、公路雙層橋，上層公路橋，車行道寬 18 米，下層雙軌鐵路橋，供京廣南來北往的列車對駛。正橋 8 墩 9 孔，墩高 60 米，孔距 128 米，橋長 1156 米，連同引橋全長 1670 米，與大橋配套的還有漢水鐵橋、江漢公路橋、10 座市內跨線橋、鐵路和公路聯絡線，以及新建火車站和防洪堤、擋土牆等。其中漢水鐵路橋於一九五四年十二月建成通車，江漢公路橋於一九五五年十二月建成通車，形成了武漢長江大橋運輸的總體系。興建大橋過程中，工人和技術人員貫徹中央提出「建成、學會」的方針，造就了中國第一支現代化橋樑施工隊伍，成為中國橋樑事業發展史上的一個重要里程碑。

　　至今，中鐵武漢大橋工程局及其設計勘探院，是我國特大型橋樑的主要設計、建設總承包單位，技術和施工水準居世界前列。

表 10-5「一五」時期國家一百五十六個重點專案武漢地區一覽表

名稱	起止時間		投資額
武漢鋼鐵公司	1955 年 10 月	1958 年	15.46 億元（預算）
武漢重型機床廠	1956 年 4 月 20 日	1958 年 6 月	1.31 億元
武漢鍋爐廠	1956 年	1960 年 5 月	8 491.7 萬元
武昌造船廠	1953 年 1 月		

武漢肉聯廠	1955 年	1958 年 3 月 10 日	
青山熱電廠	1955 年 11 月 21 日	1981 年底	
武漢長江大橋	1955 年 9 月	1957 年 10 月 15 日	1.38 億元

・新建成的武漢國棉一廠車間

　　除此之外，國家又先後在武漢擴建、改建十二個工業項目，如武漢國棉一廠、武漢印染廠、漢陽造紙廠、漢陽枕木防腐廠、武漢重型鑄鍛廠等等。此時，武漢市政府在積極建設國家重點項目或大中型專案的同時，也興建了武漢機床廠、漢口機械製造廠、武漢汽車配件廠等。此後又陸續興建了武漢冷凍機廠、武漢拖拉機廠、武漢水泵廠、湖北電機廠，武漢鼓風機廠等地方企業，使武漢工業門類更加健全，布局更加合理。

　　新中國成立初期，武漢工業建設取得巨大成就，呈不斷上升趨勢。這期間，武漢工業在國家一系列經濟方針、政策的引導下，沿著既定的路線向前挺進。地方政府集全市人民之力，大力扶持私營經濟，有計畫、積極發展國有經濟，充分調動工人積極性，使武漢工業很快得到恢復與發展。

　　經過「一五」時期建設，武漢成為全國重要工業基地。從一九五六年以後的三十多年時間裡，武漢市在全國二十五個大中城市中，固定資產和總產值水準大多數時間居全國第四位，僅次於

上海、北京、天津。[31]

第十章 · 武漢工業的恢復與國家工業基地的確立

31　劉惠農著《風雨滄桑越雄關》，武漢出版社，1996 年版，第 264 頁。

第十一章 ————

武漢：中國近代工業的重要發祥地

　　武漢是近代中國工業的發祥地之一，是「駕乎津門，直逼滬上」的內陸最大的工業城市，輕重工業相互挹注，工業門類比較齊全，近代工業體系相對完善。在武漢近代工業化的浪潮中，誕生了近代產業工人這一使用先進生產力的特殊群體，湧現出一批秉承實業救國理念、銳意進取的民族實業家，近代工業技術與工業建築亦隨近代工業的興起應運而生，為中國近代工業的發展做出了重大貢獻。

第一節 ▶ 中國產業工人的重鎮

一、武漢早期工人的構成及生存狀況

　　武漢工人主要是在一八六一年漢口開埠後逐漸出現的。「帝國主義的侵略刺激了中國的社會經濟，使它產生了變化，造成了帝國主義的對立物──造成了中國的民族工業，造成了中國的民族資產階級，而特別是造成了在帝國主義直接經營的企業中、在官僚資本的企業中、在民族資產階級的企業中做工的中國無產階級」。[1]

（一）早期工人的構成

　　一般來說，工人不佔有生產資料，是依靠出賣勞動力並獲取

1　《毛澤東選集》，人民出版社，1970 年版，第 1 373-1 374 頁。

工資為生的勞動者。工人也是一個歷史概念，不同時期的工人也有所不同。

　　近代工人分類方法比較複雜，但主要有兩種。國民政府社會部依據勞動工具的不同將工人分為「產業工人及職業工人兩大類」。產業工人，也叫工廠工人，他們一般在固定勞動場所，在機器幫助下「將原料品製成製造品或就半製造品」，其中包括紡織工人、印刷工人、機械工人、鐵路工人等。職業工人包括舊式手藝工匠，如石匠、泥水匠之類，以及勞役工人，如人力車夫、碼頭夫之類。[2]

　　除了按勞動工具劃分外，也有人按知識、技能將工人分為專門工人或熟練工人、中等工人或半熟練工人、粗工三種。專門工人「係指一種受過相當訓練或較完全之工業職業等教育之工人，而對於其所從事工業相關之各種工作與夫必須之智識大概明瞭而言；中等工人次之」；「至於粗工則僅指一般用體力而不講求技能及無智識之工人矣」[3]。

　　此外，二十世紀二〇至三〇年代對勞工問題頗有研究的馬俊超在《中國勞工問題》中將中國工人分為「奴隸工人」「工業工人」「農業工人」「血汗工人」四種。[4] 社會學家吳半農幾乎在

2　鄭孝齊、張發銳：《重慶工人所得及生活費》，《中農經濟統計》，1942年第 2 卷第 6 期，第 4 頁。

3　企雲：《中國勞工之生活費用》，《錢業月報》，1929 年第 11 期，第 2頁。

4　馬俊超：《中國勞工問題》，上海民智書局，1927 年版，第 19 頁。

・二十世紀三〇年代裕華紡織廠的童工

同時期則將工人分為工業工人、手工藝工人、夫役和店員四種。[5]

　　實際上，各種分類方法之間存在相通之處。在按知識、技能劃分方法中，「專門工人或熟練工人」就是產業工人或工廠工人。「中等工人」就是「手藝工匠」，也就是通常所說的手工藝工人（者）、手工業工人。手工藝工人「尤注意於技術的熟練」[6]。手工藝工人「普通都須三年或三年多的徒弟的生活，從事學習」；技術熟練後，就「滿師」，方能正式出賣勞動力。「粗工」就是「勞役之人」或通常所說的苦力、苦力工人。「勞役之人」或苦力「無需乎長時期的師徒教練，簡單的笨拙的無技術可言；只須具有強健的體格力量，就能從事工作的，即如碼頭夫，

5　吳半農：《河北省及平津兩市勞資爭議的分析》，北平社會調查所 1930 年版，第 27 頁。

6　全漢昇：《中國苦力幫之史的考察》，《中國經濟》，1931 年第 2 卷第 1 期，第 1 頁。

裝卸和搬運物件的腳夫，以及拉車的人力車夫等」[7]。

近代武漢工人中同樣存在產業工人、手工業工人和苦力工人的區別。那麼，近代武漢工人規模情況如何呢？其實，人們要準確掌握近代中國工人的確切數目並非易事，時人甚至感歎「無法知道」，大多採取「估計」辦法。個中原因，由於近代政治動盪、四分五裂，政府也缺乏對民生的關注，因此，對工人資料，或「沒有統計」，或「很不完備」，即使有一些，要麼相互之間存在矛盾，要麼差距太大。

據田子渝撰著的《武漢五四運動史》介紹，十九世紀六七十年代俄國商人在漢口先後興辦了順豐磚茶廠、新泰磚茶廠等四家工廠，雇傭了五千餘人。這五千餘人就是湖北第一批工人，[8] 自然也是武漢的第一批工人。據不完全統計，一八九四年，武漢已有產業工人 1.3 萬人，占全國產業工人 17.1%，僅次於上海，居全國第二位。據日本外務省一九〇七年編寫的《清國事情》第一輯記載，清代末年，「武漢三市（漢口、武昌及漢陽）的工廠，使用職數不下三萬人」[9]。從各種數據來看，武漢近代產業工人主要分布在紡織、鋼鐵及火柴等工業部門。二十世紀初的前十年，鋼鐵、紡織工業、火柴行業工人數量分別為 7444 人、4720

7　吳澤：《都市勞動問題中「苦力幫」芻論》，《現代評論》，1937 年第 2 卷第 18 期，第 10 頁。

8　田子渝：《武漢五四運動史》，長江出版社，2009 年版，第 54 頁。

9　汪建中等編《碼頭史話》，武漢裝卸公司《企業志》編委會 1984 年版，第 8 頁。

人、1965 人，占統計總量 19029 人的 39.1%、24.8%、10.3%。

到二十世紀二〇年代末，武漢工人人數有較大幅度的增加。據一九二九年漢口特別市黨部民眾訓練委員會調查，當時漢口、漢陽有工廠工人 18106 人，碼頭工人 18599 人，人力車夫 18100 人，[10] 共計 54805 人；武昌的工業工人、苦力工人合計不足 3 萬人；武漢三鎮手工業工人大約有五萬人（據 30 年代初武漢手工業人數推測）。累加起來，二〇年代末武漢工人約為十三萬人。關於二〇年代末武漢工人的資料，在《中國大革命武漢時期見聞錄》中，原蘇聯人 A・B・巴庫林認為，一九二七年「在湖北總工會組織所屬的三十四萬工會會員（在吳佩孚時期總共只有三四千地下會員）中，總共只有十四萬產業工人」[11]。如果將漢口特別市調查資料和 A・B・巴庫林提供的資料作仔細分析，我們會發現二〇年代末期武漢工人「十三萬人左右」是可信的。遼寧人民出版社一九八七年出版的《武漢工人運動史》中有關武漢工人在一九一九年就已「發展到近二十萬」的說法值得商榷。[12]

三〇年代武漢工人人數較二〇年代末期沒有大的變化。僅作為湖北省「工業生產重地」的漢口，「手工業工人之總數，合計有二萬三千人」；如果「將武昌、漢陽兩鎮之手工業工人人數，

---

10 《漢口工人概況》，《新漢口》1929 年第 6 期，第 2 頁。

11 〔蘇〕A・B・巴庫林：《中國大革命武漢時期見聞錄》，中國社會科學出版社，1985 年版，第 29 頁。

12 武漢市總工會工運史研究室編《武漢工人運動史》，遼寧人民出版社，1987 年版，第 7 頁。

一併加入計算，共計約五萬六千人」；當時「武漢三鎮之工廠工人總數，合計約在五萬八千人左右」；如果再「將三鎮之車夫，碼頭夫，及其他依據體力為生活之體力工人加入」，那麼，武漢工人三〇年代初「當在十四萬以上，約占三鎮全人口十分之一強」[13]。三〇年代中期，據時人調查，武漢「工廠有實業部規定之資格者，都三四百家，最大者當推各紡紗廠、蛋廠、水電廠，以及鐵路工廠、兵工廠等，動輒千人以上；其次如造船廠、打包廠、機器翻砂廠、織布廠等，工人之數亦均在百人以上，合計三鎮工廠工人總數，約五萬七千人，體力工人約四萬餘人，小手工業工人約五萬人，統計全市勞動者總數約共十五萬人」[14]。從上述資料變化中，可以看出，到二十世紀三〇年代中期，近代武漢產業工人（工廠工人）人數隨著時間的推移呈逐漸增加趨勢，但是這種增加的幅度並不大。

抗戰爆發後，上海等地沿海工廠內遷武漢，二千五百名技師隨同內遷，全市產業工人數量激增，武漢經濟歷經了短暫的戰時繁榮。但隨著一九三八年日軍對武漢的步步進逼，本地工廠以及遷至武漢的沿海工廠踏上西遷之路，導致武漢工人數量急劇減少。一九四五年抗戰勝利後，內遷大後方的工廠復還武漢，工人亦紛紛返漢，武漢工人數量又有所回升。至一九四七年底，武漢

13　《武漢社會調查》，《漢口商業月刊》1938 年第 9 期，第 100 頁。
14　《武漢工人之生活》，《中國工運史料》第 26 輯，1984 年版，第 104頁。

有產業工人 21048 人，職業工人 15.4 萬人，郵政海員 2 萬人，軍工 1.5 萬人，碼頭工人 20138 人，人力車工 2 萬人，店員 10 萬人，共計 350186 人。[15] 解放戰爭時期，由於國民黨挑起內戰，武漢經濟再次被推上戰時軌道。由於原料緊缺、交通交阻、通貨膨脹嚴重，武漢工業生產陷入萎縮狀況，一九四九年一月機器業同業公會 358 家會員廠中停業的達 200 餘家，原有工人 7000 餘人經解雇僅餘 1000 餘人。武漢解放後，據一九四九年十月統計，武漢有產業工人 4.93 萬人，碼頭搬運工 5.54 萬人，店員 3.5 萬人，手工業工人 2.5 萬人，文教機關工作者 2 萬人，全市工人共有 18.47 萬人。[16]

（二）工人的生存狀況

總體來看，近代早期武漢工人生存狀況十分惡劣。具體可歸納為：勞動條件惡劣、常受到無理體罰；勞動時間長，少有工休時間；勞動收入低，生活艱苦。

1. 勞動條件惡劣、常受到無理體罰

近代武漢的許多工廠「廠房低矮陰暗，毫無通風設備」，廠房內空氣污濁不堪，像棉花包裝廠內是「絮塵滿天飛」，繰絲廠裡到處「散發著一股令人噁心的氣味」；工人們在廠內也「終年

---

15 皮明庥：《近代武漢城市史》，中國社會科學出版社，1993 年版，第 696-697 頁。

16 《華中工人報》，1949 年 10 月 10 日。

不見一點陽光」，加上缺乏營養，工人們大多「面色蒼白」，「臉上都難看得怕人」[17]。

　　近代武漢工廠的機器多、人多，事故也多，且不勝枚舉。一九〇六年九月，武昌白沙洲玻璃廠的鍋爐「燒炭鐵門，不知如何炸開，機匠竺阿福肚腹俱被炸穿，當即身死，其小工某頭腦炸傷，隨即送往醫院診治」。據一九二一年十二月三日的上海《勞動週刊》報導，「（武昌）前數日，省垣武勝門外第一紗廠，內有皮頭廠軋車機器管，不知因何爆炸，其管頭誤將一女工某之七歲小孩胸前剖開，肚腸均出，登時斃命」。後來，該廠「照例」僅區區「給予三十串文」打發了事。[18] 資方不僅不想辦法改善勞動條件，相反還經常無理毆打、體罰工人。漢口英美煙草公司是一家有著數千工人的大廠。在一般人看來，像這樣的一家由外國人開辦的大廠應該管理規範，但事實並非如此。據一九二一年十二月九日的上海《民國日報》一則報導介紹，一位元有良知的記者曾「親身往探」，由此揭開了該公司許多不為外人所知的虐待女工的內幕，「此種事實，若道路傳聞，無論何人常以為其事不確，豈知天地間竟有此慘無人道，滅絕道德之事。公司中人，真可惡極了」。公司女工們親口對這位元記者說：伊們常常受罰，罰時是因為那捲煙的紙偶然破了，或者煙絲稍微多裝了一些些

17　劉明逵：《中國工人階級歷史狀況》第一卷第一冊，中共中央黨校出版社，1985 年版，第 291 頁。

18　《三十串錢買了一條命》，上海《勞動週刊》，1921 年 12 月 3 日。

・一九○○年時的漢陽鐵廠高爐工人

兒，或者是因為包皮粘得不整齊……這都要受一種奇異可恥的刑。這種刑罰，是工頭（外國人）或是工程師獨創的，他們要罰那個，就把伊叫到一個矮木臺上去跪著。臉上（眉毛之間）隨意擦些紅墨或藍墨，嘴上畫兩撇鬍子，像這樣朝著眾人跪一點鐘，或半點鐘。若是不願意這樣受罰，就痛痛快快地挨打；打的時候，也要先在木臺上跪著，工頭一隻手將下顎托著，一隻手打嘴巴，洋人的手又粗又大，兩個嘴巴就打腫了。打完之後，還要伊們向他作揖道謝，才准下臺去做工。[19]

相對來說，苦力工人的勞動條件更為惡劣，他們主要是露天勞動，「冬則風雪，夏則烈日」。像武漢碼頭工人夏天「受風雨之蒸炙，無隱蔽之餘地」[20]。冬天江風刺骨，碼頭工人有時還得「半裸著身子」站在「幾乎齊肩深」的江水裡搬運貨物；在冰冷的江水中行走本來就十分不便，抬著貨物的碼頭工人們常常「在

19　上海《民國日報》，1921年12月9日。
20　《關於建修濱江碼頭工人休息室的檔》，武漢市檔案館藏，LS9-31-9882。

江水和污泥中掙扎前進，搖晃蹣跚中，不時倒在水裡」[21]。

2. 勞動時間長，少有工休時間

二十世紀二〇年代，武漢產業工人「工作時間在十一小時以上，最多工作時間有自十四至十八小時者。計工作十一小時者，占百分之四十；十二小時者占百分之四十或五十；九時至十時者，占百分之八、九；十四至十六小時者，占百分之十一至十二；十八小時者不過百分之一、二而已」[22]。一九二九年漢口市社會局的一項調查表明，二〇年代末期漢口、漢陽華資工廠工人的勞動時間基本和上述一致，像麵粉業、紡織、製傘、製襪等業工人勞動時間為十二小時，機器、繅絲、火柴等業一般都在八到十一小時之間，統計各業工人平均勞動時間為十小時。三〇年代中期國民政府公佈的工廠法原則規定工人勞動時間為八小時，但實際超過規定時間的不在少數。僅漢口一地，「超過十小時者，共有十一廠」，像福興漂染廠、曹祥泰機器米廠、福新麵粉第五廠等七家工廠工人的勞動時間有十二小時。

近代武漢的工廠大多採用計時工資，資方往往「把工人的勞動看作盡量壓縮開支的必要來源」，從不關心工人的死活。工廠裡「沒有一塊地、一間屋可供工人工間休息之用」，還規定工人上班遲到要扣工資，像英國人辦的壓縮包裝廠就規定「上班遲到

21　〔澳〕C.P. 菲茨吉羅德：《為什麼去中國》，山東畫報出版社，2004 年版，第 98 頁。
22　《武漢工人之生活》，《中國工運史料》第二十六輯，工人出版社，1985 年版，第 104 頁。

兩小時」，就要「扣半日工資」，「也沒有任何節假日是按規定照發工資」，「工人患病時，廠方一分錢也不給」。對於工人的連續勞動，湖北織布局總監英國人德金生也予以承認：工人們「離開工廠出去散步的機會也很少，因為廠中做工是從早晨五點鐘直至下午六點鐘」[23]。

為了維持最低生活標準，工人們也不敢休息，往往帶病堅持上班。一位元記者曾進入英國人開辦的棉花包裝廠採訪，發現「這個工廠工人的樣子看起來叫人可怕」，「廠裡到處都可以聽到止不住的咳聲，工人一個個臉色蒼白，骨瘦如柴」，「疲倦不堪的臉上佈滿灰白色的塵埃，透過灰塵可以明顯地看到因發燒、打瘧疾而出現的線暈，死神隨時都會降臨到他們的頭上」。

近代武漢工廠的工資計算方法對女工來說，更是一種折磨。她們沒有時間去照管小孩、料理家務。走進武漢的紡織工廠，人們常可以看見這樣的景象：「機器旁、車床邊掛著一隻只籃筐，筐裡裝著女工們吃奶的嬰兒。」這是因為「這些嬰兒放在家裡無人帶，上班時間無處送」，當媽媽的女工只得「把孩子放在塞滿破布爛條的籮筐內」帶進工廠，擱在車旁。一天勞累回到家裡後，「也吃不上現成飯」[24]。

苦力工人表面上也有勞動時間的規定，但由於家庭經濟負

23 武漢市總工會工運史研究室編《武漢工人運動史》，遼寧人民出版社，1987 年版，第 8 頁。
24 劉明逵：《中國工人階級歷史狀況》第 1 卷第 1 冊，中共中央黨校出版社，1985 年版，第 291 頁。

擔、勞動任務特點等因素的影響，其勞動時間並不確定。與上海碼頭工人一樣，武漢碼頭工人在活多時，「往往做工一天一夜甚至兩天兩夜，就是說一氣做二十四小時、三十六小時甚至四十八小時」[25]。人力車工人在沒有乘客時，也不能回家休息，而要「蹲坐街頭，依次排列，鵠俟顧客」[26]。

3. 勞動收入低，生活艱苦

據調查，一九〇五年前後漢口工廠工人工資均比較低，其中紡紗局工人日工資為 0.27-0.28 元，織布局工人日工資 0.32-0.33 元，繰絲局工人日工資為 0.05-0.25 元。據漢口特別市社會局統計〔表 11-1〕，一九二九年漢口市男性工業工人月收入平均為 12.76 元，在所統計的十六個工業門類中僅自來水、麵粉、電氣、縫工、繰絲、機器工人超過平均工資，其他均低於平均水準，最低的僅有 7.87 元；女性工人收入除紡織業與男性工人持平外，在其他所有工業門類中均明顯低於男工。

表 11-1 一九二九年漢口市工人收入（單位：銀元）

工業種類（共 16 業）	男工	女工	童工
自來水	20.00	——	——
麵粉	19.39	——	——
紡織	18.00	18.00	——

---

25 朱邦興：《上海產業與上海職工》，上海人民出版社，1984 年版，第 648 頁。

26 鄢少霖：《武漢人力車業概況》，武漢市檔案館藏，全宗號 119，卷號 93，第 7 頁。

工業種類（共16業）	男工	女工	童工
電氣	17.84	4.00	1.79
縫工	17.35	——	——
繅絲	14.00	11.46	7.00
機器	14.77	——	1.74
肥皂	12.52	6.50	3.00
茶葉	10.00	——	——
印刷	9.79		
煙草	9.44	8.88	——
火柴	9.00	5.00	3.00
染坊	8.79	——	2.26
碾米	8.38	——	——
織襪	8.03	5.56	2.03
玻璃	7.87	——	1.65
平均	12.76	10.92	5.45

注：轉引自衡南《民國十八年度之漢口勞工界》，《錢業月刊》1930年第2期，第4-5頁。

這只是官方統計，民間觀察遠沒有如此樂觀。蘇聯人Ａ·Ｂ·巴庫林掌握的情況能說明人們瞭解武漢產業工人工資收入的一般情況：「武漢工人的生活狀況是極其艱苦的。例如，武漢各紡織廠有19500名工人，平均工資每天3角，在日本人開設的紡織廠裡工資就更低了。一天能掙2元錢的最熟練工人，總共只有幾百個。當然，工作日長達12到14個小時，每天兩班，每週工作7天。在軋花廠裡，工人每天還掙不到2角5分錢。在英美煙草公司所屬各廠裡（該公司炫耀它擁有自己的醫院，其實不過是

1070

每三四千工人設置幾張床位而已），約占工人半數的童工每月工資只有 5-7 元，成年每月工資 15-16 元。實行計件工資而不限時的碼頭工人（每晝夜 16-18 小時），每天還掙不到三四角。」[27]實際上，同一工廠企業的工人又分為不同工種，這些不同工種工人之間的工資存在很大區別。湖北槍炮廠技術工人每月工資最高者 40 元，最低者 8 元，前者是後者的 5 倍。在漢口燮昌火柴廠，部門技術指導每月工資 8-25 元，廠技術總指導每月工資 40 元左右，監工每月工資則從 36 元到六七十元不等，一般工人每月僅為 6 元。工人工資與技術人員及監工相比，相差幾倍。京漢鐵路工人總體來看在二十世紀二〇年代武漢工人中工資屬於較高之列，但京漢鐵路工人也有工匠（熟練工）、小工（非熟練工）的區別，其工資收入差別較大。據京漢鐵路工人自己說：「工匠的生活和工作時間與一般政府機關的中下級職員差不多，比人力車工人、碼頭工人、紡織工人高得多；小工的工作情況與生活情況比較苦，他們的工作時間長，收入少，工作還沒有保障。」[28]

不同性別、不同年齡的傭工，即使從事同一工作，工資也有高低之分。在湖北織布局，9 歲以上的兒童與成人工作時間相同，而每月工資，成年男工為 3500 文到 3700 文，童工卻只有 2000 文。在漢口蛋廠，男工每天 140-200 文，女工每天 80 文、

27　〔蘇〕A·B·巴庫林：《中國大革命武漢時期見聞錄》，中國社會科學出版社，1985 年版，第 5 頁。
28　《包惠僧回憶錄》，人民出版社，1983 年版，第 88 頁。

140-200 文不等。但不論是官方統計，還是民間的觀察，近代早期武漢工業工人工資都比較低，有人認為「今設將漢口男女童工三項每月工資平均數與上海北平二埠相比，則可見上海之工資較其餘二埠，高出許多也」[29]。以織布工人為例，上海平均日工資為銀元 0.20.35 元，合計月工資 67.5 元。在武漢設備最好、工資最高的湖北織布局，月工資不過銀元 3.5 元，以每月 30 天計算，日工資僅合銀元 0.12 元，只及上海工人工資的 34%-60％。

武漢工人的工資低於上海等地，但其物價水準卻和上海相當。按照一九〇八年水野幸吉《漢口——中央支那事情》一書所列物價，以當時一個中等工資水準的工人一天掙 200 文計算，其工資只夠買如下數量食品中的一種，即豬肉 1.35 斤，牛肉 2.5斤，豆油 1.56 斤，上海大米 3.5 斤。二十世紀二〇年代武漢「物價昂貴是極其明顯的」：「每斤大米（零售），8 分 6-9 分 4；每個雞蛋，5 個半銅元；每斤豬肉 70 個銅元；每斤鹽，20 個銅元；每斤植物油，64 個銅元」；「粗略估計，五口之家的最低生活費，每月至少 15-20 元」。「這是中國半饑半飽的最低生活水準」[30]。在這種物價情況下，普通苦力工人就更難煎熬了，因為普通苦力工人「月僅賺 3 元以至 5 元半」，所以只能「勉強糊口

29　衡南：《民國十八年度之漢口勞工界》，《錢業月刊》1930 年第 2 期，第 5 頁。
30　〔蘇〕A・B・巴庫林：《中國大革命武漢時期見聞錄》，中國社會科學出版社，1985 年版，第 5 頁。

度日」[31]。

　　由於收入低，物價高，近代早期武漢工人只得將收入絕大部分投入到吃、穿、住、用等生活最基本方面，自然「談不上教育、衛生、儲蓄等人生應有的預備的」。即使是最基本的生活方面，也是「最低生活」，「粗飯果腹，破衣蔽體，在那陰濕污穢的地面上造一間茅屋罷了」[32]。工作不穩定、收入低的漢口苦力工人更是「饑凍相乘，死亡甚速，衣無冬夏，僅破麻袋一片，遮其下體」，「夏則赤膊蓬頭，各以破袋一隻複其首，若富翁之戴風帽然」，「破草席一截其身，奇形怪狀，不一而足，河灘、街沿、貨棚、船頭，皆彼等臥室，上風露而下濕潮」[33]。

二、早期共產黨人對工人的啟蒙及工人的覺醒

（一）早期共產黨人對工人的文化教育

　　由於經濟困難，社會地位低，近代早期的武漢工人文化知識水準普遍比較低，而這些又限制了工人專業技術及政治覺悟的提高。

　　一九二一年八月，董必武、陳潭秋參加中國共產黨「一大」後從上海返回武漢，成立了中共武漢工作委員會（後又改建為中

31　衡南：《民國十八年度之漢口勞工界》，《錢業月刊》1930 年第 2 期，第 6 頁。
32　《漢口工人概況》，《新漢口》1929 年第 6 期，第 4 頁。
33　劉雲生：《漢口苦力狀況》，《新青年》，1920 年 9 月 1 日。

共武漢區委），由包惠僧任書記，董必武、陳潭秋為委員。然而，「規劃工人運動，發動工人鬥爭」對於早期的武漢共產黨人來說是一個嶄新課題。武漢早期共產黨人克服困難，「在摸索中前進」，先做一些接近工人的準備工作，如創辦刊物，發表文章介紹國內外工運動態、開展工人狀況調查等等，取得了一定成效。項英就是在《勞動週刊》影響下不斷覺悟，最終成長為中國共產黨的一名骨幹。

除通過報刊宣傳外，為了推動工人運動的發展，早期共產黨人還通過各種途徑對工人情況進行調查。包惠僧調查了武昌白沙洲造紙廠、湖北製麻局、武昌第一紗廠、湖北模範大工廠、漢口貧民大工廠及漢陽兵工廠等工廠的工人勞動生活狀況，並依據調查資料寫了《我對於武漢勞動界的調查和感想》。當時的武漢工人「總是受制於資本家，受種種不平等的待遇」。針對武漢工人的不平待遇，包惠僧表示早期共產黨人要承擔起自己的責任，勇敢地替工人鳴不平，「你們自己不能呼喊，我就代你們講兩句」，同時鼓勵「勞動界應當覺悟起來，協力對抗才是」，啟發工人「徹底的覺悟，大家快團結起來，推翻資本制度，實現人類的幸福」[34]。鄭凱卿通過文華大學學生或通過妻子對武昌織布局、紡紗局、銅幣局、銀幣局、製麻局的工人狀況進行調查，寫出《武昌五局工人狀況》的調查報告，並寄給陳獨秀。陳獨秀後來將該

---

34 《五四運動在武漢史料選輯》，湖北人民出版社，1981 年版，第 321-323 頁。

調查報告發表於《新青年》一九二〇年九月一日第八卷。武漢區委成立前後，早期共產黨人的人數較少，而且「那時，我們大多數是知識份子，穿著長袍不好到工人中去」，[35] 這就決定了早期共產黨人對工人的文化教育是從間接開始。當時，對工人進行文化教育的方法主要是「在工人中辦識字班」。[36] 據吳德峰回憶，識字班「辦的很廣泛，連兵工廠都打進去了，主要有三個工廠，即武昌的一紗廠，漢口的英美煙廠和漢陽兵工廠，其他如裕華紗廠、震寰紗廠、紗麻四廠、南洋煙廠以及鐵路工人中也有這種識字班」。但是，識字班教育有一定局限性，人數少、範圍小，而且和工人不是直接接觸，顯然難以適應工人工作的需要。

中國勞動組合書記部成立時提出了自己的工作任務，其中包括「宣傳鼓動提高工人的生活水準和文化水準，普遍發動組織工人俱樂部和工人補習學校」[37]。一九二一年十月長江支部成立後，早期共產黨人對工人文化教育逐漸將重點轉向辦工人補習學校方面。據史料記載，徐家棚工人補習學校是早期共產黨人在武漢創辦的第一所工人學校。「五四」運動後，施洋以辦理平民教育的名義，在武昌徐家棚的一塊偏僻、荒涼的空地上建造一所簡單的樓房。一九二一年冬，包惠僧、陳潭秋、李伯剛（書渠）、林育南等為開辦工人夜校找到這所房子，施洋很快就答應了。徐

35 《回憶陳潭秋》，湖北人民出版社，1981年版，第2頁。
36 《回憶陳潭秋》，華中工學院出版社，1981年版，第7頁。
37 《包惠僧回憶錄》，人民出版社，1983年版，第87頁。

家棚工人補習學校分白天、晚上授課且物件不同，夜晚授課物件是工人，白天為工人子弟授課。學校開設不同課程，以滿足不同需要，補習英文的多半是工匠，補習國語、算術的以小工居多數。陳潭秋、陳蔭林輪流擔任補習夜校的英文教員，李書渠、孫瑞賢則擔任國語、算術教員。

　　徐家棚工人補習學校的開辦，為粵漢鐵路工人俱樂部的成立起到十分重要的推動作用。但是，當時的粵漢鐵路僅通車到長沙，「規模甚小，工人不多，作用不大」，早期共產黨人更想將工人補習學校開到京漢鐵路工人中間。[38] 經過努力，一九二二年初，早期共產黨人推動成立了京漢鐵路江岸工人俱樂部，稍後又在其內部開辦了一所業餘學校。京漢鐵路江岸工人業餘學校主要由項英「利用自己有利地位及特長」開辦，並自任教員。在夜校讀書的工人「以小工居多數，小工是鐵路工人中生活最苦，工時最長，地位最低而生活又沒有保障的人」，在工人沒有組織以前，他們動不動還要挨打挨　　，最為人所看不起。項英對這些小工不僅作識字教育，還作團結教育，並慢慢地「發生影響」，小工們的團結意識、權力意識逐步增強，「工匠對於小工也稱哥道弟，客氣起來了，因之小工與工匠、工務員、工程師常在一起坐著，地位無形中提高了」，小工們因此「對俱樂部的信仰很高」[39]。

38　《包惠僧回憶錄》，人民出版社，1983 年版，第 70 頁。
39　《包惠僧回憶錄》，人民出版社，1983 年版，第 94 頁。

除徐家棚工人補習學校、京漢鐵路工人江岸業餘學校外，早期共產黨人還繼續以靈活多樣的形式對工人開展識字文化教育。像林育南、許白昊等在武昌第一紗廠、漢陽鋼鐵廠、漢口英美煙廠、裕

·一九二一年十月，粵漢鐵路武（昌）長（沙）段工人為增加工資、改善待遇舉行罷工，揭開了武漢工人罷工潮的序幕。次年二月，武昌徐家棚粵漢鐵路工人俱樂部成立，圖為參加俱樂部成立大會的代表合影

華紗廠、震寰紗廠和南洋煙廠陸續辦起工人識字班。他們的教學方法貼近工人，教學內容深入淺出，淺顯易懂，如初學「工人」二字，繼而擴充為「我是工人」，「我是漢口英美煙廠工人」；還十分形象地向工人解讀工人的「工」字：上邊一橫指的是天，下邊一橫指的是地，中間一豎是一個人站著，就是我們工人，這是個頂天立地的人。他們還結合讀報向工人學員講解時事；對於粗識文字的工人，還發給《兩個工人談話》之類的小冊子，進行文化教育和階級教育。

一九二二年七月，漢陽鐵廠、揚子機器廠、英美煙廠、既濟水電公司、漢陽兵工廠和武昌第一紗廠紛紛建立了工人俱樂部，甚至武昌的挑水夫也開始商議組織挑水夫工會的辦法。中共武漢區委於一九二二年七月底領導成立了武漢工團聯合會（同年 10 月 10 日改為湖北全省工團聯合會），「當時加入武漢工團聯合會

的有 28 個工會，會員 3 萬多人」，成為全國最早的一個地方總工會。

（二）武漢工人的覺醒

在武漢共產黨組織的影響、組織下，一九二一至一九二七年武漢工人運動蓬勃發展。武漢工人運動始於一九二一年十二月發生的漢口租界人力車工人大罷工。這次罷工是在武漢共產黨組織成立初期發展產業工人運動受挫的情況下發生的一次人力車工人自發鬥爭，武漢共產黨組織在罷工開始後積極介入，並推動罷工鬥爭取得勝利，從而打開了發展武漢工人運動的缺口。其中京漢鐵路工人「二七」大罷工與震驚西方的收回漢口、九江英租界是中國近代革命鬥爭歷史上的重大事件。在這兩大事件中，武漢工人表現突出，展示了驚人的時代責任感。

1. 京漢鐵路工人「二七」大罷工

一九二二至一九二三年是通常所說的中國共產黨成立後的第一次工運高潮時期。以一九二二年一月香港海員大罷工為起點的中國第一次工人運動高潮發生後，武漢工人積極回應，廣泛參與，各種罷工鬥爭此起彼伏，高潮迭起，僅一九二二年就發生了罷工十三次，參加罷工人數達二萬人。一九二三年二月發生的京漢鐵路「二七」大罷工更是把中國工人運動第一次高潮推向頂點。

京漢鐵路是中國南北交通的幹線，全路規模宏大，員工約三萬人，武漢江岸（即劉家廟）、鄭州、長辛店是三個總段，為全路的樞紐。北洋政府一貫視京漢路為政治、經濟的命脈，它們對

於重要鐵路都抓得很緊，尤其是對京漢路絲毫不肯放鬆。[40]

一九二三年二月一日前兩天，全國各地工會代表陸續聚集鄭州，決定在鄭州成立總工會。但「各地代表以來自武漢的為最多」[41]。二月一日清晨，軍閥吳佩孚反對召開京漢鐵路總工會，對鄭州全城實行戒嚴。於是，全體決定「為抗爭自由起見，謹決於四號午刻宣佈京漢全路總同盟大罷工」[42]。但在總工會總機構遷移問題上，各地代表發生爭論，「有人提出在長辛店，有人提出在江岸」。在危急情勢下，武漢工人再次表現出敢於擔當的精神，強烈要求將總工會遷至江岸。會議接受了武漢工人的要求，將京漢鐵路總工會移至江岸。

二月四日上午十時左右，京漢鐵路總罷工如期開始。「總罷工令下後，長二千餘裡之路線，二萬餘工人之眾，均於二月四日上午十時，一致罷工下來」，「不前不後，在一個時間內一致行動。有的開火車的，開到半途，罷工時間已到，即將火車停放於半路中；有的剛在修理物件，不等物件修好就停放，絕無參差不齊的情形，充分表示無產階級組織和團結一致的精神」[43]。

京漢鐵路總罷工開始後，各地工人以各種形式提供援助，其中援助「最力」的也是武漢工人，兌現了鄭州期間作出的「保證武漢各工會將罷工回應」的承諾。罷工期間，武漢「工人學生市

40　《包惠僧回憶錄》，人民出版社，1983 年版，第 80 頁。
41　《二七大罷工資料選編》，工人出版社，1983 年版，第 658 頁。
42　《二七大罷工資料選編》，工人出版社，1983 年版，第 203 頁。
43　《二七大罷工資料選編》，工人出版社，1983 年版，第 587 頁。

民之結隊前往慰問者，日有數人多，而湖北工團聯合會亦下緊急命令，預備各工會亦總同盟罷工，作實力之援助」[44]。

這次罷工在二月七日受到北洋軍閥的鎮壓。當日下午五時，軍閥「開拔全副武裝之兵士千餘人至江岸登陸，假約談判代表，乃代表尚未出席，兵士立即包圍工會開槍轟擊，工人手無寸鐵，任其屠殺，計刀殺者四人，槍殺三十四人，中彈受傷至垂危者，更不計數。有三十七人倒在血泊中，二百多人中彈受傷」[45]。軍閥將江岸分會委員長林祥謙綁在車站電杆上，迫其下達復工命令。林祥謙義正詞嚴地予以回絕，「此事乃全路三萬人生死存亡所系，我分會非得總工會命令不能開工，頭可斷，工不可開！」後被「梟首示眾」。稍後，施洋在其寓所內被軍閥以「煽動工潮」的罪名被捕，「越八日，陰險殘忍之軍閥吳佩孚竟命其心腹黨羽蕭耀南將他槍斃了」。臨刑前，施洋拒絕了劊子手要他寫家信的要求，並慷慨激昂地說：「中華民國就是我的家，我有什麼信可寫，我希望中國的勞動者，早點起來，把軍閥官僚資本家和你們這般替他們做走狗的人，一起都食肉寢皮。」[46] 京漢鐵路工人「二七」大罷工得到全國各地工人的支援，「同情聲更是難以盡數」，如湖南、廣東、香港、上海、北京等處的工人團體之電報，「如雪片飛來」，「舉行示威者有之，召集大會者有之，集款

---

44 《二七大罷工資料選編》，工人出版社，1983年版，第602頁。

45 羅章龍：《京漢鐵路工人流血記》，河南人民出版社，1981年版，第50頁。

46 《二七大罷工資料選編》，工人出版社，1983年版，第235頁。

援助者有之」[47]。林育南等共產黨人充分肯定了這次罷工的偉大意義，稱其是「中國工人階級最初對敵人的一次血戰」，是「中國工人革命的信號」和「中國民眾自由解放的福音」[48]。武漢工人為這段歷史寫下了濃重的一筆。

2. 震驚西方的收回漢口、九江英租界

京漢鐵路工人「二七」大罷工失敗後，武漢工人經過不到 4 年的蟄伏，又發起了一九二七年一月收回漢口英租界的鬥爭。

漢口英租界開闢於一八六一年，是近代中國七個英租界之一。在租界內，英國人設立了工部局，還設有巡捕房、法庭，制定各種法律，還駐紮軍隊，儼然「國中之國」。武漢工人對英租界當局早就恨之入骨，從租界劃定之日起，就一直沒有停止過要求收回租界的訴求。英租界工部局對中國人制定了許多侮辱性的規定，如「馬車、人力車在租界內行駛時，不得拉響鈴，違者拘罰」，「馬車夫套車不慎，擦破馬皮者，拘罰」，「人力車夫不分左右兩邊魚貫而行者拘罰」，「肩挑負販走人行道者，拘罰」[49]。據當年的怡和碼頭海員工人周何亮回憶：「我們在租界裡做工，遭受的壓迫最直接，最深重」，「我們中國人不僅活路重，收入低，而且還經常遭到外國人的毒打，不准我們在租界內穿破衣服走路，不准在租界內睡覺，逼得許多碼頭工人就睡在地老殼裡

47　《二七大罷工資料選編》，工人出版社，1983 年版，第 650 頁。
48　《群眾週刊》1927 年第 9 期。
49　《武漢文史資料》1981 年第 3 輯，第 172 頁。

（即在江邊沙灘上挖一個長坑，周圍壘上泥土，工人就睡在裡邊）」，「那時，每天早晨都可能看到凍死餓死的工人，外國人見了，就下令把這些屍首丟到長江裡」。[50]

一九二七年一月一日到三日，為了慶祝北伐戰爭勝利和國民政府遷都武漢，武漢人民舉行了接連三天的慶祝活動。各黨部、各人民團體及中央軍事政治學校宣傳員為使各界深切明瞭慶祝的意義，特別組織了講演隊到各處重要的地段講演。

一月三日上午八時，就已經有宣傳隊員「手執小旗登上江漢關階梯面對英租界向群眾宣傳」。「因為新年放假，街上到處都是人群，因而去聽講的人很多，其中以工人占絕大多數」，「聽眾越來越多，宣傳員越講越有勁。到了下午二時許，情況突然發生變化，造成『一三』慘案。據時人饒秉凡回憶：『我（當時）從武昌回來，見宣傳員仍在宣講，聽眾擠滿了廣場。對面英租界的水兵……就把工事加高加厚，守兵由二人增加到十餘名，還抬來了兩挺輕機槍，儼然如臨大敵。英帝國主義的敵對行為激起了群眾的憤怒……各個指手畫腳，高聲喊打，情勢至為緊張。正在這時，英兵突然行兇，向群眾開槍，擊傷數人。群眾憤怒之下，蜂擁而上，去奪取英兵的武器。英兵見情勢不妙，狼狽逃入兵營，閉門不出，群眾也未深入英租界』」[51]。

英國水兵的暴行，立即傳遍全市，武漢三鎮工人和各界人民

50　《武漢文史資料》1981 年第 3 輯，第 162 頁。
51　《湖北文史資料》1987 年第 4 輯，第 71-72 頁。

異常激憤。群眾立即包圍英租界，進行抗議。「數十萬工人在街頭活躍，要求嚴懲兇手和收回英租界」[52]。當晚，中共湖北省委、中華全國總工會辦事處和湖北全省總工會召開聯席會議，決定領導各界人民開展廢除不平等條約和收回英租界的鬥爭。同時，武漢國民政府外交部長陳友仁召見英國駐漢口領事，提出抗議，限令二十四小時內撤退水兵和義勇隊。四日晨，英國水兵被迫撤退，三百名武漢工人糾察隊進入租界。

・一九二七年「一三」慘案發生後，武漢工人糾察隊在英租界警戒

五日，武漢市工人和各界群眾三十萬人舉行了武漢市民追悼「一三」血案死難同胞暨反英示威大會。在遊行隊伍中，碼頭工人和糾察隊員手持扁擔，一馬當先。與此同時，「租界內做工的海員工人、碼頭工人、人力車工人都配合租界外面的遊行隊伍舉行遊行」。為使遊行隊伍順利進入英租界，熟悉租界地形的一位碼頭工人「按照總工會的命令，坐了個小划子，划到租界內的躉船上岸後，就把隨身帶去的工人糾察隊的袖章拿出來左右揮了幾下，於是等在江漢關那邊的隊伍就打開了鐵柵子門，迅即湧入了

第十一章・武漢：中國近代工業的重要發祥地

英租界」[53]。當進入英租界境內時，遊行隊伍又被路障阻攔，工人遂「抬來跳板，用人抬著讓遊行隊伍通過，沖進去搗毀了沙包、電網、柵欄等障礙物」[54]。許多人力車工人當時也「把車子丟在旁邊，爭先恐後地加入鬥爭的行列」[55]。最終武漢工人與其他示威群眾沖入英租界，趕走英國巡捕，扯下英國國旗，佔領英租界。

五日下午，在武漢工人和社會各界支持下，武漢國民政府成立漢口英租界臨時管理委員會，對英租界實行管理。二月十九日，英國政府代表被迫在《關於漢口租界的協定》上簽字，同意

・一九二七年漢口工人舉行遊行，慶祝收回英租界

53　《武漢文史資料》1981 年第 3 輯，第 163 頁。

54　武漢市總工會工運史研究室編《武漢工運史研究資料》第 3 輯，1984年版，第 73 頁。

55　鄔少霖：《武漢人力車業概況》，武漢市檔案館藏，全宗號 119，卷號93。

將租界交還中國。二十日,英國政府再次被迫簽署協議,交還九江英國租界。

　　武漢工人以自己的力量鞏固了收回漢口租界的成果。收回英租界是中國人民反帝鬥爭史上的一次壯舉,也是中國人民第一次利用自己的力量從侵略者手中收回自己失去的權益。但同時,又震驚西方,禁不住感歎:武漢工人「在光天化日之下佔領租界,把租界轉入中國國民政府的權力保護之下,這件事做得如此神速而徹底,以致英國公眾都被驚得目瞪口呆,不知道最近還將發生什麼」[56]。

三、武漢工人的產業貢獻

　　武漢與上海、天津、廣州等同為我國近代工業的發祥地之一。清末民初,武漢後來居上,成為中國近代最大的重工業基地,成為僅次於上海,與天津、廣州、青島、南京、蘇州、無錫等並駕齊驅的近代工業城市。孫中山先生在民國初期撰著的《建國方略》中,論述了武漢工業成就,「現在漢陽已有中國最大之鐵廠,而漢口亦有多數新式工業,武昌則有大紗廠,而此外漢口更為中國中部、西部之貿易中心,又為中國茶之大市場」,展望未來,認為「必須定一規模,略如紐約、倫敦之大」。

　　實際上,近代武漢工業成就的取得,得益於其九省通衢的優

56　〔蘇〕A‧B‧巴庫林:《中國大革命武漢時期見聞錄》,中國社會科學出版社,1985 年版,第 44 頁。

越地理位置，得益於部分官員及實業家的睿智與膽識。除此以外，近代武漢工業成就的取得也離不開武漢工業生產的主體即武漢工人，是武漢工人以自己的智慧、汗水，甚至生命挺起近代武漢工業的脊樑。

（一）「以自己職業為榮」，挺起武漢工業的脊樑

近代武漢工人勞動生活狀況已如前述，其受教育狀況也十分慘澹。一九二九年的一項調查顯示，武漢工人「男子入學平均為4.32 年，女子入學年數 3.47 年」。由於「經濟能力薄弱，知識欲低微，新式教育頗難博得工界之固定信仰」，因此，武漢工人「受私塾教育者為超過中小學校教育者何止七八倍」，以致武漢工人實際「能識字者約占 22％，能寫者約占 16％」[57]。

與西方資本主義國家相比，與工業發展的需要相比，武漢工人文化知識程度較低，但武漢工人聰敏、勤於思考、兢兢業業，具有較好的職業責任感，能夠彌補文化知識程度較低而產生的不足，因而武漢工人一般均能成為稱職的工人。

美國駐印度阿納省阿脫蘭脫城鋼鐵錫板公司總理馬而根到漢陽鐵廠考察時，適值該廠為粵漢鐵路拉鐵軌。為確保品質，粵漢鐵路特派技術權威美國籍副總工程師哥特而君到漢陽鐵廠作鐵軌的驗收工作。這次驗收工作極為嚴格，「先將五十磅軌之二端，

---

57 李文海主編《民國時期社會調查叢編‧城市勞工生活卷》（下），福建教育出版社，2005 年版，

置於 3 英尺 6 英寸相繼之二架上，若軌能支持 40 噸之重壓有 5
分鐘之久，而不彎至 1 英寸之十六分之三，則可作為良美之軌
矣。然後再將 2200 磅之錘，由 25 英尺之高處任其自行擲於軌
上。倘受擲之軌彎曲不外 2 英寸半，則可作為可納收之軌矣」。
經過反復的「嚴格」試驗，哥特而君發現「斷者竟無」，即使「驗
所拉之軌，百分中有瑕疵者，惟五分而已」。他告訴馬而根就是
那五分有瑕疵的，「其致病之因，在工作而不在鋼質」。

　　馬而根稍後對鐵廠工人勞動生活狀況也作了一些瞭解。漢陽
鐵廠工人收入很低且不等，只有那些匠目（工頭）的收入高一
些。與低微的收入形成對照的是，漢陽鐵廠工人勞動強度大、風
險高，勞動條件十分艱苦。當時漢陽鐵廠的三號四號爐是新式
爐，購自德國，其內部容積為 47755 方尺，高有 20450 尺，「爐
之旁有風箱，高與爐齊。爐之周有風門。有水管，需用原料皆用
升降機上下」，「工人頗為勞苦，常生危險。其發生危險之最大
原因，即在爐之上端工人辛苦太過危險，偶一不慎，即被煤氣蒸
死」[58]。在與漢陽鐵廠工人進一步接觸中，馬而根發現漢陽鐵廠
工人「頗以自己職業為榮」。漢陽鐵廠美國籍工程師杜社耳向馬
而根介紹了工廠生產勞動情況，尤其介紹了華工的情況，稱漢陽
鐵廠「所用之轆軸，俱華人所自造，惟聘歐洲一人為之佈置而
已」，並在馬而根面前「頗贊許華人機械之技能」，認為「華工
之天性，善於使用西國之工具，用之罕有受損者，且鍛煉之工，

58　既明：《漢陽鐵廠調查記》，《銀行雜誌》1925 年第 10 期，第 4 頁。

無有出其右者」。像「電機處為華人所專管，修理駛機等事，皆其所掌，毫無錯誤」。為了「證華人之靈敏」，杜社耳甚至不厭其煩地將親身經歷的一件事情告訴馬而根。漢陽鐵廠曾經從美國購到一部火車頭，運到廠後，尚須一小部分裝配，才能成為一體。但是，當時詳細圖紙還沒有到達。一位華人工匠並不知道其情況，美籍工程師杜社耳「亦未提及」。然而，「不久車頭已裝備成，而在廠中之鐵道上行駛」，這都是這位華人工匠的功績。杜社耳對此「甚為詫異」，覺得「若細圖未到，餘亦不能裝配」。杜社耳接著又連連誇獎「華人作事準確詳細，只觀繪圖房學習繪圖之少年，當摹仿圖樣時，見原稿上有偶然之墨蹟污點，即仿抄之」。聽完杜社耳的介紹後，馬而根對武漢工人的聰敏與才能感到驚訝，「此非奇能乎？」[59]。

由於武漢工人的勤懇、智慧、精細，到二十世紀初漢陽鐵廠一躍成為亞洲最大的鋼鐵聯合企業，比日本的第一家近代鋼鐵企業八幡製鐵廠還早七八年時間，西方輿論視其為中國「狂睡初醒，眼光霍霍，振刷其精神，磨礪其膽略，以搜羅遺利，步武西法」的標誌，外國人更稱其「為二十世紀中國之雄廠」[60]。

紡織工業是近代武漢最大的工業門類之一，其中最著名的莫過於湖廣總督張之洞在湖北武昌設立的官辦紗、布、絲、麻四

59　馬而根：《中國漢陽鋼鐵廠煤焦鐵礦製鋼紀略》，《東方雜誌》1909 年第 9 期，第 30-31 頁。

60　顧琅：《中國十大礦廠記》，商務印書館，1916 年版，第 2 頁。

局。湖北武昌紗、布、絲、麻四局系湖北紡紗局、湖北織布局、湖北製麻局、湖北繅絲局的簡稱（又簡稱為湖北紡織四局）。其建成投產的先後順序是：織布局為一八九三年（光緒十九年），繅絲局為一八九五年（光緒二十一年），紡織局為一八九八年（光緒二十四年），製麻局為一九〇六年（光緒三十二年）。湖北紡織四局建成後，很快「出布出紗亦頗不少」，產品品質優良，四局籌辦人郭錫勇在給張之洞的電報中高興地說：「絲廠開工後，各女工雖未甚純熟，有滬南工頭引導，尚為順手，亦守規矩。現已開足一排，計五十二盆。繅成之絲雖未能如江產盡美，質色亦甚細潔勻潤。」⁶¹

湖北紡織四局生產之所以能夠取得良好的生產效益，原因是多方面的。其一，與武漢工人「特出的耐性」有關。「規模宏大」的機器織布局初開工時，工人每天生產十小時，但不久延至十三小時。一八九四年十二月，布局兩班工人招齊，即開始兩班生產，晝夜開工。一千餘名工人「通力合作，無片刻之停」。對於布局工人勞動的緊張程度及工人的勞動耐性，布局英籍總監工金德生感到不可思議，在致英國曼徹斯特一家報紙的信中說：「這個工廠的工人都是男工和幼童，沒有女工⋯⋯（工人們）離開工廠出去散步的機會很少，因為廠中作工是從清晨五點鐘到下午六點鐘，每隔一個星期日才休息一天。他們瘦到只有皮包骨頭，五

61　馮天瑜、皮明庥：《武漢近代（辛亥革命前）經濟史料》，武漢地方志編纂辦公室 1981 年印行，第 153 頁。

十人裡面，也找不出一個體格健康的人。」[62] 據《皇朝經濟文新編》介紹，武昌「所設之紡織局……各局所雇工人，約二千八百名，日夜工作」，「每日工作十二點鐘，僅歇一點鐘。工人晚間工作，能耐勞苦，無異白晝……放工之期，不過每逢初一、十五等日及中國新年而已」[63]。日夜不間斷地勞動需要耗費大量的體力，也需要具備頑強的吃苦耐勞的能力。像武漢工人那樣每天連續勞動十幾個小時，在英國顯然是不可想像的。

其二，武漢工人手藝輕巧。湖北紡織四局工人工資收入極其微薄。據英國蘭開夏布萊克本商會訪華團考察，湖北織布局的工價要低於上海同類工廠，「織布工人的工資每月不超過 3.5 元，或 6 先令 6.5 便士。在這些布廠的各部門中，經驗豐富的工頭，每日工資為 0.3-0.35 元，等於 6.82-7.94 便士」。布萊克本商會訪華團在訪華報告書中承認，中國工人收入雖然微薄，但與那些從英國派來安裝機器，月收入達 300 便士、約合銀元 20 元以上的工人相比，毫不遜色，甚至「能和他們一樣熟練地安裝並修理機器」。勤勞智慧的中國工人一旦與先進機器及生產技術相接觸，就顯示出他們的才能，「所雇用中國工人的西方雇主和監工都同意中國工人在手藝輕巧方面是特殊的，同時，他們的體力和智力

62　劉源清：《湖北紗布絲麻四局經營始末》，《湖北文史資料》第 10 輯，第 133 頁。

63　馮天瑜、皮明庥：《武漢近代（辛亥革命前）經濟史料》，武漢地方志編纂辦公室 1981 年印行，第 177 頁。

十分適於紗廠工作」[64]。正因為如此，「中國〔紗廠〕工人與蘭開夏在同等能力的工廠的工人，其相對的效率和生產能力的比率為三與五之比。但在許多場合，中國工人達到的熟練程度，至少也等於英國及其他歐洲工人所達到的標準」[65]。

相對漢陽鐵廠、湖北紡織四局等近代武漢官辦工業來說，近代武漢民營工業發展更為艱難。官辦工業由於具有政府因素，擁有更多的資源，其中包括可以從西方引進技術並聘請技術人員，而近代民辦工業由於面臨內外壓力，舉步維艱，更多需要立足於自力更生。因此，在近代民辦工業勞動的武漢工人不僅見證了業主創業的艱難歷程，甚至也不得不親自參與其中。

創辦於一八九八年的周恆順機器廠曾經是武漢歷史最久，規模最大的一家機器廠，創造了我國製造業許多首臺首套設備，如一八九五年仿製成功軋花機，一八九六年發明製造我國第一臺木架手搖車床，其比上海精明機器廠一九三二年發明的皮帶車床早了三十六年，一九〇五年製造出我國第一臺軋油聯合設備，一九〇七年製造出我國民族工業第一臺八十匹馬力蒸汽機、第一臺抽水機、第一臺捲揚機，一九一三年製造出三十匹馬力臥式煤氣機並形成系列產品等。

該廠源於天順爐坊，起初只能生產些香貨（香爐、神鐘）、

---

64 汪敬虞：《中國近代工業史資料》，第 2 輯（下），科學出版社，1957 年版，第 1 199 頁。

65 汪敬虞：《中國近代工業史資料》，第 2 輯（下），科學出版社，1957 年版，第 1 232 頁。

雜貨（湯罐、鼎鍋、鐵件）。一八九八年，年僅二十歲的周仲宣，繼承父業，發奮打拼。廠裡最初主要生產軋花機，當時的翻砂工多是爐房師傅改行的，他們原是做泥模，對於用砂造型很不習慣，因此效率很低，品質也差。為了改進技術，周仲宣特從日本聘來技師，指導工人製造木模翻砂，鑄鐵技術才算有了突破。

周恆順機器廠的發展凝聚了工人的汗水和智慧。民國初年，軍閥割據，各自為政。甘肅省為發行幣制，成立造幣廠，需要製造一整套造銅幣和銀元的設備，包裝冶煉、輾壓、軋片、沖餅、壓花、滾邊，直到搖洗等機器，還包括動力（蒸汽機和鍋爐）、抽水和傳送設備，計大小機器百餘臺。他們本想從國外進口，但因適值第一次世界大戰，進口機器有困難，而造幣關係當地財源，不容久延，遂商請周恆順承制。周仲宣起初考慮到這一工程量大，技術情況複雜，交貨期限又緊，以工廠的設備能力和技術條件有很大困難，感到力不從心，但為了維護國家權利，為民族工業爭一口氣，便又毅然承擔下來。在全廠工人的通力協作下，邊設計，邊繪圖，邊施工，分班趕制，日夜不停。在這一工程任務中曾遇到不少困難和問題，若不是充分發揮工人的智慧，群策群力，苦幹巧幹，要在一年時間內完成這樣的成套設備是難以想像的。這批機器重約兩百噸，歷時半年，機器終於被安全運到蘭州交貨，工人們立即進行機器的安裝、調試。[66] 後來，還有一些

66　周英柏、周茲柏：《周仲宣與周恆順機器廠》，《湖北文史資料》1987年第 3 輯，第 85-92 頁。

工人留在蘭州作機器維護、保養工作。通過這一成套設備的製造，不僅大大提高了周恆順機器廠的業務水準和職工的技術水準，也大大提高了周恆順機器廠的聲譽。

張之洞苦心創辦的湖北紡織四局由於各種原因僅持續 11 年光景就招商承辦。湖北紡織四局失敗的原因複雜，這其中有官府的腐敗因素，「擔任四局總辦的往往帶著藍頂子，進車間還要乘轎，車間的人員則稱委員，官居八、九品」，且機構臃腫，開支浩大，入不敷出；還沒有真正掌握生產技術，缺乏人才。紡織四局機器系向英國訂購，並由英國派來技術人員安裝。但是，英國人出於自身利益考慮，「雖然裝了機器，但對一些關鍵性的技術問題全未傳授，致所紡十二支及十四支紗，粗如繩索，平布則較帆布尤厚，產品銷路因而停滯」。

裕大華的前身楚興公司在一九一二年繼應昌公司、大維公司之後，接手承辦了湖北紡織四局。鑑於湖北紡織四局失敗的教訓，楚興公司十分重視技術問題。管事（廠長）張松樵雖非紡織專業人才，但工作細心謹慎，摸索了很多實際經驗。比如，調整紗支的撚度、輕重，是以更換中心牙來調節的。當年英國技術人員負責安裝湖北紡織四局機器時，雖附有上項牙盤，但並沒有告知作用何在，並且將牙盤存於倉庫長期未用。張見倉庫牙盤甚多而齒數不同，即組織工人著手在紗機上更換牙盤的試驗。有人謂機器系外國人安裝的，不能隨意變更，還不斷阻撓。在工人的努力下，楚興公司經過多方更換試驗，終於瞭解到各種牙盤的作用，解決了調整紗支的輕重，更換了紗支的品種，並進一步結合氣候變化，預作調整處理，更換中心牙，解決了紗支的撚度問

題。通過不斷摸索，生產技術和產品品質都有了提高。通過各種努力，湖北紡織四局到楚興公司時面貌煥然一新，銷路大為擴充，紗布遠銷到湖南、四川及江浙一帶。**67**

　　近代中國民族工業生存空間十分狹小，發展十分緩慢。其中原因，簡而言之是國內封建勢力及外國侵略勢力不斷擠壓的結果。西方國家在近代中國開設了許多工廠企業，並就地利用、掠奪中國的豐富的自然資源和人力資源，甚至對中國實行技術控制，前述提到的英國人控制紡織技術從而影響湖北紡織四局發展即為其中一例。在這種形勢下，也有武漢工人克服困難，艱苦學藝，最終突破了西方人的技術封鎖，太平洋肥皂廠創辦人薛坤明就是其中代表。

　　薛坤明在二十世紀初本為英商福利洋行漢口分行的一名勤雜工，但他不願寄人籬下，總想創辦自己的事業。經過觀察、思考，他選准了肥皂生產方向，而開肥皂廠就得掌握技術。當時漢口日本人開辦的小型肥皂廠對生產工藝控制極嚴，肥皂配方和熬煉技術均由日本工程師掌握，外人無從知曉。薛坤明一心想把技術學到手，便通過熟人關係進入該廠工作，並暗中觀察日本工程師的一舉一動，以及下料的順序，熬制的時間和成色。與此同時，他委託別人從上海購買一些制肥皂用的原料，如泡花城、香料油、松香等，又從漢口當地買了一些牛油、皮油，以及鐵桶工

67　黃師讓：《裕大華企業四十年》，《文史資料選輯》第 44 輯，中國文史出版社，2011 年版，第 201-202 頁。

具。薛坤明白天上班，觀察日本工程師的熬製方法，晚上回家不斷試驗。功夫不負有心人，三個月後，他終於取得成功，摸索出一套各種城類與各種動物植物油料的配製比例，掌握其性能。[68]利用自己在日本工廠「偷學」的技術，一九一四年薛坤明創辦了民信肥皂廠，一九二六年改名為太平洋肥皂廠，蜚聲武漢三鎮二十餘年。

(二) 勇於擔當，保持國家工業的元氣

　　武漢工人對武漢工業的貢獻不僅僅在於積極生產、勇於創新，還在於在中華民族處於生死存亡的關鍵時刻，他們盡職盡責，勇於擔當。尤其是在一九三八年抗戰初期的工廠內遷中，武漢工人顧全大局，浴血奮鬥，為「保持國家經濟元氣，奠立後方工業基礎」做出了巨大貢獻，其功績與「流血衛國確保勝利的前方將士無分軒輊」，在武漢工業史上留下了極為濃重的一筆。

　　這次武漢工廠內遷有兩個非常明顯的特點。其一是時間緊迫，不容拖延。一九三七年十二月十三日，日本侵略軍攻佔南京後，戰火不斷迅速向內地蔓延。日軍在向武漢進逼的同時，不斷派出軍機對武漢進行頻繁襲擾。武漢工廠在敵機的狂轟濫炸中損失慘重。戰事迫近武漢，內遷如稍有延緩，武漢工業要麼會遭到破壞，要麼會為敵所用。

68　薛子仁：《薛坤明與太平洋肥皂廠》，《武漢文史資料》1982 年第 8 輯，第 132-136 頁。

內遷的另一個明顯特點是任務重，需要各方面協同配合。這次內遷的工廠既有武漢三鎮的工廠，也有此前從上海及沿海地區遷到武漢的工廠。當時，武漢地區有官營工廠 20 家，大小民營工廠 516 家，還有上海、河南等地遷來的 170 家。

當時一些武漢工廠負責人對工廠內遷並不熱心。到一九三八年初，還有不少武漢工廠負責人懷有僥倖心理，認為「武漢既註定是我們的，則武漢必須留回工業基礎，以為將來繁榮之資」。尤其一些紗廠自認為「抗戰獲利愈多」，目前「正在利市十倍」，只顧眼前蠅頭小利，以「運輸沒有辦法」為藉口，拖延內遷。[69] 內遷延遲一刻，危險就會成倍增加。

中國共產黨在國統區發行的唯一機關報《新華日報》配合形勢，積極創造工廠內遷的輿論氛圍，連續載文，動員保衛人武漢，要求政府緊急搶救人力，搶救物資，絕不能留下資敵，把「所有不能讓敵人轟炸和破壞的物資迅速搬遷或保藏」[70]。在大敵當前的形勢下，武漢工人臨危不懼，勇於擔當。當日寇隆隆炮火即將臨近時，他們堅守工作崗位，盡職盡責，努力生產，支援抗戰。武漢裕華紗廠工人就表示：「竊值外寇頻淩，雖屬國家不幸，而我後方民眾，應致團結抗戰達到最後勝利，各界如是，舉國皆然，惟寇獸肆行，專以轟炸後方為能事，徐州、粵垣可為前

---

69 龍從啟：《武漢工廠內遷大後方概述》，《武漢文史資料》1985 年第 3 輯，第 70-72 頁。

70 武漢市總工會工運史研究室編《武漢工人運動史》，武漢出版社，2012 年版，第 181 頁。

車之鑑，工人等應本大無畏之精神，努力生產，以盡職責。」**71**
漢陽兵工廠的工人成立抗敵工作團，表明「我們是國防工業的員
工，軍火工業的員工……我們對於抗戰負有重大責任。抗戰需要
我們，需要我們努力，更需要我們加緊製造，多生產一粒子彈，
一枚炮彈，去洞穿兇惡的敵人。」

當形勢危急，工廠內遷迫在眉睫時，武漢工人又挺身而出，
紛紛響應。一九三八年七月十二日，武漢紡織工人趙啟揚等二千
八百人上書國民參政會，要求把工廠搬遷到較遠的後方去開工，
提出：「保全了我們一部分工業，就是獲得一部分勝利的保證」，
「廠方搬廠時，我們工人願盡最大力量幫忙，同時也請求政府幫
忙」。武漢工人的行動對一些不願意內遷的工廠負責人來說，猶
如釜底抽薪，不得不順應內遷形勢。在各方面的壓力下，武漢許
多工礦負責人不得不同意內遷工廠，「遷廠氣氛已彌漫武漢」。

武漢工人在這次內遷中，冒著生命危險，「英勇戰鬥，搶
拆、搶運出武漢地區大部分工廠的機器設備，在經濟戰線上為保
衛大武漢，保衛全中國打了個大勝仗」**72**。在工廠機件拆卸中，
武漢工人不僅展現了其嫻熟的技術，也表現了高尚品質。由於時
代的久遠及資料的高度欠缺，我們雖然無法確切知曉武漢工人在
內遷中的具體表現，但從零碎的資料中，我們可以體會到工廠內

71　《裕大華紡織資本集團史料》，湖北人民出版社，1984 年版，第 319-
320 頁。

72　郭其耀：《抗戰初期武漢工廠內遷》，《武漢文史資料》1998 年第 3
輯，第 233 頁。

遷中武漢工人的奉獻和堅強。

一九三八年三月，為了搶在最短時間內遷完可利用的工廠，國民政府經濟部工礦調整處將在漢陸續招聘的青年技術工人七百餘人連同上海等地內遷的二千五百名技術工人一起，分成若干工作隊，派赴各工廠指導拆遷工作。這些技術工人「意志堅決」，「勇敢、公正」，工作認真細緻，對每一廠設備，都要按計畫、繪圖、標記、裝箱、登記、搬運、領護照、報關、辦保險，以及寫工作報告等程式進行拆遷，還要隨機應對拆遷遇到的各種問題，一直堅持到一九三八年十月下旬，才在日寇隆隆的炮聲中離開武漢撤退到重慶。

技術工人主要還是負責技術指導工作，直接參與工廠機件拆卸工作的普通工人則更為艱辛。諶家磯造紙廠是當時國內設備最新、規模最大的紙廠，當時停業已久。一九三八年九月初，工礦調整處派業務組副組長李景潞、技術員柯俊率領新中工程公司領工林君及工人三十餘人，前往拆卸。「入門見機器龐大，廢缺不全，灰積草蔓，滿目荒涼」。李景潞副組長憑弔良久之後，就下令限一月拆完裝箱運出。參與拆卸機件的工人們「共同從事」，克服各種難以想像的困難，最終在規定期限內完成了拆卸任務，其中包括烘缸二十隻、車架齒輪及壓光機、加光機、切紙機、打包機各座，連同水管、大馬達等，共三百餘噸。相對來說，漢陽鐵廠的拆遷工作更為艱苦。日本侵略者對鐵廠垂涎已久。遷走該廠，不讓其資敵並能到後方生產抗戰急需的鋼鐵，是當時的一項十分重要的內遷任務。但是該廠設備機件重量大、體積也大。每件重達三點五至二十五噸，體積最大的有兩百立方尺，而且許多

機件還深埋地底，需要先撬開深重的水泥基礎，然後才能取出。當時，在施工現場，缺少起碼的拆卸設備及吊裝機械工具，全靠人力敲、鑽、扛、拉，加上白天敵機轟炸，拆遷工作往往要在夜間進行，但「所有這些困難，都被工人們奮不顧身地排除了」[73]。當時武漢週邊戰事吃緊，敵機常光顧鐵廠上空，但是參加拆遷的千餘名工人「咸能鎮靜掙扎工作」，臨危不懼，隨炸隨拆、隨拆隨炸，日夜不停，直到十月二十一日武漢撤退前夕，工人將「凡認為可以利用之重要器材，大致已拆卸竣事」之後才離開，[74] 硬是徒手拆卸了漢陽鐵廠設備、材料、廠房、鋼結構件等約三萬噸，各項重要設備一千一百八十七件。除了諶家磯造紙廠、漢陽鐵廠外，武漢工人在有關方面的組織下，「逢廠必拆，毫不拖延」。拆完民營工廠後，又將「漢口市政府負責保護之特殊冰廠、小電廠、榨油廠等一併拆遷」。

實際上，拆除機件只是工廠內遷的第一步，接下來還得將機件迅速轉運到大後方。按照規定，武漢工廠主要內遷至四川、陝西、湖南、貴州等地。隨廠轉移的武漢工人承擔了部分搬運工作，他們「肩運背扛、跋山涉水，把工廠的機器設備搬運到數千裡外的大後方」[75]。四川是這次武漢工廠內遷的主要地區。在內

73 郭其耀：《抗戰初期武漢工廠內遷》，《武漢文史資料》1998 年第 3 輯，第 234 頁。
74 湖北省檔案館編《漢冶萍公司檔案史料選編》（下），中國社會科學出版社，1994 年版，第 741 頁。
75 侯碧君：《抗戰初期武漢工人抗日救亡運動》，《武漢工運史研究資料》1984 年第 1 期，第 67 頁。

・從戰區搶救出的工業機器，由漢口用人力拉到重慶等中西部城市

遷重慶物資路上，日機頻繁轟炸，為了物資安全，在運送物資的船隻從漢口抵達宜昌碼頭後，申新四廠隨廠內遷工人先用小木船乘夜將機件運到山溝裡暫時隱藏起來，風餐露宿，通宵守護，上下轉載，直至到達目的地。[76]

　　為完成武漢工廠遷川物資運輸工作，承擔水運主要任務的民生輪船公司從一九三八年十月二十四日到十二月初，調用了輪船二十多艘、木船八百五十多條。古人雲：「蜀道難，難於上青天。」民生公司工人及部分參與轉運的隨廠工人常身背纖繩，在急流中，在敵機轟炸下艱難前行。「在遇險灘時，就需拉纖方可通過。由於船多縴夫少，因此內遷廠的工人都背起了纖繩。岸邊的江石年年被江水沖刷，變得分外尖利，工人們一不小心就把腳劃得鮮血淋漓。在許多危險的地段，兩岸均是陡峭的山崖，簡直難以立足，一隻船往往需要一二百名工人拉纖。他們身背沉重的纖繩，盡管迎面刮來的是刺骨的江風，但還是累得汗流滿面，氣喘吁吁。他們時爬時走，佝僂著腰，體向前傾，背高於項，同聲

76　塗文學：《武漢抗戰與民族復興》，中國社會科學出版社，2011年版，第324頁。

喊著短促的號子，合力向前拉。順利時每小時約可前進兩丈，但更多的時候是寸步難行……天上的敵機，長江的急流、險灘，在隨時威脅著船隊的安全」[77]。

對於武漢工廠的內遷，《新華日報》在一九三八年十月二十日的社論中作了高度讚揚：「武漢三鎮工廠的遷移也有很大成績。」他們「在戰時追隨政府，在轟炸威脅下於極度困難中勉為生產，與前方將士之流血衛國確保勝利，其功績無分軒輊」。有人認為，「回顧這艱苦的八年抗戰，如果論功行賞，則湖北工業的功績應具首位」。

武漢工廠內遷之所以成效最好，除了動員較早，措施「比較有力」外，武漢工人的積極參與也是功不可沒。武漢工人拆卸工廠機件的艱辛已如上述，值得人們為之動容，他們舍小家為大家，顧全大局，共赴國難的精神，同樣令人感佩。近代武漢工人生活十分艱難。漢口工廠工人在二十世紀三〇年代中期「每月所得工資，以 10 元以上不滿 15 元之工人為最多，約占 20%；其次 15 元以上不滿 20 元者約占 15%；最低者僅得 5 元以下之工資，計四百六十三人，占全數之 5.5%」。生活上與其他地區工人一樣，在蔬菜方面，「除了豆類蔬菜外，脂肪質的鮮肉，真是不逢佳節不上門」，「實在沒有肉吃還不管，連燒菜裡一點一滴蔬油還捨不得多潑了」。戰爭逼近後，武漢工人更是面臨著極為困難的處境。工廠內遷，對工人來說就意味著失業。拆遷開始

77　胡世華：《胡厥文回憶錄》，中國文史出版社，1994 年版，第 56 頁。

後，工人冒著生命危險，不分晝夜地拆卸搶運，面臨的又是工廠裁員減薪的窘境。在崗工人儘管工資微薄，畢竟還可以勉強糊口，那些因拆遷減員或停工停產而失業的員工，失去了飯碗，連回家的路費也得不到，有的流離失所，有的被活活餓死。

但是，武漢工人在工廠拆遷中仍然克服困難，在民族大義面前不計較個人得失。在諶家磯造紙廠拆遷中，工礦調整處為了趕進度、搶時間，確保順利按期完成設備拆卸工作，「允許如期裝運之後，贈給廠頂鐵架子全座」，以刺激工人的積極性。「重賞之下，必有勇夫」，工礦調整處的措施確實有一定的刺激作用，但是拆遷任務異常艱巨，工人們知道這實際是一個無法真正到手的獎勵，沒有討價還價，依然堅持拆卸，甚至超額完成。到十月中旬武漢「情勢益緊」時，拆遷工人「只得捨棄其應得之鐵屋頂而去」[78]。一些工人甚至在內遷中獻出了自己的生命。一九三八年七月十九日，即漢陽鐵廠拆遷期間，在日本飛機轟炸中，史漢生等五名工人被炸死。在八月十一日和十六日敵機對漢陽鸚鵡洲數隻待運木駁的轟炸中，二名正在裝卸鐵廠內遷物資的工人被炸死，另有一人受傷。[79]工廠內遷的同時，出於使工廠生產迅速恢復的需要，也需要部分工人，尤其是技術工人內遷。但是，上海、江蘇等地工廠內遷武漢時，隨廠內遷技術工人並不多。據記

78　田子渝：《武漢抗戰史料》，武漢出版社，2007 年版，第 489 頁。

79　《抗日戰爭時期武漢傷亡人口和財產損失》（上），中共武漢市委黨史研究室 2010 年印，第 71 頁。

載，到一九三八年三月上海內遷武漢的技術工人只有 2500 名。武漢工人在這種情勢下很自然成為內遷工人的重要組成部分。據經濟部工礦調整處統計，內遷四川的工人，一九三八年底有 1532 人，到一九三九年底猛增到 7638 人，一九四〇年底為 8105 人。[80] 據四川省民政廳一九四五年的統計，重慶機器業在一九三九年八月底有 4000 多名工人，其中技術工人約占 70%，「而此等熟練工人，大部分是內遷工廠的工人」。儘管缺乏更為具體統計資料，我們仍可以從各方面判斷，內遷工人很大比例是來自武漢的工人。

武漢工廠內遷時，由於動員較早、措施相對得當，工人內遷的熱情也非常高。申新四廠因滬漢兩地股東意見分歧是最後拆遷的武漢工廠之一，但因工人日夜不停地工作，終於在規定的時間裡將全部機器拆卸裝箱，避免了被炸毀的損失。該廠按規定要內遷陝西寶雞和四川重慶，廠方原計畫保留七十餘名技術工人隨廠內遷，但不願拿遣散費而自動隨廠內遷的達到兩百餘人。[81] 隨工廠內遷的武漢工人歷盡千辛萬苦輾轉到達後方以後，面臨並克服了許多新的困難。申新紗廠及洪順機器廠內遷陝西寶雞時，因條件簡陋，環境惡劣，缺少廠房，武漢工人就自己動手，挖掘了四

80　四川省檔案館：《四川抗戰檔案史料選編》，西南交通大學出版社，2005 年版，第 591 頁。
81　塗文學：《武漢抗戰與民族復興》，中國社會科學出版社，2011 年版，第 324 頁。

萬平方米的窰洞，[82] 緩解了廠房需要。申新紗廠及洪順機器廠因此實際上成了窰洞工廠。內遷工廠復工後，武漢工人每天工作十幾個小時，實際收入卻十分微薄。相關統計表明，抗戰時大後方工人的實際工資較戰前都有減少，尤其是重慶，一九四〇年後直線下降。從《抗戰時期裕華漢、渝、蓉三廠工人實際工資變化表》可以看出，內遷紡織工人實際工資平均不及戰前一半。這在當時是一個普遍現象，決不止裕華紗廠一家。[83]

總的來說，為了抗戰大局和戰時後方工業建設，武漢工人在戰時工廠內遷中取得了「很大的成績」，表現出了令人敬佩的愛國精神。關於工廠內遷及工人在內遷中的貢獻，有論者認為：「內遷工業多數是中國當時工廠中，規模較大、資金較雄厚、設備較好、技術較高的工廠，他們的內移，不僅把沿海地區的技術和管理經驗帶到中國西部，還把大批企業家、研究人員、技術人員和熟練的技術工人，也彙集到大後方。一九四〇年底的資料，光是由工廠調整處協助內遷的技術人員就有一萬二千六百六十四人。這批工廠尖兵和工業精英，以其豐富的專業知識，加上共赴國難的精神，除了訓練後方的技術人才外，還有不少人絞盡腦汁，研製工業新產品以應戰時之需。他們真是大後方工業發展動力與資源，也是改變西南和西北經濟發展面貌的功臣。實業界的

---

82 郭其耀：《抗戰初期武漢工廠內遷》，《武漢文史資料》1998 年第 3 輯，第 236-240 頁。

83 《裕大華紡織資本集團史料》，湖北人民出版社，1984 年版，第 496 頁。

敦克爾克，對西南地區的開發而言，實具有相當正面的意義。」[84]

第二節 ▶ 民族實業家的經營理念及時代特性

在武漢從傳統的商業社會向近代工業化轉型的變革時期，一大批滿懷實業救國夙願的民族實業家脫穎而出，以敢為人先的膽識、奮發圖強的鬥志，毅然投身於武漢近代化工業浪潮，創辦了許多開風氣之先的工業企業，體現出先進的時代性和創造力。與傳統農業文明所產生的商人不同，他們身上籠罩著近代化的曙光，拉開了武漢近代化工業的序幕，為抵禦外侮、挽回利權做出重要貢獻，造就了武漢這座「東方芝加哥」城市的繁榮與昌盛，也為後世留下彌足珍貴的精神遺產。

一、民族實業家的經營理念

每一位武漢名商巨賈的創業歷程雖有所不同，但實業興國的赤子情懷、敢為人先的開拓精神、任人為賢的用人原則及精益求精的品質意識，是他們共同的經營理念與價值追求。

84　呂芳上：《抗戰時期的遷徙運動》，胡春惠主編《抗日戰爭勝利五十周年學術討論會論文集》，香港珠海書院亞洲研究中心，1996 年版，第36 頁。

‧周恆順機器廠創辦人周仲宣

（一）實業救國，力挽利權

　　漢口自開埠以來，就淪為西方各國經濟侵略的一大據點。「然中國最大危機殊不在有形之暴力征服，而在無形的經濟侵略，驚呼經濟的滅亡，為時無期矣！」[85] 外國資本對中國民族工業的排擠、競爭與打壓，使許多民族資本家自然產生一種反抗的性格，並以實業救國為創業宗旨，把企業的發展和國家的命運系在一起。實業救國的愛國主義情結既是民族資本家人生價值的體現，實現了他們自身的報國理想和人生追求，也是企業發展的精神動力，激發了員工的創造力，激起民眾對商品的購買力。

　　宋煒臣投資近代工業即源於愛國禦侮的政治本能及勇於抗爭的民族自尊。燮昌火柴廠創立前，進口外國洋火充斥武漢市場，主要來自日本，其次來源歐洲。為打破洋火壟斷武漢市場的格局，宋煒臣在漢口建立燮昌火柴廠，主旨即為「俾挽利權」。在與外國洋火的較量中，漢口燮昌火柴廠不負重望，產品適應社會需求，產銷對路，最終打破洋火一統天下的格局，佔據武漢市場

85　朱英、魏文享著《話說漢商》，中華工商聯合出版社，2008 年版，第210頁。

主導地位。

近代武漢是經濟民族主義高揚的時代，也是國貨運動蓬勃行進的時代。一九一〇年周恆順機器廠在業務競爭中力壓以生產蒸汽機聞名於世的英國洋行，為順豐榨油廠成功承造 100 匹馬力蒸汽機，並在機體上鑄下「同胞細聽，權利須爭，我邦能造，不購外人，由知此意，方稱國民。專買洋貨，奴隸性情」等字句。[86]不少實業家把自己的愛國傾向鐫刻在廠名之中，如華興肥皂廠、華昌豆餅製造所、華泰機器紅磚廠、富華織布廠、耀華玻璃廠等。

一九一五年喪權辱國的「二十一條」條約公佈，激起了全國人民的義憤，「抵制日貨」「購買國貨」蔚為風潮。漢昌燭皂廠老闆陳經佘為號召民眾購買國貨，親自撰寫廣告文：方今外貨流行、國困民窮之際，如不提倡國貨，而空言抵制外貨，則何異南轅北轍！諸君請用漢昌七星牌、嬰孩牌國貨肥皂一塊，就是外貨少賣一塊，也就是少幾百文流入外人之手，凡我國民也就多了幾百文的主權。在武漢民辦肥皂廠的共同抗擊下，洋皂終於退出武漢市場。在洋貨傾銷中國市場的時代背景下，武漢民族實業家宣導國貨、與洋爭利的聲音是如此響亮，振聾發聵，其中飽含著他們熾熱的實業救國理想。

86　湖北省地方志編纂委員會編《武漢市志·工業》下，湖北人民出版社，1995 年版，第 841 頁。

（二）敢為人先，開拓創新

　　民族實業家在漢創辦近代工業，令人稱道的一個經營思想就是敢為人先。他們對新事物、新觀念具有強烈的敏感性，在武漢傳統商業向近代化轉型的時代進程中，敢於破除因循守舊的商業形態的束縛，勇於接受近代工業化思想的薰染，順應時代變革發展的大潮，敏於時事，銳意進取，引領風氣之先，成為時代的「弄潮兒」。

　　清末漢口除租界外，漢口華界無生活用電用水，城市公用水電事業還是一片空白。宋煒臣抓住這一歷史機遇，聯絡省內外商人集資創辦漢口既濟水電公司。作為武漢公用電業的發端，既濟電廠規模超過當時上海、廣州、北京的電廠，居全國民營電業之首。水廠則開啟了漢口最早的機械化供水系統，使武漢成為全國最早使用自來水的地區之一，並推動城市消防系統的建立。當市民認為喝「洋機器水」會生病時，宋煒臣當眾一飲而盡，成為武漢飲用自來水第一人。從此，廣大市民用上明亮的電

・武漢鉅賈蔡輔卿，曾任楚興公司董事，武昌第一紗廠董事，漢口商務總會議董、協理、總理，漢口慈善會會長

燈，喝上清潔的自來水，享受到近代工業文明所帶來的方便舒適。

　　武昌第一紗廠之所以敢自冠「第一」之名，是因為它是武漢首家由民族實業家創辦的大型紡織廠，其規模當時在華中地區首屈一指。該廠的創辦人即為武漢民族紡織業的先驅李紫雲。民國成立後，李紫雲以敏銳的眼光發現當時武漢尚無一家由民間資本創辦的大紗廠，如能成功創辦不僅可獲利豐厚，而且有利國計民生。他邀約工商人士以集股的形式創辦武昌第一紗廠，並注重人才的選拔使用和企業管理，一九二三年又擴充企業規模，使該廠生產規模及職工人數居當時華中各紗廠之首。

　　二十世紀初創立的裕大華紡織集團有「中國民族企業航母」之稱，它的領航人是著名實業家徐榮廷。早在一九一三年，徐榮廷就組織楚興公司，承租湖北紗布絲麻四局。一九一九年徐榮廷與張松樵等人合辦武昌裕華紗廠，一九二一年他又在河北石家莊創辦大興紡織股份有限公司，一人兼任裕華公司董事長和大興公司董事長。兩公司在徐的領導下，齊頭並進，競相發展。一九三四年裕華、大興兩公司投資在西安合建大興二廠，後改為大華紡織股份有限公司。至此，武昌裕華、石家莊大興、西安大華三大紡織企業鼎足而立，遙相呼應，徐榮廷領導的裕大華紡織集團正式形成。抗戰時期，裕大華紡織品占到大後方市場的一半以上。徐榮廷為裕大華紡織集團的成長和壯大，為中國民族紡織工業的發展進步貢獻了畢生心血，成為國人為之矚目的「紡織大王」。

（三）唯才是舉，賞罰分明

　　武漢工業近代化給民族實業家以馳聘和搏擊的際遇。物競天擇，適者生存，人才成為事關企業生存與發展的關鍵。無論是在創業時期，還是在持續發展期，業務嫻熟、精明強幹的人才都是企業求賢若渴的。武漢民族實業家對於德才兼備的管理人才和研有專工的技術人才格外重視，一經看中即予重用，務求人盡其才，各顯其能。

　　周恆順機器廠之所以長盛不衰，周仲宣的人才戰略發揮了舉足輕重的作用。周恆順機器廠是一個家族企業，但周仲宣打破家族界限，聘請家族之外的優秀人才參與企業經營。即便是在戰亂時期，也堅持招攬各方人才。該廠的中層管理人員基本上從社會聘請，關鍵性技術崗位更是唯才是舉，其薪資水準遠較一般廠要高。除了重視引進人才，周仲宣還重視培養本廠技術人員，開辦藝徒培訓班，講授機械原理和製圖知識，使學員能夠理論與實踐相結合，學以致用，也使周恆順機器廠保持著較高的技術水準，從而帶動工廠的整體發展。

　　李紫雲創辦武昌第一紗廠後，任命陸德澤為副經理。陸德澤深感知遇之恩，悉心管理，針對工廠情況制定合適的規章制度，並把全廠生產、業務管理、技術狀況、經營盈虧等，每天記錄成冊，且提出第二天的安排，命名為「經理日行錄」。由於陸德澤的精心打理和大力協助，工廠逐步走向正軌。

　　太平洋肥皂廠創辦人薛坤明也知人善任。他邀請魯壽山擔任本廠副經理，主管對外業務，發揮其善於推銷的特長。魯壽山利用廣告造勢，用紅綠色紙印製寫有「請用國貨太平洋肥皂」的廣

告，讓店家插在售賣的肥皂堆上，收到良好的廣告效果。魯壽山還採用靈活的賒銷方式，除對本市擴大業務外，還在長江上下游各埠及京廣鐵路南北各埠遍設經理處，並簽訂經銷合同，使太平洋肥皂遍銷鄂、湘、川、豫、贛等省，一時聲名鵲起。

為了讓員工心系企業發展，盡職盡責，推進企業的運營效率，近代武漢的不少實業家制定了嚴格的管理制度，照章辦事，賞罰分明。被稱為武漢紡織工業巨子的張松樵，主管裕華紗廠二十多年，備受讚譽，重要的一點在於管理方面。他注重賞罰措施，獎勤罰懶，一方面嚴格企業的紀律性，任何人違反了企業的規定，絕對不徇私情，該嚴懲就嚴懲，沒有商量的餘地；另一方面激勵員工的主動性。張松樵把自己每月薪金和所分紅利的一部分作為資金，專門獎給工作踏實和貢獻突出的工人，以提高其工作積極性。

(四) 重在管理，精益求精

考察武漢民族實業家成功創業的歷程，不難發現凝聚於他們身上的與時俱進、規範管理的近代資本家的精神特質。隨著科學技術的進步、市場競爭的加劇，武漢傑出的實業家紛紛採用現代管理制度，優化企業內部結構，使企業運營納入科學化、規範化的軌道。他們深知產品品質是企業的競爭力與生命力，始終把品質放在首位，通過增加資金投入、採用優質原材料、引進新式設備、加強技術革新等方式來提升產品層次，力爭技壓群雄。

李國偉主持申新第四紗廠時，從技術、管理及用人制度方面實施改革。他刻苦鑽研紡紗技術，經常下到車間與一線工人試

驗，以改進紡紗品質。經過不斷摸索，終於突破十六支紗土洋混紡傳統，大膽棄用土棉，全部使用洋棉，使廢紗減少，紗支拉力增強，產紗量提高。他還革除封建工頭制，重用專科畢業生管理車間。從一九三一年起，李國偉對申新第四紗廠的企業制度進行更為深入的革新。他在全廠範圍內推行新式帳簿，建立和健全各種生產及物資管理制度，務求賬務明晰，防堵漏卮。在管理人員的任用上，以才能和實績作為提升的唯一標準。之後又投資購入漂染機器，使申新第四紗廠發展成為紡織漂染的全能企業，在當時國內民辦紗廠中獨樹一幟。

一九〇五年李維格擔任漢陽鐵廠總辦（廠長）後，即致力更新煉鐵設備，改進冶煉工藝。他用日本興業銀行預支購買大冶礦石的三百萬日元作為經費，拆除了原來的酸性轉爐，興建了新高爐，配置了電動鋼水包吊車、新的鋼板軋機等。同時，還實施規模宏大的配套工程，興建了修理廠、電機廠、竣貨廠、裝卸碼頭等。改造後的漢陽鐵廠面貌一新，產品品質優良，交售廣九、京浦鐵路的鋼軌，經驗收均為上品，銷路日增。為了增強鐵廠整體競爭力，經李維格的建言，一九〇八年漢陽鐵廠、大冶鐵礦、萍鄉煤礦合並組成漢冶萍煤鐵廠礦股份有限公司，李維格為公司協理兼漢陽鐵廠總辦。合併增強了公司的實力，也提高了產能，產品

‧漢陽鐵廠總辦李維格（中）與職員

一時供不應求。一九一四年在義大利舉辦的世界博覽會上，漢冶萍公司的鋼鐵產品獲最優等獎，李維格也獲獎狀。當時歐美行家均稱漢陽鐵廠產品為精品，上海各鑄造廠家更是唯漢陽鐵廠生鐵是用。曾任北洋政府農商總長的實業家張謇，稱李維格「乃中國可謂唯一之煉鐵有經驗人」。

二、民族實業家的組成結構

武漢民族實業家興建近代工廠，力任其難，奮發圖強，參與武漢早期工業化運動，形成蔚為可觀的工業化投資浪潮。民族實業家群體亦隨著近代民族工業的發展而壯大。至辛亥革命前，武漢地區的民族企業一躍發展到一百二十多家，成為僅次於上海的中國第二大近代工業中心，享有「東方芝加哥」的盛譽，與此同時湧現出一百多位民族實業家（工業資本家）。到一九三六年，武漢共有工廠 516 家，資本總額 5148.66 萬元，年產值 18851.76 萬元。其中輕工業在輕重工業比重中，工廠數占 76%，資金占 68%，年產值約占 90%。[87] 工業資本家群體亦大為擴充。

從人員構成上看，武漢純粹的工業資本家人數不多，大多是由商人、買辦、官紳、僑商、手工工廠主轉化，及由學徒、店員、技工、手工業者上升而成的工業資本家，其中商人（包括買辦）構成武漢工業資本家的主體。這種由商人到工業資本家的蛻變是不徹底的。許多人有著亦工亦商的雙重趨向，既是工業資本

87　塗文學：《文化漢口》，武漢出版社，2006 年版，第 441 頁。

・三任漢口商會會長，亦工亦商的資本家黃
文植

家，投資機器工業一展宏圖，富於工業資本家的務實、創新、追求利潤等品格；又是商人，躋身商品流通領域大顯身手，具有商人的敏銳、幹練、勇於競爭諸特性，以及兩者的交融與統一。因此，這批人物既是近代意義上的工業資本家，又不是純粹的資本家；既是具有近代眼光的商人，又不是單一的經營者，諸如徐榮廷、賀衡夫、李紫雲、陳經佘、萬澤生、王一鳴、黃文植等人，均是亦工亦商的資本家。而買辦是作為近代國際貿易興盛而產生的一種新興職業，是近代武漢乃至中國的一種特別商人，他們具有近代眼光，設廠開礦，廣為開拓，為武漢近代工業的發展推波助瀾。例如法國東方匯理銀行漢口分行買辦劉歆生創辦了陽新炭山灣煤礦、歆生記鐵工廠、歆生填土公司、歆生榨油廠等近代企業；英國滙豐銀行漢口分行買辦鄧紀常承辦了湖北紗布絲麻四局；俄商阜昌洋行買辦劉子敬開辦了漢口發記蛋廠、漢口義隆油廠，參與創辦震寰紗廠等。

　　從籍貫來源來看，投資大工業企業的多是外省籍的人士，而

武漢本地人投資大企業的較少。漢口燮昌火柴廠和既濟水電公司的主要創始人是浙江寧波人宋煒臣，漢口福新第五麵粉廠和申新第四紗廠是無錫榮氏產業，揚子機器廠是僑商顧潤章、王光及宋煒臣等合資創辦的，承辦漢陽鐵廠的是以盛宣懷為首的上海商人集團。之所以如此，是因為武漢所在的華中地區物產多樣，礦藏豐富，尤其是武漢優越的地理水運條件和傳統的商業地位，均以其獨特的魅力吸引著五湖四海的有識之士，促使他們投身武漢地區近代工業建設行列。而且外省籍商人勇於嘗試新生事物，敢於迎接挑戰，而武漢本地商人熱衷於傳統商業，對近代才興起的技術要求高、資本需求量大、生產週期長見效慢的工業企業則無多大興趣。張之洞投資工業勸募資本時，武漢商人回應並不積極，「力微識近，大都望而卻步」。清末日本駐漢總領事水野幸吉在《漢口——中央支那事情》一書中有很形象的描述：「如漢口等之大商業地，其有力之商人，大概為廣東、寧波人，而湖北產之土人，卻不過營小規模之商業，工業頗幼稚。鍛冶、染業、木工、石匠、織物業、傢俱製造業等，猶不免於用手工。」[88] 從投資方向來看，武漢工業資本家出於資本、技術及投資回報週期的考慮，主要投資麵粉、榨油、捲煙、造紙、紡織、製茶、火柴等輕工業，在重工業、機器工業方面較少投資，即使有也是外地人居多。

---

88 〔日〕水野幸吉：《漢口——中央支那事情》，上海昌明公司，1908 年版，第 11 頁。

三、民族實業家的時代先進性與局限性

武漢民族實業家懷著實業興國、務實創新的精神，取得世界矚目的工業成就，對武漢經濟發展產生積極的推動力，為武漢乃至中國工業近代化做出應有的貢獻，體現出時代的先進性及歷史的進步性。

作為城市經濟活動的主體，武漢民族實業家雖在經營活動及社會交往中大膽言利，追逐利益，但同時也追求名利雙全，愛國利民。他們在地方教育及慈善活動中，展現救世濟人之心；在民族和國家危亡時刻，能夠保全大義；甚至介入地方政務及社會活動，反對各派軍閥割據和盤剝，反對外來政治與經濟壓迫，支持工人、學生的反帝愛國鬥爭，對外國資本掠奪武漢予以還擊，成為改造社會、建設社會的動力群體。

辛亥武昌起義爆發後，李紫雲積極支持起義軍，連夜將數十擔饅頭、若干酒肉送至前線犒勞將士，並慷慨解囊十萬銀元，以濟軍需。黎元洪特書寫一副對聯相贈：「財力雄厚，協助共和；理事明通，贊同起義」，以示褒揚；徐榮廷堅決反對袁世凱與日本簽訂出賣國家主權的「二十一條」，在抵制日貨的遊行示威中，雖年屆六旬，鬚髮皆白，仍肩扛大旗走在遊行隊伍前列；一九一九年「五四」運動、一九二五年「五卅」運動期間，武漢人民掀起反帝愛國的狂瀾，實業家們投身其中，提倡國貨，罷市遊行，不遺餘力；一九三一年武漢大水，漢口各界成立急賑會，賀衡夫被推選為會長。他不辭辛勞，籌措經費，發放救濟金、施粥和收容難民。嗣後，又在漢口籌設孤兒院，收容失去父母的兒

童，親自擔任院長，直至解放後才交給人民政府。

抗戰期間，武漢實業家更表現出堅定的愛國信念和民族氣節。蘇汰餘認為：「只有各界團結一心，才能驅逐倭寇，挽救中華」，為了支持抗戰事業，他不吝資財，帶頭募捐，積極參與社會救濟，還讓夫人參加武漢婦女界抗日救亡活動；「七七」事變爆發後，陳經佘關閉武漢的漢昌燭皂廠，將甘

・裕大華紡織集團董事長蘇汰餘

油機等設備運往上海租界保存，不料被日方發現，想利用甘油機提煉出高濃度甘油製造烈性炸藥，便提出與陳經佘合作經營，但遭到陳的斷然拒絕。為了不讓日方陰謀得逞，陳經佘將價格昂貴的機器拆除當廢鐵賣；一九三八年下半年，戰火逼近武漢，為免設備被日軍利用，王一鳴讓人將勝利麵粉廠機件全部拆卸，藏匿於漢口英商洋行倉庫，自己則舉家避難到重慶。武漢淪陷後，日軍極想與勝新廠主合作，一再脅迫守廠人員與王一鳴聯繫，他始終不理，拒絕合作，表現了一位愛國民族實業家的氣魄。

解放戰爭時期，武漢市面蕭條，人心浮動，民族實業家對於國民黨政府反動獨裁、無視民主的政策非常不滿，一些人紛紛轉

移資金到海外設廠，另一些人則轉而支持中國共產黨，並與中共武漢地下黨組織取得聯繫。武漢解放前夕，為了防止白崇禧部隊破壞城市，武漢各界愛國人士在中共地下黨組織的支持下，成立武漢市民臨時救濟委員會，賀衡夫、陳經佘、王一鳴等進步實業家積極參加。他們向廣大工商界人士宣傳革命政策，開展反拆遷、反破壞活動，維持武漢社會秩序，使工廠設施和工商企業均未遭受破壞，保護了城市的完整與安全，迎來武漢的和平解放。武漢解放後，王一鳴作為漢口工業會的代表配合政府，圓滿完成了籌辦軍糧、支援軍需任務。

但由於受時代和自身局限性的制約，武漢民族實業家依然存在著先天不足。在經濟上，這些工商界翹楚表現出對外國資本及官僚勢力的依附性。雖然很多實業家以愛國禦侮、挽回利權作為創業宗旨，但出於企業生存和發展的需要，又迫不得已求助外力，特別是在資金方面依賴他國，借債經營，導致企業經濟上不獨立，甚至負債累累，經營管理權旁落。一九一三年十二月，因公司急需大量建設資金，漢冶萍公司總經理盛宣懷與日本橫濱正金銀行簽訂一千五百萬元借款合同，合同規定：聘請日人為高等顧問工程師、會計顧問，一切工程與購辦器械以及出入款項，應與顧問協商進行。一九二六年八月，漢冶萍公司總經理盛恩頤為達到借款二百萬日元的目的，又答應日方的苛刻條件，「成立工務所，統一技術的改良與工務，由日本推薦有學識與經驗的技師

為所長」[89]。一九二八年四月，工務所在大冶成立，聘請日籍工程師村田素一郎為工務所長。工務所掌管各廠礦、礦山及運輸所的工作，企業擴充等一切業務悉受其指揮監督。至此，漢冶萍公司的管理權為日方所包攬。

為打破洋火壟斷武漢市場的局面，宋煒臣在漢口創辦燮昌火柴廠，以「推廣銷路，俾挽利權」。當時日本商人也要在漢開設火柴廠，宋煒臣以擁有專利權為由堅決反對，要求張之洞飭令其停辦，雖有利益之爭，但愛國之心足以稱道。當宋煒臣因創辦漢口既濟水電公司資金不濟時，為不致事業半途而止，遂向日本東亞興業株式會社借款一百五十萬元（合 90 萬日元），以致答應其附加條件，如「各種水電機器、部件和零件，均須向日方購買；工程技術部門，須聘請二名日籍工程師負責；財會部門須聘請日籍會計人員核算」等。從此，既濟水電公司無形中受到日本人的干預和掣肘，從中亦折射出近代民族工業步履維艱的成長印跡。

此外，劉歆生、劉子敬等買辦資本家利用他們買辦的身份、特權及特殊的社交網路、融資管道，掌握市場訊息，背靠洋行，融資創業。劉歆生任法國立興洋行買辦，並兼法國東方匯理銀行漢口分行買辦，並不滿足於為洋行作嫁衣，也熱衷於創辦自己的實業。資金不足，就向銀行及錢莊借款，銀行鑑於其買辦身份，

89　湖北省冶金編纂委員會編《漢冶萍公司志》，華中理工大學出版社，1990 年版，第 144 頁。

大多願意放款給他。這樣，劉歆生才能夠投資於新式工礦業。不言而喻，在外資企業的擠壓及官僚體制腐敗的現實下，洋行的蔭庇、買賣的身份及由此獲利的社會資源是他們自主創業的重要條件。

同樣，面對本國強大的封建官僚與軍閥勢力，有些民族實業家為了獲取有利於企業發展的社會條件，為個人及企業謀取更多支援和利益，會採取種種公關措施來達到目的，鑽營官場，結交高官。這其中既有合乎道義的正當之舉，也有私相授受的尋租行為。客觀而言，這並不完全是道德問題，社會體制及經濟制度也是不可忽視的重要因素。因為在近代特定的歷史條件下，如果沒有官方的積極提攜和開明態度，新生贏弱的民族實業在西方對華資本輸出的打壓之下，要想成長壯大，獨白前進，幾乎是不可想像的。

宋煒臣就以巨金捐得候補道官銜，獲二品頂戴，為其在漢口開創事業打下基礎。他在其開辦的華勝皮件號內專設雅室，招待達官巨富，以道員和鉅賈的雙重身份與政府官員、名流巨賈結交友好，左右逢源。正是由於張之洞對宋煒臣興辦水電實業的扶植，「撥官款三十萬元」，「官不干涉，以清許可權」；也正是源於北洋政府的支持，「以政府擔保為展期條件」，延付既濟水電公司日債，宋煒臣才能在近代工業領域大展身手。漢口華商總會也是商人加強與官員聯繫的重要場所。夏鬥寅、徐源泉等顯要人物經常出入華商總會，商人大亨們則如眾星捧月，恭迎送往。官商私情就此得到加固。在熱絡的官商交往之中，官員以權謀私、商人賄官取利自然是順理成章之事。

在政治上，民族實業家往往表現出保守性、妥協性及兩面性特徵。作為有產者，他們是武漢近代經濟發展的獲益人，出於保護產權商利的需要，渴望安定的經營秩序和環境，排斥劇烈的社會變革，因而對政治運動心存憂慮，害怕革命破壞自由穩定的商品市場，希望將之約束在不與自身利益相衝突的範圍之內。這是資本家階級本性使然，但並不代表這一群體缺乏政治熱情和民族大義。如前所述，在革命運動、政治抗爭、反抗侵略、國貨運動等主題交替上演的政治與經濟大潮中，他們通過捐資疏財、實業救國、建設地方等行動，充分體現了其愛國利民的積極一面。

第三節 ▶ 武漢近代工業技術的興起及其特徵

近代武漢是一種半封建、半殖民地的過渡性社會，它同時存在著多種社會經濟形態，如外國資本、官辦資本及民營資本。這三種資本各有其自身的特點及發展規律，彼此之間也相互聯繫和影響，加上它們又各自受到內外歷史背景的影響，從而形成三種資本不同的發展階段，並對武漢近代工業產生直接的影響，進而影響到近代工業技術的發展。

一、外資工廠工業技術

武漢最早接受資本主義工業文明的洗禮，是以一八六一年漢口開埠為標誌的。

一八七三年俄商順豐磚茶廠在漢口建立，以最新式的蒸汽機代替手壓機製造磚茶，是為武漢地區近代機器工業之嚆矢。以此

為開端，英、美、德等國商人也競相向武漢輸出資本，開辦了一些使用機器生產的武漢前所未有的製造業工廠，至一九一一年外資在漢工廠達到三十多家，行業包括製茶、榨油、冷凍、麵粉、煙酒、冶煉、電力、機械、蛋品加工、棉花打包等。

外國資本在漢創辦的工業企業，全部是從近代機器工業開始的，並未經過簡單協作、工廠手工業的階段。這些工廠具有先進的近代工業設備，技術力量比較雄厚，大多以蒸汽機、柴油機、煤氣機為動力，是張之洞督湖廣前武漢地區生產力水平的最高標識。新技術強調工業生產的定量化，強調機器的功能關係，提供了一種新的工業思想模式。借助新的機器和生產技術，工業生產可以以最小的成本和最少的人力實現資源的充分利用，在同等時間條件下生產出更多的產品，使武漢地區近代工業一開始就站在一個高起點上。

製茶工業方面，至十九世紀九〇年代，漢口四家俄商磚茶廠擁有蒸汽動力磚茶機十五臺，茶餅壓機七臺，磚茶機每臺日產磚茶一百二十筐，茶餅機每臺日產茶餅二十一筐，生產效率較之舊式手工壓制大為提高。棉花打包業方面，一九〇五年英商平和洋行在漢口開設打包廠，有水壓打包機兩部，還有馬力發動機、起水機等機械裝置，日夜可打機包一千五百件。蛋品加工業方面，一八八七

・漢口德商西門子洋行的發電機

年德商在漢口開設美最時蛋廠、禮和蛋廠，採用蒸汽打蛋機和德式真空乾燥法、美式噴霧乾燥法，產量和品質均超過手工操作。榨油工業方面，由於汽壓壓榨機可以緩慢加壓，大規模生產，且油質更好，因而取代人工榨油成為當時榨油業發展的方向。製革工業方面，一八七六年英國商行在漢口開始用機器壓製皮革，使皮革運到歐洲的運費得到很大的節省。煙草工業方面，一九〇八年英美煙草公司在漢口德租界建造捲煙製造廠，採用最新機器，每日生產紙煙一千萬支。

近代工業技術及工業的引入使工業生產變得技術化與合理化，改變了傳統手工勞動性質，成為提高生產力和生產效率的基礎，對工業產品的大規模生產起到絕對的促進作用，其生產效率較傳統手工業顯示出優越性。由於武漢傳統手工業設備簡陋，技術條件低劣，生產力低下，當外資工廠紛至遝來，機器工業產品如潮水般湧來時，這些手工業遇到前所未有的強敵。如「西洋煉鐵煉銅及碾卷鐵板鐵條等項，無一不用機器，開辦之始，置買器具，用本雖多，而煉工極省，煉法極精，大小方圓，色色俱備，以造船械軍器」。對比之下，傳統製鐵業根本無法與之競爭。外資工廠新的工業生產模式為以後武漢工業技術的發展提供了某些技術條件和示範效應，並促使傳統手工生產向機器生產技術逐步過渡。蒲圻羊樓洞的磚茶手工業就廢棄了杠杆壓榨器，而改用螺旋式壓榨機，並且逐步過渡到使用鍋爐汽壓機。

先進的生產力同時也帶來先進的生產關係，並產生及培育了武漢第一批和機器工業生產方式相聯繫的產業工人、企業家、工程師和知識份子。武漢最早的一批近代產業工人誕生於外資企業

中。以俄商磚茶廠為例,「這些廠都擁有新式的機器設備,雇用中國工人⋯⋯當時最大規模的順豐磚茶廠,雇用工人八百至九百人;阜昌磚茶廠雇用工人一千三百至二千人」[90]。如果說外資工廠的機器設備在工具上代表著武漢地區最高的生產力水準,那麼近代工人的出現則在勞動者素質上代表著武漢地區最高的生產力水準,而且使傳統的社會結構發生了質的變化。

雖說漢口開埠為武漢社會轉型和經濟發展帶來一線生機,但其引發的僅僅是外國人在武漢從事的經濟事業,而本民族卻沒有創立自己的近代工廠,真正由中國人自己掀起的近代工業化運動,則要推遲到 1889 年張之洞督湖廣之後。特別是在半封建、半殖民地社會發展過程中,外國資本在漢享有政治與經濟的特權,資金、設備、技術等一系列技術發展的條件都居於統治地位,因而使武漢長期不能建立起獨立自主的近代工業技術體系,工業技術帶有濃厚的半封建、半殖民性,工業技術結構、比例較不合理,輕工業及原材料工業等適應外國資本掠奪武漢豐富資源、榨取廉價勞動力的廠礦企業畸形發展,在產業中占主要地位,技術進步極為緩慢,長期處於相對落後的狀態。

二、官辦工廠工業技術

洋務運動是中國開始近代歷史進程的重要標誌。在這一時

90　曹兆祥主編《湖北近代經濟貿易史料選輯》第 1 輯,湖北省志・貿易志編輯室 1985 年印行,第 25 頁。

期，中國人開始逐漸接受西方工業文明，認識到機器生產對國家經濟命脈的支撐作用。一八八九年張之洞移督湖廣之後，引入西

・漢陽鐵廠軋鋼機滾筒製造

方機器生產的先進技術，形成重工業與輕工業自相挹注的武漢工業格局，並帶動民族資本主義工廠的興建，在武漢開拓了近代工業發展的藍圖，由此開始從手工業社會向近代機器工業時代的轉型，武漢近代工業經濟實力日漸突顯。

張之洞的洋務新政實際上是一次技術救國的試驗，是中國人自主地引進並發展工業技術的大膽嘗試，適應了中國社會進步的需要，實現了從手工製造轉向機器生產的起步。官辦工廠技術發展的途徑是采用購置國外機器設備，雇用外國工程技術人員，吸引外國工廠的先進技術、工藝，改造傳統的技術、工藝等方式，「師夷長技」，其事半功倍的功效動搖了中國人對科學技術的舊觀念，加速了從手工製造到機器生產的轉化，促成武漢地區生產力水準發生質的變異。

在重工業方面，冶煉鋼鐵的技術進步最引人注目。一八九〇年動工興建的漢陽鐵廠有大型高爐和平爐數座，煉鋼平爐是當時最先進的貝塞麥底吹轉爐和西門子——馬丁平爐。這種先進煉鋼爐的採用，把中國的煉鋼技術推進到一個新階段。當時漢陽鐵廠所產之鋼，能「卷成炮管、槍筒、並大小鋼條，精純堅實，與購

‧一九一一年在漢陽鐵廠工作的盧森堡專家

自外洋者無殊」。湖北槍炮廠新增硝酸廠和無煙藥廠，並從德國引進機械設備，在槍炮製造中加入無煙技術含量，舉凡生產當時最先進的步槍、新式快炮、炮架、炮彈、槍彈的成套設備，均不惜一再求購，求新求精，故該廠所生產的「七九」式步槍、快炮及過山炮，在當時均屬先進武器，很快發展成為當時全國最人的軍工廠。

湖北蠶桑業一向發達，但慣用土法織造絲綢，故品質不精，至十九世紀九〇年代已瀕臨絕境。張之洞認為「民間素未經見機器繅絲之法，無從下手，亟應官開其端，民效其法」[91]，遂於一八九四年十月奏准開設繅絲局，機器設備購自德商瑞記洋行，產品品質「質色亦甚細潔勻潤」，全部輸往上海。湖北是國內主要苧麻產區之一。張之洞認為採用機器製麻，「洵足杜塞漏卮」，「實為民生服務大宗」，遂於一八九八年三月創設製麻局，聘請日本工師和藝徒擔任指導，開中國機械製麻工業之先聲。

為學習西方先進的工業生產技術，張之洞擔任湖廣總督期

91　張繼煦編《張文襄公治鄂記》，湖北通志館，1947年版，第31頁。

間，先後延聘英、德、比、盧、日等國各類專家和技術人員近兩百人，以求學習和引進西方先進工業技術，滿足武漢近代工業化生產的需要。在重工業中，漢陽鐵廠從開辦到一九八六年，即已聘用外國工程技術人員六十一人，官磚廠亦有英國人哈里森（Harrison）擔任匠首。張之洞同時派中國工人前往比利時煉鋼廠學習冶煉技術，這些工人學成歸國後又分擔了鐵廠的部分工作。輕工業中，湖北織布局聘有英國工程師金生（J.Dickenson）和（R.Morris）等 3 名紡織專家，製麻局亦聘有西洋工師和日本工師藝徒。

為了打破西方各國對火藥的壟斷，一九〇〇年張之洞急命徐建寅督辦保安火藥局，儘快製造黑色火藥。徐建寅自造機器，運用碳、硝、硫三種基本原料，精思仿製，歷時三月成功製成黑火藥。試驗其擊力，幾乎與英、德各國所造無異。在黑火藥研發成功後，張之洞又委派徐建寅總辦漢陽鋼藥廠，設法仿造無煙火藥。徐建寅認為國家內憂外患，時局緊張，軍火尤為重要，毅然以設法造成無煙火藥為己任，以鏹水、酒精、棉花等物為原料自行配方，反復試驗，一九〇一年三月二十五日首次制出數磅無煙無渣的新火藥，爆炸力達到先進水準。三十一日因火藥爆炸，中國兵工專家徐建寅被炸身亡，但無煙火藥終於同年冬正式生產，這一具有重大意義的技術發明載入中國軍火工業發展史。徐建寅是中國近代化學先驅徐壽之子，他的罹難被稱為中國以身殉職科學家第一人。

十九世紀末二十世紀初，武漢近代工業發展與世界接軌直接取決於新技術的應用與發展。張之洞所經營的武漢近代工業，從

根本上說是受到西方近代工業文明的影響，對西方工業技術的借鑑和應用更加廣泛化，與近代工業發展相關的技術水準及成果，包括重型機械、紡織工具、煉鋼技術等，不僅超過許多外資企業，而且對武漢近代工業轉型產生巨大的推動作用，促成武漢近代工業化浪潮的來臨。

技術是工業近代化的基礎，是提高生產力的基本要素。由於武漢官辦工業十分依賴進口的機器和技術，甚至將其視作企業核心競爭力，也導致工業技術受制於外國人。湖北槍炮廠使晚清湖北的軍工產品在全國進入先進行列，「所造各種槍炮子彈藥與自購外洋者無所區別」[92]，但就實際情況看，由於該廠機器、技術、槍炮彈藥原型乃至工程師均來自德國，一些關鍵性生產技術仍為德國人所控制，品質也一度不盡如人意。

清末官辦工業在武漢工業體系中佔據主要地位，然而進入民國後，除漢陽兵工廠受中央政府保護，生產規模及產品品質得到提升外，武漢多數官辦、官督商辦、官商合辦企業大都因政體改變、市面蕭條及戰事等原因而陷入困境，產權和債務糾紛頗多，生產處於不景氣狀態，廠房和機器殘破不堪，官辦工業發展規模及速度不大，甚至日趨萎縮，因而其工業技術的發展也很微小。

---

92 陳真編《中國近代工業史資料》第三輯，生活・讀書・新知三聯書店，1961 年版，第 246 頁。

三、民辦工廠工業技術

由於多種主客觀條件的作用，武漢民辦工業在甲午戰爭後才湧現，具有創辦遲、發展快的特點，與張之洞的洋務工業相呼應，崛起為一股新型的經濟力量，拓展了武漢近代工業格局的空間。在半封建半殖民地社會形態下，武漢民辦工廠的生存和發展既不能依靠政治與經濟特權，也沒有雄厚的資金來源，只能通

·一九三八年武昌機械廠購自國外的新式設備——萬能銑床

過購買設備、改良技術、改善生產和經營管理，以提高企業的產能，優化產品的品質，與外資及官辦企業競爭。其發展技術的主要途徑是：

1. 引進外國先進生產設備。由於外資工廠和官辦企業採用機器生產的示範效應，許多武漢民辦工業也紛紛引入機器設備。武漢最早的民辦企業新昶機器廠創建於一八九五年以前，雖然條件簡陋，但也使用機器生產，曾建造一艘 70 呎（約 21.3 米）長的輪船。至辛亥革命前，武漢地區規模較大的民辦企業有 40 餘家，其中不少採用蒸汽或電作動力，並用機器來加工和生產。一九一一至一九二六年，武漢民族工業企業增至三百零一家，較之辛亥革命前的一百二十多家取得長足發展。「單從使用機械動力

方面，亦可看到工業化的進步程度。」[93]

在引入設備的方式上，武漢一些較大的民營工廠通過購買外國機器、引進生產技術的方式開始自己的工業化進程。一八九七年民族資本家宋煒臣創辦漢口燮昌火柴廠，配備排梗機三十八部，月產雙獅牌火柴一百五十箱。一九一九年漢口福新第五面粉廠開辦，使用從美國購進的日產六千包的製粉機器全套設備，所產牡丹牌面粉色澤潔白、筋力好，遠銷南洋和歐洲各國，一舉成為當時武漢地區最大的麵粉廠。

一些資本較為弱小的企業則通過購買折舊設備來提高產量。一九三二年陳鏡堂、萬澤生、周繡山三人合資創辦楚勝火柴廠，由於資金有限，最初只能購置舊機器，只有六部排板車、四部折板車，在業務好轉後才陸續添置新設備。一九三六年前後，申新第四紗廠擴大生產規模，為在礄口建第二布廠及染整廠，先後購入公益鐵工廠生產的新布機八十臺，以及國內外舊布機三百九十五臺，購進美昌

・二十世紀二〇年代漢口申新第四紡織廠清花車間

93　蘇雲峰：《中國現代化的區域研究：湖北省，1860-1916》下冊，「中央研究院」近代史研究所，1981 年版，第 395 頁。

公司漂染設備全套。生產設備的改進體現出工業技術的進步，增強了武漢民辦企業在近代條件下的生命力。

2. 從仿製機器到自主研發。武漢民辦工業模仿力很強，能較好地消化和仿造外國設備。在生產工具和生產技術方面，武漢民辦工業在產生及發展期與工廠手工業發展水準有著密切聯繫。一些手工工廠通過添置機器的方式實現技術變革，以技術移植和仿效西方工業完成向使用簡單機器生產過渡。武漢手工工廠原有的勞動力、制度、技術、資金、設備、廠房、產品、原料及流通管道等，為它們實現近代化的轉型與飛躍準備了條件。而通過仿製設備及技術改造，更為它們步入機器生產階段奠定了基礎。一九〇七年劉建炎在漢陽開辦兆豐機器碾米公司，購進德國蒸汽機二部、碾米機八部，日產色白優質大米九百擔，一改以往土法碾米、米質粗糙的弊端。「武昌周天順冶坊仿東洋規模，造成軋花機器，尤為靈敏。軋出之花，更極妙妙。是東洋之創制，效法乎泰西；華人之造作，且駕東人而上之也」[94]，之後周天順冶坊由手工工廠發展為周恆順機器廠，完成向近代機器製造廠的轉化。

在民國初產業革命熱潮的推動下，武漢民辦工廠更較清末發展迅速，除繼續從國外購進設備、移植技術以外，由於進口機器既抬高生產成本，又無法保證產品數量和品質，不少民辦企業便開始尋求擺脫進口以發展國貨之路，由本土技術人員對西方機器

94　吳佐清：《中國仿行西法紡紗織布應如何籌辦俾國家商民均獲利益論》，《皇朝經世文三編》卷 26。

進行改良和技術上的升級，從而突破過去照搬、複製國外技術的舊格局，實現從產品仿製到技術創新的轉型，為創造性發展武漢民族工業樹立了榜樣。「初僅以照式仿造為能事，嗣以出自心裁，就外國出品加以改善，或竟完全自行設計，以應顧客之需要」[95]。武漢民辦工廠的工業技術不同於官辦工廠的技術引進，其主要區別在於它比較注重從本國實際出發，引進符合本國資源與市場的技術和人才，並能在使用中因地制宜加以改造，增強市場競爭力。

從一九一一年辛亥革命至一九二二年，武漢新增民辦機器廠達五十八家，在修配、仿造甚至改造引進設備方面，也不斷有所創新，生產能力和技術水準方面逐步提高。武昌聚寶源機器廠為華商楊某所創辦，「仿照各種機器，挽回利權，實非淺鮮。且能悉心研究，故各項出品頗能合於各大工廠之用，營業遂以愈趨發展，大有蒸蒸日上之勢」[96]。「漢口揚子機器公司為吾國純粹商辦之一種大實業，連年發明各種新式機械。其總主任王光君系留美數十年之工藝專家，於機器學確有新得」[97]。針對四川自流井鹽礦用畜力提取鹽水的落後方式，一九一四年周恆順機器廠專門設計製造蒸汽捲揚機，用蒸汽鍋爐作動力，以機械提取鹽水，提高工效二十倍，銷路極好。

---

95 陳真編《中國近代工業史資料》第四輯，生活・讀書・新知三聯書店，1961 年版，第 824 頁。

96 《武昌實業界近事》，《銀行雜誌》第 1 卷第 5 號，1924 年 1 月版。

97 《揚子製鐵事業大擴展》，《漢口新聞報》1920 年 3 月 12 日。

3. 改良技術及重用技術人才。由於多數民辦工廠資金有限，生產設備簡陋，技術水準低下，機器設備、生產技術乃至主要原料依賴國外進口，在與外商和官辦工廠的市場角逐中，武漢民辦企業要通過市場上的自由競爭取勝，就必然促使其採用新技術、先進工藝，改進經營管理方法。

自張之洞開延聘外國工程技術人員風氣後，影響及於武漢民間。商人林友梅一九〇六年在武昌開設耀華玻璃公司時，也聘請英、德兩國的技師共同設計，又雇請兩名英國技師負責生產工作。當時武漢實業界頗有一股從事科學試驗和研究改良的風氣，個人鑽研科學技術，並將成果轉化為生產力不乏其例。如曾留學日本橫濱松田造物廠的杜漢，回國後在漢口設廠研究造紙，製成八十磅夫士紙，品質可與洋紙媲美。漢口燮昌火柴廠最初生產黃磷火柴，毒性大，不安全。該廠對生產工藝加以改進，以硫磺火柴和安全火柴替代。由於燮昌火柴技術改善，加之價格低廉，而在武漢火柴市場壓倒進口洋火。

為了佔據市場優勢，不僅如周恆順機器廠這樣獨資創辦的民辦企業重視技術，承租原為官辦企業的工廠也積極革新技術，不少產品以工藝精湛而屢獲殊榮，行銷市場。一九一七年吳幹丞集股承租湖北模範大工廠，更名為公信公司，極力改良品種，「對於內部之製造認真研究，故出品日漸精益，銷路亦愈益暢旺」[98]，經營大有起色。一九一八年中華鐵器公司租辦官辦湖北

98　《局廠匯紀》，《漢口新聞報》1919 年 8 月 3 日。

針釘廠，「對於製造頗能盡心研究，出品精美，銷路極暢」。[99]

傳統的學徒制度隨著企業規模的擴大化和技術條件的提升而式微，海外留學或辦培訓班則取而代之，培養及引進技術人才成為武漢民辦企業不斷提升工業技術的源泉。早在 1912 年，周恆順機器廠就開湖北同類企業之先河，設置設計課專司產品複製、測繪、設計之職。並長期舉辦藝徒與職工的技術培訓班，講授數學、語文、機械原理與製圖知識，通過工作實踐讓學員學以致用，培養專業技術人員，並大力引進人才，為我所用。正是由於重用人才、重視技術，周恆順機器廠才能不斷壯大。

儘管武漢近代民辦工業獲得前所未有的發展，但由於各種主客觀條件的影響，導致不同的工廠技術與規模參差不齊，影響到民辦工業的整體發展水準，在生產和技術等方面相比外資工業和官辦工業還是顯得落後。造成這種落後的狀況，除缺乏全面的技術和人才、手工工廠大量存在外，還有著多方面原因：

1. 原始資本積累不足。武漢工業資本家人數較少，形成較晚，經濟實力不足，其中很多人是由商人和買辦蛻變而來的，重視眼前利益，不敢把資本投入技術要求高、資本需求量大、見效慢的工業，用於擴大再生產。而民辦工廠大部分是獨資和合資經營，這樣的組織形式限制了資金的籌集，因為資金短缺，從而直接影響到新設備和新技術的採用。

2. 缺乏工業技術革命。武漢民辦工業的發展主要是通過購買

99　《局廠匯紀》，《漢口新聞報》1919 年 8 月 3 日。

機器的方式來實現技術變革，並未經歷歐洲資本主義國家那樣的產業革命和技術革新過程，有些工廠特別是小廠雖從外國購進機器，但只知使用，不知改進；只注重生產，不重視科研，形成工業生產技術依賴於外國，不能獨立設計和製造的局面。

3. 外國商品大量傾銷。漢口開埠後，外資工廠來漢設廠，利用廉價勞動力和原料生產商品就地銷售，同時向武漢輸入大量舶來品，佔據武漢商品市場，並對製茶、製蛋、煙草、榨油、麵粉等行業擁有壟斷地位，從而破壞武漢地區經濟的穩定性、獨立性和完整性，使武漢商品市場日益狹隘，造成武漢民辦工業的後天失調。

四、武漢近代工業技術特徵

武漢近代工業技術的誕生並不是自發的，而是從西方移植過來的。漢口開埠後，外國資本在武漢投資設廠，以機器為生產手段的新式工廠的產生開啟武漢工業技術之先河。由於受到外國資本侵入的影響和刺激，在發展技術途徑和技術引進的方式上，清末武漢地區興起的官辦工廠基本上從歐美國家採購新式設備，並聘用外國技術人員。民辦工廠中有的引進一些外國的機器設備，使用動力機器生產；有的依然採用手工製造，停留在工廠手工業階段。武漢近代工業技術與工業的興衰是相輔相成的，工業繁榮，則工業技術發展；工業衰敗，則工業技術落後，並整體上呈現出如下主要特徵：

1. 手工製造普遍存在。武漢作為一個傳統的商業和手工業城市，雖然隨著近代工業的逐步發展，家庭手工業逐漸轉向工廠手

工業、半機械半自動手工業，而且越來越多的手工業工廠改用動力機器生產，但傳統手工業仍然遍及武漢三鎮，並有所發展。至二十世紀三〇年代初，僅漢口市內手工業戶就增至六千八百四十戶，資本三百一十萬元，手工業資本僅占當時漢口工業資本一千三百一十萬元的 23.66％，比重雖不大，但人數多達五萬餘人。這種工業結構和技術結構，正是武漢近代經濟基本特徵的反映。

與武漢傳統手工行業不同的是，漢口開埠後一批新的生產行業從國外引進，如火柴、肥皂、西藥、搪瓷、織襪、毛巾、油漆、化妝品等，許多生產環節改用手工業生產，大多成為手工業工廠，卻為採用機器生產留下很大的空間。武漢民辦工廠最初經營輕工業，大都並不是一步便購置機器，而是逐步從手工製造發展到使用機器，如榨油廠改土榨為機器壓制，手工織布改手織為機織，但手工製造現象依然普遍存在。漢口雙昌火柴廠擁有三十八部排梗機，產品質優價廉，一度發展成為全國最大的火柴廠，但大部分生產過程仍以手工製造為主。

一些較小的武漢工廠，其組織和設備更是簡陋，甚至尚未擺脫手工作坊式生產。二十世紀三〇年代，武漢民營機器廠一百四十餘家，多為一萬元以下資金的半手工作坊，以修理機器配件為主，一萬元以上資金者僅十九戶。三〇年代雖有十多家修造船廠，但設備簡陋、技術落後，多為手工操作，以修船為主，僅能造三百噸以下鐵殼鉚釘運輸輪駁。當時武漢最大造船廠的江漢造船廠，也只有幾臺機床，三四十名工人。至一九四二年武漢淪陷時期，華商在漢口開辦八十多家機械工廠，雖然數目較多，但由於經營資本缺乏，普遍規模不大，基本限於各類機械修理與零部

件製造，生產能力及技術低下，多從事手工、半手工操作，尚未擺脫手工業工場性質。可以說從清末到民國，武漢手工工廠普遍存在於各行業中，始終保持著頑強的生命力，並與近代機器工業長期共存。

2. 新興產業技術依賴外國。武漢近代工業發生的過程，是先有外國資本在漢創辦的近代工業，後有中國民族資本創辦的近代工業。武漢官辦工業雖大都是從近代機器工業開始的，但軍事工業、紡織工業、鋼鐵工業等所擁有的機械化生產技術，並不是建立在本國新興工業逐步發展的基礎上，而是從西方移植過來的，生產技術依賴外國，技術大權由外國人操縱。

張之洞籌辦漢陽鐵廠時，出於技術上的考慮，高薪聘請了一批外國技師參與礦產勘探和漢陽鐵廠的建設，共計四十餘人，分別來自英國、德國、比利時，後又任命盧森堡人歐仁·呂貝爾為漢陽鐵廠總工程師、技術總經理，進行技術指導和管理。湖北織布局聘有英國機械工程師金生和紡織專家摩裡斯等人；湖北製麻局聘請日本工師和藝徒擔任指導；漢陽官磚廠聘英國人為匠首；諶家磯造紙廠「所購器系美、德、比各國最新式……聘定比技師安乃西為總工師」[100]；揚子機器廠聘請美國工程師冶鑄各種機械……在生產技術上，外國專家是各廠的實際主持人，無形中也導致工廠經營受制於外人之手。「張之洞在湖北辦槍炮廠，於德國高林洋行借銀一千萬元，聘一德人為鑄造師，指揮華工約三千

名，除德人鑄造外，華人無知之者。德人既投一千萬元之重資，而全權又為德人所世襲、所壟斷，則湖北槍炮廠之可危，較之福建船廠為尤甚。」[101]

由於缺乏機械製造能力，武漢官辦或者民營工業選擇進口外國機器並沒有太多的選擇。在國內的母機製造業還無法替代的情況下，從國外進口較為成熟的機器設備可以迅速建立起工業化的生產能力，但也從一個側面反映出民族工業的先天不足。漢陽鐵廠所用的高爐和貝色麻煉鋼爐都是從德國引進的；湖北槍炮廠不僅機器設備向德國柏林力佛機器廠購買，連槍械型號也是依德國設計生產的；湖北織布局、紡紗局從英國購買織布機、紡紗機，繰絲局、製麻局機器設備購自德商瑞記洋行；四大紗廠中除申新第四紗廠紗機是美國產外，其餘都是由英商安利洋行經手進口的英國機器。

在引進外國設備的過程中，由於對機器性能、市場行情並不瞭解，武漢民辦企業也付出過慘痛的代價。武昌第一紗廠興建之初，委託安利洋行代為訂購織布機六百臺。原定在一九一六年就要裝運到貨，但因為第一次世界大戰的關係，上海紡織機器的現貨價格飛漲，英商貪圖厚利，竟將到貨的織機在上海轉售，第一紗廠所訂的機器遲至一九一八年方才運漢安裝，錯失了寶貴的黃金發展時期。一九二一年前後，該廠又委託安利洋行訂購布機，

101 陳真編《中國近代工業史資料》第三輯，生活・讀書・新知三聯書店，1961年版，第244頁。

英商利用廠方不熟悉機器性能的弱點，把美國製造的布機冒充英國貨運到工廠。這批布機品質很差，完全不合格。等到交貨時，英商反說工廠未按規定時限提出問題，無法解決。結果布機擱置無用，不僅未能提高產能，反而積壓大量資金，造成工廠虧損。官辦工廠和民辦工廠的原料供應也時常依靠外國，導致利權外溢。漢陽鐵廠初建時，各種機器工料、屋頂屋料購自英國，生鐵爐磚也購自外國。諶家磯造紙廠則從美國進口紙漿，可製紙十五種，日產三十噸。燮昌火柴廠生產原料除部分軸木

· 二十世紀三〇年代裕華紡織廠的清花機（上）、彈花機（中）及鋼絲機（下）

材料來自湖南、江西外，大部分軸木、硫黃、包裝箱購於日本，硝子粉、磷購於英國，白蠟油、松香購自美國，黃磷從德國採購。一九一三年「漢陽兵工廠開辦已歷多年，所製槍炮雖已適合軍事之用，而考其內容仍不十分完備，如槍胚之類及應用各物，

往往因本廠不能製造，必須購自外洋，不獨利權外溢，且與軍用大有妨礙」。[102]

由於武漢近代民族工業的起步源於傳統手工業，缺乏近代工業設備的獨立設計能力，因而仿造與改進外國先進機械設備，便成為當時許多民辦工廠的生存與發展之道。武漢民辦機器工業就是從船舶修理及仿製外國農副產品加工機械起步的。裕華紗廠為了提高生產技術，將公司得力的技術人員改名換姓，以工業學校實習生的名義，派往日本仙臺等地學習紡織技術，並將日本紗廠先進的漿紗機偷繪成圖，帶回國內仿造。而日本的紡織技術又源於歐洲。

3. 技術能力有所革新。從工業的整體技術水準來看，武漢近代工業還比較落後，手工製造普遍存在於手工工廠乃至中小型工廠中，機器生產並未能完全取代人工生產，機器設備與生產技術還依賴外國。雖然受制於資金、技術、市場、政治環境諸方面因素影響，武漢近代工業技術仍取得較大的進步，採用機器生產的比例也逐步提高，創造出巨大的生產力，推動了武漢近代工業的發展水準。

在當時激烈的市場競爭中，民營大廠不斷更新技術與設備，擴充自身技術實力，寫下武漢工業發展史上精彩的一筆。周恆順機器廠、揚子機器廠、裕華紗廠等即為勇於改良技術的代表性廠家。武漢碾米業從人工土法碾米升級到採用蒸汽機乃至電動機碾

102 《時報》1913 年 5 月 2 日。

米，由於電動機成本低、工效高、操作簡便、效益好而迅速推廣，至一九二五年民營機器米廠發展到九十多家。周恆順機器廠從手工製造發展到以蒸汽機、煤氣機、柴油機作動力，抗戰期間又設計製造二十匹馬力和二十五匹馬力煤氣機系列，並發明二行程煤氣機和差壓點火法，獲民國政府經濟部專利十年，成為全國產品最精良的民營機器廠之一。

一九一五至一九二二年，民辦四大紗廠相繼建成，機器由蒸汽動力所帶動，各廠均有蒸汽鍋爐設備，具有一定的先進性。由於隨後日資紗廠改用大牽伸細紗機，使生產效率大為提高。面對其強大壓力，各華商紗廠竭力改進設備和生產技術。一九三三年火災後申新四廠重建，生產設備得到全面提升，大大增強了市場競爭力。

一九三四年七月，實業部在《申新紡織公司調查報告書》中寫道：「漢口四廠，去歲慘遭焚如，不終年而全部恢復，其機器純為最新式之大牽伸機，不獨華中無其論，即華東亦鮮有其匹。」申新第四紗廠又建成第二布廠和染整廠，成為國內僅有的幾家擁有紡織漂染的全能企業。到一九三六年，裕華紗廠細紗機全部改裝大牽伸，「細紗機改大牽伸後，紗支色澤、條杆亦好，品質明顯提高」[103]。在各大紗廠的帶動下，武漢紡織工業發展迅速，至一九三六年全市採用現代動力的中等以上紡織工業企業共

---

103 《裕大華紡織資本集團史料》，湖北人民出版社，1984 年版，第 138 頁。

有十四家，紡織工業成為武漢工業支柱。

第四節 ▶ 武漢近代工業建築的產生與發展

作為近代中國第二批對外開放的通商口岸城市之一，武漢曾是外國經濟勢力競相關注的焦點，張之洞督湖廣又使這裡成為清末洋務運動的重鎮，一大批外資、官辦乃至民辦工廠在此相繼開辦，輕重工業並舉，武漢一躍成為中國近代工業的發祥地及內陸地區的工業基地。近代工業的建立推動了近代建築特別是近代工業建築的產生，而新的社會需求、技術成果及設計思想又共同促進武漢工業建築類型呈現由磚木結構到鋼結構、鋼筋混凝土結構的發展脈絡。至一九四九年五月前，武漢工業建築除具有較先進的工藝和設備外，還有著先進的結構方式，如鋼結構及鋼筋混凝土結構的大跨單層或多層工業廠房，並在工藝、運輸、採光、通風、抗震等方面代表著工業建築的成就。

一、工業建築的結構

1.磚木結構：工業建築是機器大發展的產物。十八世紀英國工業革命的產生，引起了從手工勞動向動力機器生產轉變的重大飛躍，大規模工廠化生產取代了個體工廠手工生產，作為工業生產的載體的工業建築應運而生。武漢近代工業建築是漢口開埠後隨著西方資本主義的進入，在武漢地區產生的一種新類型建築。

中國傳統手工作坊是土木結構，以木梁和木柱承重。一八六三年俄商在羊樓洞創建順豐磚茶廠，一八七三年遷到漢口英租界

江邊，建有幾棟兩層磚木結構廠房，聳立三座煙囪，採用機器製茶，這不僅是武漢市第一家外資工廠，也是武漢近代工業建築之肇始。隨之外資工廠紛紛在漢設立，至一九一一年漢口外資工廠已達七十六家。外資工廠的興辦奠定了武漢近代工業的基礎。

隨著武漢近代工業的產生與發展，中國傳統木構架建築在空間、防火、采光等方面都難以滿足工業生產要求，新式磚木、磚石結構逐漸登上歷史舞臺。這種磚木結構具有很多優越性，採用的仍是傳統的建築材料，但是外牆用磚石砌築承重，內部由木柱木梁承重，鋪設木制樓板，製作木屋架，坡屋面，建築構造更突出功能性與使用性，即更高的層高、更大的跨度、更好的採光等，具有結構合理、取材方便、技術簡便的特點，因而被武漢外資工廠或官辦工廠大量採用。漢陽鐵廠機器廠、鑄造廠、打鐵廠、造魚片鉤釘廠 4 個小廠即為磚木混合結構，即磚砌牆體和木屋架等。湖北槍炮廠小廠房也採用磚木混合結構，廠房外牆為牆砌築，設拱券窗。內部由木柱和木屋架承重，上鋪瓦楞鐵屋面。

與此同時，中國民族資本經營的企業也大量採用磚木結構這種西式結構形式。以既濟水電公司宗關水廠泵房為例，該建築為單層磚木結構，由漢口水塔設計者英國工程師莫爾設計。清水紅磚外牆，英國大工業時代廠房結構，古典主義建構融入工業建築，大跨度空間，階梯式三級護坡承重柱，保證了工業建築的宏大和堅固。立面設拱券玻璃大窗，房頂安裝玻璃天窗，增強了採光度。特別是泵房房梁上的瓦木結構從頂到簷，每一層構架都有溝漕設計，在當時鋼鐵構架還沒有普及的漢口，層層溝漕可以排幹頂上的雨水，避免木構架因潮濕而腐爛。隨著磚木、磚石結構

形式的廣泛應用，對磚瓦的需求量大為增加，機製磚瓦廠應運而生。張之洞在開辦漢陽鐵廠時，為解決自身建設所需開辦湖北官磚廠，是武漢有機製磚之始。

2. 鋼結構：在工業建築的發展過程中，建築材料和結構技術的進步起到很大的推動作用，從而促進建築業向工業化的發展。十九世紀下半葉，工業技術的發展為建築業提供了鋼鐵、水泥等新型材料，鋼鐵結構和鋼筋混凝土技術都取得進步，並在工業建築中得到推廣和應用，開始取代防火性差的磚木結構建築。在這一時代背景下，武漢工業建築從最早的磚木結構開始，逐步引進鋼結構、鋼筋混凝土結構，工業生產技術、工藝流程以及西方建築技術的輸入，使武漢的近代工業建築逐漸走向進步、完善與成熟，為武漢近代工業發展奠定了物質基礎。

近代建築技術革命的標誌之一便是鋼鐵材料的廣泛使用。由於機器設備和工藝流程的需要，對工業建築提出了大跨度和高層高的空間需求，這顯然是磚木混合結構所無法達到的。鋼鐵具有良好的抗拉和耐火性能，鋼鐵結構以生鐵框架代替承重磚牆，以鋼鐵構件代替木質樑柱，不僅結構強度增加，跨度也可增大幾倍，提高空間使用率，因而開始應用於工業建築之中，尤其是屋蓋系統。早在十九世紀三〇年代，鋼鐵結構的工業建築就已從其發源地英國傳播到歐美國家。但在中國，直至十九世紀六〇年代，鋼木組合屋架等新型屋架形式才開始得到運用，鋼結構亦在煉鐵廠高爐等工程項目中得到初步應用。

一八九〇至一九〇七年間，湖廣總督張之洞先後在漢創辦十幾家官辦或官商合辦工廠，從而結束外資工廠的壟斷局面。這些

工廠的機器設備大多是當時國外最先進的，而且建築材料、主體結構上也引入水泥、耐火泥、鋼鐵結構。一八九〇年開工的漢陽鐵廠廠區地基原為長江與其最大支流漢江的沖積地，故基礎工程多用當時最先進的建築材料混凝土澆築，為國內使用水泥和混凝土較早的工程之一。漢陽鐵廠煉生鐵廠、煉熟鐵廠、轉爐煉鋼廠、平爐煉鋼廠、造鋼軌廠、造鐵貨廠六個大廠房為大跨度鋼屋架承重，鋼制樑柱，鐵瓦屋面。廠房所用的鋼鐵件、熟鐵件及波紋鐵皮都購自比利時，直接在現場拼裝組合。施工採用由起重機具與人工相結合的方法，進行整體或分段起吊安裝，是當時中國最先使用鋼結構的單層工業廠房。該廠還有十六座煙囪，其中有四座是鑄鐵的煙囪，另外十二座是磚砌煙囪。漢陽兵工廠廠房設計原為磚木結構平房，瓦楞鐵屋面，因施工安裝時失火，後主房改為鋼鐵結構（鋼柱鋼樑）。一八九二年建成的湖北織布局、一八九四年建成的湖北紡織局和湖北繅絲局的主廠房等都為鋼鐵結構的單層廠房，屋面鋪設鐵瓦，內部地板採用木地板。一九〇三年英商和記蛋廠在漢口建築廠房，主要建築有屠宰房及煉油車間兩棟，都是鐵皮瓦、鋼屋架平房。

武漢民族工業於一九〇六年後出現開工廠高潮，據統計，至一九一一年武漢已有民辦工廠一百二十二家。

·一九二〇年漢口建築工人進行鋼筋混凝土施工

這些民辦工廠尤其是大型民辦工廠建設時，也注重採用新材料、新工藝、新設計。一九〇八年建成的既濟水電公司大王廟電廠廠房、煙囪設計按照英國納來特海司圖樣，機房為磚瓦平房，鋼屋架。一九〇九年建成的漢口水塔，內部結構為鋼管立柱、鋼支撐，外砌紅磚牆。

3. 鋼筋混凝土結構：近代抗壓又抗拉的新型複合建築材料——鋼筋混凝土的出現，也被應用於武漢工業建築中，並促進武漢工業建築的發展。一九〇五年，英商平和打包廠在漢口青島路建四層多跨鋼筋混凝土結構大樓，現澆鋼筋混凝土樓板，框架柱受力筋和箍筋構造與現代建築完全一樣。內部空間開闊，柱距最大達七米，每層高四到五米，採光條件良好，施工技術含量較高。外牆用五十釐米厚紅磚砌築，窗間用壁柱分割，窗下方裝飾一段灰色水泥拉毛外牆，樸實耐用，是武漢地區現存最早的一棟典型的鋼筋混凝土混合結構大樓。一九一六年英商隆茂洋行在漢口開設隆茂打包廠，是繼平和打包廠之後的又一座英商打包廠，紅磚清水外牆，五層鋼筋混凝土框架結構。

・二十世紀二〇年代，漢口福新第五麵粉廠的鋼筋混凝土結構五層廠房

進入民國，武漢工業建築較清末有所發展，而且使用鋼筋混凝土構造的日益增多。一九一二年至抗戰前夕，武漢有各類工廠五百餘家。其中一九一九至一九二二年建成的武昌第一紗廠、裕華紗

廠、震寰紗廠與申
新紗廠四大紗廠為
這一時期工業建築
的代表作，其主廠
房均為現澆鋼筋混
凝土結構，單層或
雙層廠房鋸齒形屋
頂，高空間，大柱

· 一九二〇年建造之中的太古洋行鋼筋混凝土倉庫

距。之所以採用獨特的鋸齒形屋頂結構，是為了保存棉紗不受陽
光照射，以至於產生火災隱患而特別設計的，所以鋸齒屋頂斜面
一般朝南，不裝玻璃，以避免陽光直射，而利用鋸齒豎向有窗的
一面朝北採光。

　　武昌第一紗廠北場紡織工廠為一層廠房，現澆鋼筋混凝土結
構（柱、梁、屋面板），柱跨 7 米×7 米；南場為二層樓房，現
澆鋼筋混凝土框架結構，平屋頂，柱跨距 3.6 米×5.1 米。均為
磚牆圍護。裕華紗廠主廠房為紗、布場，共長 149 米，寬 111
米，均為現澆鋼筋混凝土框架結構，紡織車間柱跨距 7.3 米，布
機車間柱跨距為 4.1 米×7.3 米。混凝土板上蓋紅瓦，磚牆圍
護，木地板。一九三三年申新第四紗廠因檢修不慎，釀成火災，
除鋼混結構的清花間外，其餘廠房焚毀無餘，可見鋼混結構對工
業建築安全性之重要。除四大紗廠之外，當時實力雄厚的民辦工
廠也多採用鋼混結構。漢口福新第五麵粉廠於一九一九年建成開
工，因獲利頗豐，一九二五年擴建鋼筋混凝土五層新廠房一座，
用於擴大生產。

鋼筋混凝土結構不僅適用於大型廠房車間，也普遍應用於對承重、空間等要求更高的附屬倉儲設施。一八九五年英商太古洋行在漢口沿江大道建太古倉庫，為武漢最早的近代倉庫建築。一九〇四至一九二九年，太古洋行在沿江大道一帶共設有十六處倉庫，倉庫結構由磚瓦平房、混合結構發展到鋼筋混凝土框架結構。一九〇七年漢口和記蛋廠建造 H 形四層鋼筋混凝土結構倉庫一棟，一九一一年又增建四層鋼筋混凝土結構倉庫一棟。之後又建磚牆混凝土柱平房機器間一棟，鋼筋混凝土結構倉庫一棟，磚牆白鐵屋頂冷凍冰房一棟。

二、工業建築設計風格

漢口開埠後，西方的生產方式被引入武漢，武漢近代工業生產所依託的管理經營、廠房的布局設計、建築材料及建築風格等，必然受到已發展成熟的西方模式的影響。在工業建築的建造上，表現為帶有明顯的西式痕跡，工業建築設計及造型以滿足使用功能和建築結構等要求為主。受西方建築藝術的影響，在建築立面形式上也注重裝飾性，如加入拱券、腰線、腳線、壁柱等元素，同時建築物磚石砌塊的藝術造型也有長足的發展。

平和打包廠窗戶均為拱券窗簷，窗戶下方有方形裝飾物，窗戶之間用方壁柱分隔，工業建築的簡潔處理手法，簷口處有精緻的腳線，增加了建築的美感。一九一八年福新第五麵粉廠建成時，廠房採用兩層磚木結構，運用線條做簡單裝飾。側立面簷口細節處以紅磚形成凹凸的點狀裝飾，打破廠房的單調感。一九〇五年建成的青島路街面成排倉庫系框架結構，外包清水外牆，用

紅磚砌築，立面局部設置線腳，勒腳為花崗岩，美觀大方。

　　在工業建築師巧妙的設計下，一些體量不大的工業建築及附屬辦公樓更呈現出風格迥異的外觀式樣，在實用性以外兼顧著建築物的美觀性。英商漢口電燈公司大樓建於一九〇五年，三層混合結構，鋼筋混凝土樓板，紅瓦屋面，外牆仿麻石粉刷，臨街轉角的三根承重柱為飾凹條的方形，轉角之上建有鐘塔。半人高的女兒牆和精緻的簷口給人穩定且變化豐富的感覺，三層向外凸出的三面形的窗戶使簡潔的立面更具節奏感，整體風格呈文藝復興式。

　　一九一六年建成的武昌第一紗廠辦公樓為三層混合結構，正面有二層外廊，古典愛奧尼克柱式，立面裝修精緻，中部入口略為凸出並建鐘樓塔，多處飾以曲線，兩端側部做半圓形牌面，外

・第一次世界大戰後，漢口濱江地帶二三層磚木結構樓房相繼改建為新古典式磚石大樓，鋼筋混凝土等新材料得到大量運用，形成租界江灘一道亮麗的風景線

觀造型嚴謹對稱，又富於形體和線型變化，形似「新巴羅克」建築。漢口和利汽水廠為兩層磚木結構，建築立面對稱布局，二層局部設有外廊，兩端設有弧形飄窗，陽臺與窗臺均挑出半圓形，整體呈波浪式弧線，並由橫向線條勾勒，頗為簡明、精細。入口上設門鬥挑廊，與屋頂女兒牆欄杆連為一體，屬文藝復興式風格。

三、工業建築的室內設備與地理布局

作為西方建築技術傳入後產生的新建築類型，武漢近代工業建築在使用功能、採光通風、工藝流程等方面普遍具有西方建築的特徵。最初工業建築用水自備設備從江河中吸水，至一九〇九年漢口水塔建成後，漢口工業建築則裝有水龍頭集中供水，並設置排水系統。既濟水電公司電廠、水廠和水塔的全套發電設備、取水設備、供水設備等，全部由英國進口。武漢四大紗廠的採暖、通風設備均由外國引進，是為武漢地區採暖、通風的發軔之始。而且四大紗廠既有照明用電，也有動力用電。照明和動力用電的設計由水電商行承攬，一些燈具線料從國外進口。英商平

・一九二〇年漢口建築工人利用施工設備建造倉庫

和打包廠在樓頂裝設網狀自動噴水裝置，用來防備火災，在二十世紀初整套裝置可謂非常先進。漢口電燈公司三層辦公樓安裝有電梯，便於人員上下。其廠房頂部的採光窗採用鋼網玻璃，具有防爆防震的作用。

　　民國時期，武漢城區的工業區規劃執行不嚴格，這些工業建築布局與工廠的投資者密切相關，他們決定了工廠建築的地理位置。這些投資者從獲得最大利潤的角度出發，基本上都在毗鄰長江、漢江、鐵路等交通運輸便利的地段建廠。尤其是沿江沿河更是首選之地，因為河道既是工廠的水源，也是其天然的排水道，而且水運交通便捷，價格低廉，原材料可直接運輸至工廠，生產成品後又可裝船外銷，時間大為縮短，成本自然降低。比如湖北紗布絲麻四局位於武昌江邊，漢陽鐵廠東臨長江、北瀕漢江。漢口租界區也是武漢工業建築的聚集區，尤其是漢口外資工廠大多設於鄰近長江的租界區域。

四、工業建築設計師與營造廠

　　在武漢近代工業發展進程中，湧現出一批敢於開拓創新的工業建築師。正是由於他們的大膽革新與嘗試，武漢近代工業建築才在武漢建築發展史上留下閃光的一頁。

　　中國傳統建築由工匠自行按業主要求施工。工業建築作為一種「舶來品」，需要專業的測繪、計算和繪圖才能組織施工。所以一八六一年開埠之初至二十世紀二〇年代，武漢工業建築大多由外籍建築師設計。張之洞開辦的官辦企業即多聘請外國技師設計廠房。如漢陽鐵廠廠房由英國工程師約翰生總設計，並聘請英

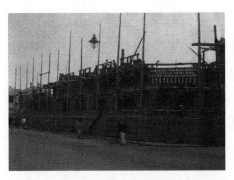

・漢口基督教青年會會所由康生記營造廠於一九一九年建成。圖為該營造廠承建青年會會所情形

國工程師亨利・賀伯生為施工安裝總監工。湖北槍炮廠廠房由德國人設計。一九〇九年建成的既濟水電公司水塔由英國工程師莫爾設計監造，他在設計中借鑑中國傳統文化精華，將水塔外形設計成八卦式，與「既濟」二字形成呼應，巍峨壯麗，共高 41.32 米，至一九二四年高 46.3 米的江漢關大樓落成之前，一度是武漢最高建築。英國建築師海明斯和工程師柏格萊在漢口開設景明洋行，專門從事建築設計和工程監理，設計了漢口電燈公司與亞細亞火油公司等工業建築。

　　隨著華人建築師接受專業教育或實踐鍛煉，開始登上武漢建築舞臺，獨立承擔建築工程。一九〇八年開辦的揚子機器廠廠房即由留學美國，有工程師會員資格的王光設計。震寰紗廠由劉季五、劉逸行兄弟與劉子敬等創辦於一九一九年，建築設計師劉逸行畢業於日本早稻田大學，並取得建築工程博士學位，回國後立志振興實業，親自設計建廠。他設計的震寰紗廠主車間為三層，呈「一」字形佈置於武昌上新河邊，現澆鋼筋混凝土框架結構，平屋頂。

　　武漢近代最著名的華人建築師是盧鏞標。一九二二年他入英商景明洋行學習建築設計，一九二四年入該洋行工作，後函授攻讀美國土木工程，一九三〇年在漢口創辦建築事務所。盧鏞標的

設計作品注重內部功能，接受歐洲新建築運動的思想及新的建築技術方法，採用西方先進的結構技術，設計建築類型涵蓋工廠、銀行、教堂、學校等，扭轉了長期以來漢口建築設計由洋人壟斷的局面。他設計的工業建築為數不少，勝新麵粉廠主廠房系五層鋼筋混凝土結構；一九三〇年設計的五豐面粉廠主車間為五層鋼筋混凝土結構，由元亨營造廠承建，造價三十五萬元；此外還設計了立豐榨油廠、礄口永豐堆疊等。

在武漢近代工業建築發展過程中，除了結構技術和材料技術的進步起到重要作用外，建築施工力量的作用也不容小覷。原在上海營造廠供職的周昆裕一八九四年被派往漢口，主持橫濱正金銀行大樓建設施工。有感於漢口建築市場前途廣闊，周昆裕辭去上海營造廠的工作，與同行李佩容在漢口合營明錩泰木廠，承包房屋建築工程。一八九八年周昆裕獨資創辦明錩裕木廠，先後承建英美煙草公司製煙廠、隆茂打包廠、震寰紗廠等大型工業建築。明錩泰木廠和明錩裕木廠成為武漢近代民營營造廠之肇始。

一九〇四年周昆裕又開辦了武漢第一家近代民營建材廠——裕記磚瓦廠。近代建築技術方法傳入武漢之前，建築一般採用傳統建材條磚布瓦建造，施工既費時又不經濟。近代建築在武漢出現之初，建築所需材料包括火磚、水泥、玻璃等，全賴進口和由外地運進，耗資不菲。張之洞在開辦漢陽鐵廠時，為解決自身建設所需開辦湖北官磚廠，從英國購進製磚機，是武漢有機製磚之始。裕記磚瓦廠通過仿照德商德源磚瓦廠產品及生產技術，在漢口華商中率先推出機制紅瓦。後又仿建德式輪窯，使磚瓦產量、品質大幅提高，並帶動同業競相效仿，推動武漢地區磚瓦生產跨

入機器製造的新階段。

此後外地來漢及本地興辦的營造廠商日益增多。營造廠的出現標誌著建築施工無論是施工技術還是經營方式上，都由傳統的工匠進入到近代建築施工階段。它們開始承建過去只有外國人才能建造的近代建築，並為工業建築提供先進的施工技術，而且很快其能力和規模就後來居上，成為武漢具有舉足輕重地位的建築力量，建造了一批具有代表性的近代工業建築。一九一一年魏清記營造廠承建當時中國最大造紙廠之一漢口諶家磯造紙廠工程。一九一二年漢口有營造廠四十八戶，其中外商八戶。至武漢解放時，三鎮大小營造廠共有三百九十八戶。其中最具規模、影響最大的是寧波人沈祝三一九〇八年創辦的漢協盛營造廠。該廠注重將傳統施工方法與西方現代技術、機械施工相結合，先後購置英制傾覆攪拌機和蒸汽打樁機各一臺，之後仿製打樁機四臺，配備電力控制的起重設備，配置二十多輛卡車、一艘輪船和拖駁，以及運輸傳送工具，因而承建的工程工效高、品質好，建造了英商平和打包廠、英商漢口電燈公司、武昌第一紗廠、德商和記蛋廠、裕華紗廠、利華打包廠、申新紗廠、穗豐打包廠等一大批優秀工業建築。

五、武漢工業建築的階段性特徵

武漢近代工業建築的發展是與武漢工業的興衰相輔相成的。武漢工業發展較好的時期，工業建築發展也較為迅速，反之亦然。梳理武漢近代工業建築從清末至民國的發展脈絡，從無到有，從草創到初具規模又趨於衰敗，大致呈現出四個階段性變化

特徵：一八六一至一八八九年萌芽期，一八九〇至一九二六年發展期，一九二七至一九三七年興盛期，一九三八至一九四九衰落期。

1. 萌芽期：漢口開埠後，外資工廠憑藉政治特權和資金、技術優勢，利用本地的廉價原料與勞動力進行生產，賺取豐厚利潤，發展速度很快。外資工廠的存在與發展雖具有很強的掠奪性，但也將新的生產力和先進經營管理方式帶到武漢，同時帶來與中國傳統木構架結構不同的新式工業建築。

這些建築多是二三層磚木混合結構，磚為承重牆，木架樓板，坡屋頂，生產、辦公、輔助用房不做劃分，其經營規模不大，基本可以滿足工業生產需求，成為武漢近代工業建築普遍採用的建築形式，並貫穿其發展始終，即使後來大型廠礦轉為更先進的鋼結構及鋼筋混凝土結構，中小廠礦仍沿用這種適應性極強的結構。

2. 發展期：一八八九年張之洞督湖廣後，次年即成立湖北鐵政局，動工興建漢陽鐵廠，大辦實業，創辦十幾家官辦或官商合辦工廠，使武漢成為中國近代工業的重鎮，開啟了武漢近代工業蓬勃發展的進程。在外資與官辦工廠的刺激與示範作用下，武漢民族資本工業自甲午戰爭後興起，至一九一一年已有一百二十二家民辦企業。特別是第一次世界大戰爆發，使武漢民族工業迎來一個發展契機，成為武漢近代工業的一支重要力量。

在西方先進思想與先進技術的影響下，這一時期武漢工業建築在建築結構上大多採用先進的鋼筋混凝土結構或鋼結構，跨度達到空前程度，建築規模更大；在使用功能上做到生產建築與辦

公建築的分離；在建築形式上注重功能的需要，同時突出風格形式的多樣化；在平面布局上廠房車間按照使用功能分區，採用生產流線及交通線路為核心的開放式佈置方式，使廠區各個建築之間聯繫緊密，有利於生產的銜接及原料、產品的運輸，如漢陽鐵廠、漢陽兵工廠及四大紗廠。

3. 興盛期：一九二七至一九三七年，是民國的「黃金十年」。一九二七年南京政府對武漢國民政府的經濟封鎖、一九二九年開始的世界經濟危機及一九三一年武漢大水等因素影響，使一九二七至一九三四年間的武漢工業歷經曲折，發展緩慢。但隨之一九三五至一九三七年武漢工業便進入發展興盛期，掀起一股投開工廠熱潮。至二十世紀三〇年代中期，武漢的近代工業體系和布局已經形成，工業規模僅次於上海、天津，居全國第三位，也使武漢工業建築呈現全面繁榮的狀態。

在「黃金十年」，武漢工業建築將發展期的成果承續下來，並大力發揚，走過了從發展到興盛、類別由較多到全面、規模日益擴大的過程。不同類別的工業建築依據使用功能的需要，演變成自己獨特的建築形式，向專業化又邁進一大步。工業建築不僅在功能上有了巨大進步，而且在西式建築框架下融入更多現代建築元素，從而使建築藝術形式上也有巨大發展。

4. 衰落期：抗戰初期，武漢一度成為戰時經濟中心。一百七十餘家工廠自上海等地遷入，使武漢工業實力增強。一九三八年六月以後日軍對武漢的轟炸與進攻，迫使武漢工業大舉內遷，其戰時經濟中心的地位喪失。一九三八年十月至一九四五年八月，日軍佔領武漢期間，推行「以戰養戰」的經濟政策，武漢經濟完

全殖民地化，工業一片衰敗。抗戰勝利後，武漢工業一度顯現虛假繁榮，但隨之由於官僚資本的壟斷、內戰、通貨膨脹及美貨的傾銷，武漢民族工業迅速衰落，瀕於絕境。

這一時期，受戰爭因素及工業凋敝影響，武漢工業建設基本處於停滯狀態，而工業建築的發展也陷入衰落期。武漢抗戰期間，武漢重要工廠如漢陽鐵廠、漢陽兵工廠、湖北紗布絲麻四局等均西遷。為免資敵，一九三八年十月中國軍隊在撤出武漢前，對漢陽兵工廠、漢陽鐵廠等廠房設施實施爆破，工業建築破壞嚴重。抗戰勝利後，武漢工業雖一度恢復，但資本家大多財力不足，無法投資建房，而以修補為多，新建建築少之又少，少量建設工程也規模甚小，建築結構簡陋，工業建築呈現全面衰敗的景象。

近代

工業大事記

一五二二至一五六六年（明嘉靖年間）

明朝嘉靖年間，武昌成為版刻、印刷的重要地。現存民間的版刻書籍數十種、近百卷。

一六三七年（明崇禎十年）

漢口葉開泰總號制藥店開業。時與北京同仁堂、杭州胡慶餘、廣州陳李濟並稱中國四大藥店，為武漢健民製藥廠前身。

一六七八年（清康熙十七年）

清康熙乾隆年間，湖北及鄰省的糧船舳艫相接，源源運入漢口；武漢糧食商業不斷發展。據羅威廉：《漢口：一個中國城市的商業和社會（1796-1889）》記載，一六七八年漢口米業公所建立，是漢口的第一個行會，據稱也是中國最早的行會之一。

一六九一年（清康熙三十年）

漢口銅器行業的手藝人在漢口半邊街（今統一街一帶）修建了「江南京南公所」，作為銅鑼坊、徽鎖坊、銅鏡坊、紅銅坊、銅盆坊、喇叭坊等銅器業的敬神和議事之所。為漢口銅器業商人和手工業者的集中地。

一七八八年（清乾隆五十三年）

一七八五至一七八八年四年間，湖廣漕船製造任務達八百餘艘，而武昌、漢陽二廠承擔四百餘艘。漢陽鸚鵡洲、武昌白沙洲既是木場，同時也是著名的造船基地。

一八四〇年（清道光二十年）

黃陂縣祁家灣人曹月海在漢口漢水沿岸一帶行爐鍛打菜刀，取字型大小為曹正興菜刀，不到三年，曹將「行爐」改成「定爐」，正式開設曹正興刀鋪。同治六年至八年（1867-1869 年），曹擴大經營，先後在漢口花樓街洪益巷及張美之巷購房產，建作坊，改鋪為店，生意日盛，逐漸成為三鎮刀業中名牌大店。晚年將曹正興菜刀店傳其子明福、明祿繼續經營，其傳統的品質標準和工藝流程被繼承流傳至今，「曹正興」菜刀成為久盛不衰的名牌漢貨之一。一九二八年在湖北省國貨展覽會上榮獲一等獎。

一八五〇年（清道光三十年）

鄒紫光閣毛筆店創始人鄒法榮在漢口花布街開毛筆店，特請

書法家、翰林李瑞清題寫了鄒紫光閣四個大字的匾額。一八七九年鄒法榮之孫鄒文林在漢正街高升巷開了制筆作坊，形成了一套獨特的制筆工藝，以「尖、齊、圓、健」而聞名於世。

山西長治縣制鑼工匠先後在漢陽高公街、漢口長堤街一帶開設鑼坊，為武漢響鑼業之始。

清嘉慶、道光年間，大量手藝精湛的製鐵手工業者在武漢操業謀生，漢口一地已有「鐵行十三家，鐵匠五千餘名」。

一八五〇年前，武昌為華中地區印刷中心之一。

一八六〇年（清咸豐十年）

武昌塘角成婦女刺繡加工基地。最有影響的鄉貨鋪坊有蘇洪發、萬興發、徐大華幾戶。

一八六一年（清咸豐十一年）

三月七日

英國官員威利司、上海寶順行行主韋伯以及翻譯、隨員四十餘人，搭乘輪船抵達漢口。翌日，威利司偕同隨員前往武昌，會見湖廣總督官文，自稱為立行通商而來。

十一月十一日

清朝總理各國事務所衙門議准湖廣總督官文之請，在漢口鎮青龍巷成立江漢關署，以漢黃德道監督稅務。自一八六二年一月一日起開關，稽查貨物。一八六三年一月一日起正式徵收進口各

稅。

是年

五金業是在漢口開埠前後新興的行業。最初，英商以廢舊船板改為條塊（俗剪口鐵）和廢舊鋼絲繩運漢傾銷，後又運入五到七尺長的小型方鐵和各種五金工具機械。夏口廳職官朱平山開設的裕和仁鐵號，是為武漢現代五金業鐵號之始。

一八六二年（清同治元年）

一月一日

江漢關正式設立，初設漢口河街。設關後委派英國人狄兑（Thomas Dick）為第一任稅務司。

三月四日

清朝政府與俄國簽署《中俄陸路貿易章程》，允許俄國在中國開設茶葉工廠，開通漢口至符拉迪沃斯托克直達航線。一八九四年著名的「漢口茶」開始通過符拉迪沃斯托克直航俄國。

是年英商怡和洋行、德商禮和洋行開始在漢營業。清朝同治年間（1862-1874），武昌周天順爐冶坊因鑄造黃鶴樓銅頂、歸元寺大香爐聞名遐邇。一八六六年（同治五年）開始兼營翻砂，為漢口租界製造溝蓋、欄杆，並從武昌大堤口遷至漢陽雙街。一八九五年仿製成功軋花機；一八九六年發明製造我國第一臺木架手搖車床，比上海精明機器廠一九三二年發明的皮帶車床早了三十

六年。數更其名後為周恆順機器廠。

一八六三年（清同治二年）

俄商漢口順豐洋行在武昌府羊樓洞建立順豐磚茶廠。每年產磚茶十五萬簍，每簍一點五擔。雇傭中國工人八九百人，為中國第一座近代製茶廠，也是歐洲最早的在華企業之一。此後，俄國商人又在漢口建成世界第一批使用蒸汽機、發電機製茶的近代製茶廠五座。由俄商製茶廠精心製作的輕烘焙茶和磚茶被譽為「漢口茶」，在國際上享有盛譽。

英國麥加利銀行在漢口設棧營業，一八六五年正式設立漢口分行。

美國旗昌輪船公司（亦名上海輪船公司）「驚異」號客輪由上海首航漢口，開闢申漢航線。

英國寶順洋行在漢口英租界寶順街（今天津路）營建寶順棧五碼頭，為漢口第一座輪船碼頭。

據江漢關報告，一八六一年紅茶「漢口港僅出口 80000 擔。一八六二年紅茶從漢口港裝船出口外洋為 216351 擔……一八六三年從漢口港輸出為 272922 擔」。

一八六五年（清同治四年）

英商發德普建築公司來漢承建麥加利銀行漢口分行，成為武漢外來第一家建築營造廠。

一八六六年（清同治五年）

俄商新泰磚茶廠在漢口俄租界建成，並改手工生產為機器製造。是外商在漢口創辦最早的加工企業。有自動式大鍋爐六座，進煤均以輸送鐵簾自進，除灰爐齒自轉。生產最盛時，有工人約二千人。

一八六七年（清同治六年）

胡氏嫡脈五代傳人胡祥善來漢，在花樓街開設「老胡開文真記墨店」。同治六年（1867），武漢三鎮有「永昌」「源豐」等十餘家較大的糧食行、商。陝西、河南、襄陽等地順漢水來貨，以雜糧為主，集中漢水北岸礄口至楊家河一帶銷售，雜糧運銷商號和行家沿岸而設，俗稱「雜糧行」或「內河行」。湘、川等地來糧，以穀米為主，舟集漢陽南岸嘴、漢口集家嘴對岸一帶，米穀商號多在漢陽，俗稱「米穀行」或「外河行」。武昌則雜糧、穀米行商兼有，聚集在武泰閘、鯰魚套一帶。

一八六八年（清同治七年）

曹正興第二代傳人在漢口張美之巷開業，正式掛起曹正興刀店的招牌，所產菜刀名揚江漢。

一八六九年（清同治八年）

《江漢關貿易報告（1869）》記載：「鐵、鉛較上年有大幅度的遞增。鐵大部分作製釘；鉛主要用於茶葉箱內墊襯之用。由於

大量茶葉出口，因此鉛較平常需要量加大。」

一八七二年（清同治十一年）

英國商人在漢口英租界設立磚茶廠。清末民國初，牛羊皮的「全國最大集散市場，當推漢口、上海、膠州、天津等埠」。皮革行成為漢口八大行之一。一九七二年出口牛皮三千九百七十一擔，一八七六年突破一萬擔。《海關十年報告江漢關 1882-1991》指出，「漢口主要出口商品，除茶葉外，其次是牛皮」。一八九四年江漢關牛皮出口達到十一點九萬擔。

一八九三年（清同治十二年）

一月

中國輪船招商局在上海開辦，隨即成立招商局漢口分局。有「洞庭」「永寧」兩輪航行漢申線，並在漢口英租界外周家巷購置碼頭。這是中國商輪在漢經營長江航線之始。

是年

俄商漢口順豐洋行磚茶廠是年從武昌府羊樓洞遷入漢口俄租界，並改用蒸汽機製茶。職工常有八百至九百人，一年可壓製磚茶十五萬筐，為當時全國同類工廠中創辦最早、規模最大的企業。

中國商人艾小梅在漢口創辦《昭文新報》館，集編輯、印刷、出版於一身，採用活字印刷，為第一份中國人創辦的中文報

紙，堪稱中國近代民族印刷業與報業的鋪路人。

榮華昌翻砂廠建成，為中國最早的專業鑄造廠之一。

一八九四年（清同治十三年）

俄茶商巴諾夫、莫爾恰諾夫、佩恰特諾夫、薩拉丁等集資在英租界（今漢口南京路段）開辦阜昌磚茶廠。資本近兩百萬兩，採用機器製茶。有中國工人約二千人，在歐洲人監督下日產茶二百五十六擔，年產九萬二千一百六十擔。在福州、九江、上海、天津以及莫斯科、可倫坡設有分廠。

一八七五年（清光緒元年）

英商漢口金銀熔爐煉廠建成。收購中國紋銀，使用化學藥劑從中提煉金子。最初利潤頗豐，幾年後因紋銀短缺而被迫停工。

據英領事商務報告（1875 年，漢口）「本年度最重要的事情是奉上諭准許試開本省〔湖北〕的煤鐵碳，中國官吏業已延聘了外國礦師，訂購了外國機器⋯⋯ 他們聘的礦師是曾在日本鹿兒島開礦的馬立師（Morris）。勘探煤礦的地點在漢口下游約 80 英里。預計勘探成功以後，即將進行掘井並安裝機器，機器將自英國訂購。」

一八七六年（清光緒二年）

孫裕泰營造廠來漢承建上海路天主堂（又稱聖若瑟教堂）。教堂總面積一千零二十四平方米，可容二千人禮拜，是近代武漢教堂之最。英商漢口壓革廠建成。依照歐洲制法，用機器壓製皮

革，從而使生皮的加工品質明顯提高，武漢逐漸成為中國皮革主要出口基地。

一八八〇年（清光緒六年）

廣幫李培記營造廠來漢承建怡和洋行漢口分公司大樓（又名渣甸洋行）。

一八八四年（清光緒十年）

德商美最時洋行漢口分行開業。該行在漢口主要經營皮革、煙草等貿易，並建若干農產品加工工廠。其皮革加工廠，是外國洋行從事皮革加工廠中規模最大，設備最完善，生產能力最強的。牛皮廠附設於出口部之下，每年收購黃牛皮三千餘擔，水牛皮二百餘擔，另收羊皮五百餘擔，鹿皮二百餘擔。美最時洋行在國際市場上的名牌產品「紋皮」，為使用漢口等地原料製成。

曹祥泰雜貨店成立。先經營雜貨煙酒，後涉足工業，建有肥皂廠、機器米廠、紐扣廠、針織廠等。

一八八七年（清光緒十三年）

德商禮和洋行、美最時洋行以及法商瑞興洋行等相繼在漢口建立蛋品加工廠。這是我國第一批近代化機器製蛋廠，以生產蛋粉、蛋黃粉和蛋白液為主。漢口很快成為我國最大的蛋製品生產出口基地，最多時漢口出口量占全國的百分之五十以上。

一八八九年（清光緒十五年）

一八六一至一八八九年外商在湖北（主要在武漢）創辦近代工廠的總投資約七百萬兩白銀；清朝官方在漢投資約三十萬兩，民間投資約二十萬兩。一八六三至一八八九年漢口外資工廠共十三家。是年兩廣總督張之洞上奏朝廷，建議修建北直隸盧溝橋至湖廣的盧漢鐵路。

朝廷准奏，指示北段由直隸總督主持，南段由湖廣總督主持。未即，張之洞調任湖廣總督。

一八九〇年（清光緒十六年）

二月

張之洞奏請將其在廣州向英國訂購的鐵廠設備移鄂。五月，湖北礦務局（後改名鐵政局）設立於武昌水陸街。張之洞委蔡錫勇為鐵政局總辦，負責管理鐵廠、槍炮廠。

三月二十四日

張之洞奏請將其在廣州籌設的織布、紡紗官局遷移武昌，於武昌文昌門外江濱籌建湖北織布官局。次年一月開始建廠，該局共擁有紗錠三萬枚、布機一千張，所用之機器設備均購自英國。為當時國內規模最大的機器紡織廠，為武漢地區近代紡織工業之開端。

是年

張之洞頒布《曉諭鄂湘各屬並川省民間多開煤斤示》，向各省商民允諾「為爾等力籌銷路」。在此鼓勵下，湘鄂川三省各地官紳紛紛集資勘礦，開採煤斤（燃煤）。

一八九〇年以後的清末時期，武漢共創辦官辦、官督商辦、官商合辦工廠企業二十一家，約占全國官辦工廠的百分之十七。興建工廠的數量、規模與速度均居全國城市的前列，其中冶煉、造紙等工業居全國之首，紡織工業僅次於上海居第二位。

一八九一年（清光緒十七年）

八月

湖北煉鐵廠（漢陽鐵廠）正式動工興建，地址在漢陽大別山（今龜山）北麓。一八九三年十月竣工。一八九四年六月三十日正式出鐵。是中國近代最早的官辦鋼鐵企業，是亞洲第一家完整的煉鐵煉鋼廠。

和利冰廠在漢口建成，採用機器製冰，由英商柯三、克魯奇合資二十萬元建設。雇工五十人，專門製作冰塊。該廠為武漢冷凍工業的開端。

一八九二年（清光緒十八年）

二月

漢陽鐵廠派工匠十人赴比利時郭格理爾工廠學習冶煉技術。

五月

湖北槍炮廠（後名漢陽兵工廠）正式破土動工，一八九四年落成。一八九五年三月正式投產。一九〇二年槍炮廠改名為「湖北兵工廠」。一九〇八年又改名為「漢陽兵工廠」。為清末民國初中國規模最大的軍工企業之一。

是年

張之洞在湖北礦務局內創辦礦業學堂和工業學堂。

一八九三年（清光緒十九年）

八月

俄商在漢建的第四個磚茶廠百昌磚茶廠在漢口英租界創辦。至十九世紀末，俄商在俄租界建有二座磚茶廠，在英租界建有二座。它們是漢口最重要的工業企業。這些工廠裝備有最先進的蒸汽機、磚茶製作機、發電設備，並負責向成千上萬的當地居民提供照明用電。四個工廠共有磚茶壓榨機十五臺，小京磚茶壓榨機七臺。

九月

湖北銀元局成立，地址在武昌洗馬池街。張之洞委派候補道蔡錫勇為總辦，採購機器，建造廠房。一九〇四年該局改稱湖北銀幣局。

是年

湖北蠶桑局成立。輯刊《農桑簡編》，介紹栽桑、養蠶、摘繭、繅絲等方法。

寧波鎮海人阮雯衷（1865-1934）創辦漢口元豐號糧食行。阮雯衷為清末民國初我國著名的愛國實業家，上海人稱之為「糧食大王」。一八九〇年到上海開辦元豐糧食號成功後，即轉向國內其他城市投資，漢口成了他發展的中心舞臺。

一八九四年（清光緒二十年）

一月二十二日

武昌製造火藥局失火引起爆炸，當場炸死工匠八人，重傷致死十三人。

九月

湖北紡紗局在武昌文昌門外湖北織布局東側設立。一八九五年四月北紗廠動工興建，一八九七年建成投產，擁有紗錠五萬枚，工人一千六百名，日產紗五千五百公斤。

七月十二日

湖北槍炮廠大火，毀廠屋七八排，機器設備損失五分之一。

十一月二日

湖廣總督張之洞奏設湖北繅絲局，官督商辦。同年底，在武

昌望山門外購地建廠，一八九六年六月投產。由張之洞委派上海絲商、候補同知黃晉荃主持廠務。全廠職工約三百人，擁有繰絲車二百零八臺，日產上等品三十斤，普通品十八至十九斤。以湖北所產的黃絲為生產原料，「自武昌設立官絲局以後，始在沔陽、漢川、天門、潛江、武昌等縣，收買蠶繭」。在銷路方向上，「武漢產絲銷場，國內除上海新式織綢廠採用少數外，均行銷國外，以紐約為最多，里昂次之」。

是年

武漢投產的紗、布、麻、絲四局產品在國內銷路較好，棉布出口也有一定的數量。據《通商各關華洋貿易總冊》（1894 年）記載，「湖北機器織布局所出棉紗、布匹等，今年出口者，棉紗計有 4413 擔，斜紋布 5970 匹，原布、白布等 70200 餘匹……湖北織布局所織之布匹等報完子稅運往內地者，計有原布、白布 4011 匹，及棉紗 2800 餘擔」。湖廣總督張之洞發佈《湖北織布局招商集股章程並股票條款》，規定每股庫平銀 100 兩，計 5000 股，集資 50 萬兩，每年「保利一分五釐」。定海人周昆裕與李佩容在漢口創辦武漢第一家近代建築企業明錩泰營造廠。

隨後漢口出現了沈祝三的漢協盛營造廠和魏清濤的魏清記營造廠、項惠卿的漢合順營造廠、康炘生的康生記營造廠、鐘延生的恆記營造廠、李祖賢的六合公司等營造業。

俄商漢口磚茶廠四家，日產茶磚 2700 擔，茶餅 160 擔。

武漢三鎮產業工人總數達 1.5 萬人，約占全國產業工人總數的 17%，僅次於上海，居全國第二位。

一八九五年（清光緒二十一年）

一月二日

湖北織布局因童工多次發生傷亡事故，解雇五百童工。

三月二十六日

漢陽鐵廠翻譯曾海毆打工人，激起二百餘名經常遭受鞭打的工人罷工，要求撤免三名翻譯，遭清朝營勇（軍隊）彈壓，但工潮不止。六月二十五日又遭清軍漢陽遊擊營鎮壓。

六月十二日

漢陽鐵廠因經費不繼，奏准招商承辦。

是年

江夏馬鞍山煤礦井爆炸，死亡工匠多人。

一八九六年（清光緒二十二年）

五月二十三日

張之洞將漢陽鐵廠招商承辦，由盛宣懷到漢陽鐵廠任事，漢陽鐵廠即從官辦過渡到官督商辦。同年，清政府授權盛宣懷主持修建盧漢鐵路，全程所用鐵軌均由漢陽鐵廠提供。

十月

湖廣總督張之洞奏請設立鐵路總公司，以大官僚買辦盛宣懷為督辦大臣，統籌盧漢鐵路的修建。

是年

湖廣總督張之洞在武昌建立湖北官錢局。它是清末時期規模龐大的地方性金融機構。

鴻發造船廠在漢陽南門外投產。

一八九七年（清光緒二十三年）

三月十七日

比利時駐漢口領事法蘭吉與張之洞面商築造盧漢鐵路事宜。經過談判，清政府最終與比利時人達成了協定。

五月二十七日

清政府督辦鐵路大臣盛宣懷與比利時公司代表在武昌簽訂《盧漢鐵路借款合同》草約。

七月二十七日

盛宣懷又與比利時公司代辦人德福尼、愛蘭在上海將武昌草約畫押為正式合同，並續增專條六款。盧漢鐵路於一八九七年籌備興建，一八九九年一月動工，一九〇六年四月建成全線通車。

是年

　　湘鄂兩省紳士決定設立湘鄂善後輪船局，局址分設漢口、長沙兩地。先後共招股銀十萬兩，湘鄂各半，年股息八釐，購置深水大輪船二艘，淺水小輪船四隻。一八九八年四月，兩省內輪船在湘潭、嶽州、沙市、漢口之間通航，有利於開發湖南煤鐵、支援湖北工業和興建中的盧漢鐵路。寧波商人葉澄衷、宋煒臣合資創辦漢口燮昌火柴廠，由宋經營，獲張之洞獨家經營專利。資本銀四十二萬兩，在漢口日租界（今漢口盧溝橋路）占地一點七萬平方米，有排梗機三十八部，平均月產量為一百五十大箱（每大箱 2400 盒），生產規模居國內民營各廠之首。創造當年投產當年盈利十八萬元（一說 24.4 萬元），轟動一時。此後二十多年間宋在漢口成就了一番大事業，創造了武漢近代經濟上的多個第一，被譽為漢口頭號中國商人。

　　張之洞令江漢關稅務司籌興茶務，籌畫種茶製茶之良法，准許富商集股購地種茶與購機製茶，厚集商力以挽茶葉商務外溢之利源。

　　法商武昌亨達利有色金屬精煉廠建成，對湖南所產銻、鋅、鉛礦石進行加工精選。有五臺研礦機、三十八隻輕車和五個濾礦平板等最新式機器，皆購自德國和美國。

　　八〇年代末和九〇年代，由於舉辦近代「洋務」和民族工商業以及盧漢鐵路的動工，五金、機械的進口持續增加。一八九五年，江漢關進口貿易中，「機械和建築器材：因本市棉紡織廠進口量多，從而擴大進口值達 630900 萬海關兩」。一八九七年，江漢關「全年進口機器設備 10311 海關兩」。

一八九八年（清光緒二十四年）

三月二十七日

湖北製麻局於武昌平湖門外動工建廠，占地四十三點九畝。一九〇四年部分投產。一九〇五年完成機器安裝和職工技術培訓，一九〇六年正式投產經營。

至此，湖北布、紗、絲、麻四局建成，使武漢的紗錠數占全國華商紗廠總錠數的 26％，成為僅次於上海的第二大紡織工業區。

四月

張之洞令江漢關道開辦漢口商務公所（又稱勸工勸商公所）。嗣又依照清政府規定，歸併為「商務局」。

八月

湖廣總督張之洞奏設漢口商務局，以聯絡商務。奏摺中說：「查商務乃今日要政，上海為沿海總匯，漢口為上游要衝，鐵路樞紐，自應分設兩局，除上海一局由兩江督臣劉坤一委員開辦外，茲於漢口設立商務局，以鼓舞聯絡上游川、陝、河南、雲、貴、湘、粵等處工商為要義。」

是年

湖北機器鑄錢局在武昌原寶武局舊址建成投產。採用美國進

口機器設備，每日可出錢一百串，各機開足每日可出錢三百串。

商辦漢口機器焙茶公司成立。所用機器購自國外，共有資本六萬兩。該公司得到張之洞的大力支持，公司董事會陣容可觀，有滙豐銀行買辦席正甫、唐翹卿，阜昌磚茶廠買辦唐瑞芝，上海招商分局總辦陳輝庭等，董事長為江漢關稅務司英人穆和德。

湖廣總督張之洞在武昌大朝街設立「湖北官報局」，刊印官報本。置有鉛字印刷所，並派有員司經營。同期，梁鼎芬督辦的湖北工業傳習所也設有鉛印機和石印機，承接課本印刷。

武昌輿地學會鄒煥廷在武昌橫街頭創辦「亞新地圖社」，使用兩部手搖石印機印刷地圖，是為國內最早的一家地圖出版社。

定海人周昆裕創辦明錩裕木廠，成為在武漢開業的華人營造廠。該廠於一九〇一年承建漢口三德里，一百一十二棟二至三層英國工業革命後期聯排磚木結構住宅，為漢口最早的里弄住宅建築之一，現保存完好。

一九〇〇年（清光緒二十六年）

漢口蒸木廠投產，資本銀十一萬兩。

一九〇一年（清光緒二十七年）

一月三十一日

傑出化學家、二品銜直隸候補道、漢陽鋼藥廠無煙火藥廠總辦徐建寅，在與十四名工匠研製黑色火藥時，發生爆炸，當場遇難。史料記載，此為中國科學家殉職第一人。

七月七日

日本「飽浦丸」貨輪在武昌裝運大冶鐵礦砂一千六百噸，為我國出口鐵砂之開端。

是年

盛宣懷任李維格為漢陽鐵廠總稽核，一九〇二年、一九〇四年李維格兩度赴日本、美國、歐洲考察，以改善鐵廠的生產和經營。一九〇四年十月盛宣懷任李維格為漢陽鐵廠總辦。

京漢鐵路江岸機器廠創辦。該廠初為盧漢鐵路修理車頭、車廂及路用配件所設，僅有四十馬力蒸汽機一部及各類工匠四十餘名，廠長是法國人。該廠一度有工人三百餘名，成為漢口劉家廟一帶最大的工廠，被稱為「江岸機務人廠」。號稱「中國三大地皮大王」之一的漢口商人劉歆生投資興辦實業。歆生填土公司成立，經營填築漢口歆生路至華清街窪地，使用推土機和輕便鐵軌；歆記工廠創辦，資本六十萬兩。

法商梅旎創辦漢口利通人力車行，一九二二年登記三百三十六輛，是武漢第一家人力車行。

漢口開埠四十年，在外國領使館註冊的外國公司 76 家，外國人 990 人。其中英國公司 26 家，英人 195 人；德國公司 10 家，德人 87 人；美國公司 8 家，美國人 194 人；法國公司 7 家，法人 74 人；俄國公司 7 家，俄人 64 人；比國公司 6 家，比人 40 人；日本公司 4 家，日人 74 人；義大利公司 2 家，意人 135 人。

一九〇二年（清光緒二十八年）

八月

張之洞將原來的湖北鑄錢局改建為湖北銅幣局，專門鑄造銅元，由官錢局發行。一九〇五年各項工程基本告竣，每日可鑄一百萬枚，最多時每日出四百萬枚，其規模為各省之冠。

九月二日

湖廣總督張之洞在十九世紀末葉先後創設的紗、布、絲、麻四局，開辦有年，是年議定招商承辦，由應昌公司承租。

是年

張之洞令官錢局總辦高如松仿照西國日本方式，在武昌蘭陵街開設「兩湖勸業場」附設陳列館，陳列湖北及外省、外國的機器工業製品及手工業產品。後因抵制美貨，改以展出兩湖工業製品及土特產為限，嗣改名為「湖北省國貨陳列館」。

商辦廣利磚瓦廠在羅家墩開辦。寧波商人蔡永基在漢陽開辦永昌元油廠。有榨油機一百八十部，工人二百三十人。日產豆餅一千六百枚。

一九〇三年（清光緒二十九年）

祥龍肥皂廠開辦。清政府設立商部，為清政府專職工商行政的管理機構。奏定了《公司註冊試辦章程》《商人通例》《公司

商律》等一系列有關發展實業的章程、條例和諭帖。

一九〇四年（清光緒三十年）

漢陽兵工廠之機器、鍋爐、翻砂、木樣、打銅、打鐵六廠相繼建立。是清末各省十九所軍火工廠中規模較大、設備最新的兵工廠，有工人四千五百人。

武昌耀華玻璃公司建成，由浙江商人林友梅投資六十萬兩，並獲湖北當局二十年專利及免稅等特權，是國內第一家平板玻璃廠。

漢口玻璃廠、漢口通明玻璃廠、漢陽江順興鐵爐坊相繼投產。漢口和豐麵粉廠建成，創辦人為上海裕通紗廠董事朱士安，廠址設於漢口羅家墩，資本為十萬銀元。次年和豐麵粉廠投產，日產麵粉五百袋左右。

浙商劉萬順在礄口開設歆記油廠。日產豆餅三百三十枚。

華升昌布廠在武昌創辦，由漢口程雪門兄弟投資白銀一千兩，在武昌箍銅街開設，有布機三十臺（後擴充到 70 臺），經仿製官布局布機成功後，人力新式布機織新式「土布」，粗紗改用細紗，幅寬增二尺多，長度增至四十八至六十尺，當時市場上稱之為大布，大布除少量白胚布外，大量是色織布，這是武漢出現最早的私營色織布廠。

定海人周昆裕創辦裕記磚瓦廠，位於漢陽襄河南岸，占地一百畝，後又擴大生產建立裕記二廠，廠址由原來的一百畝擴大到三百畝，是武漢最早的機製磚瓦廠。

日本棉花株式會社漢口支店開業，經營棉紗、棉布、煤炭、

火柴、傘、鐘錶等進出口業務。

　　日本工商界組成近百人的龐大工商代表團訪問武漢，前來調查在湖北進一步設立工廠的可能。

一九〇五年（清光緒三十一年）

九月

　　日信洋行建漢陽第一油廠。創辦資金三十三萬銀元，安裝壓榨機五十臺，軋豆機五臺。除了十名日本職員外，雇用華工一百二十人。

是年

　　恆豐麵粉廠在漢口羅家墩創辦，漢口商人朱疇獨資二十八萬元。

　　漢豐麵粉廠創辦，由漢口錢業鉅賈黃蘭生集資二十萬兩銀元。裝置有雙邊機磨十二部，日產能力達一千二百包，頗具規模。

　　瑞豐麵粉公司在礄口董家巷創辦，由漢口商人胡德隆、朱敬益兩人籌資十六萬金。

　　隨著和豐、恆豐、漢豐、瑞豐麵粉廠和德商禮和麵粉廠相繼投產，武漢成為中國中部最大的麵粉市場。成為僅次於上海的中國第二個麵粉工業基地。

　　寧波商人阮雯衷在漢口德租界內開辦元豐榨油廠，投資二十八萬元。有工人一百四十餘人，擁有榨油機等設備二百七十臺，

日產豆油一點二萬斤，豆餅三千塊（約 15 萬斤）。該廠設備均購自英國，從手工作坊邁向了現代化機器生產的前列。

周恆順機器廠繼任者周仲宜籌集白銀二萬兩，赴上海購進一臺二十匹馬力蒸汽原動機和幾臺機床，並將爐冶坊改名為周恆順機器廠，從此結束手工作坊式小生產，而以蒸汽機為動力替代人力，實現了從傳統手工作坊到近代機器工業的跨越。一九〇七年製造出我國民族工業第一臺八十四馬力蒸汽機、第一臺抽水機、第一臺捲揚機，成為武漢歷史最為悠久、規模最大的民營機器廠。

武昌劉繼伯等人倡設求實織造公司，附設女工傳習所，專門織造花布、羅布、襪子、枕套等。

益利織布廠在武昌開辦，生產花布。漢口廣利公司設立，以織造洋布為主。先後在漢口增設分銷處三所。

英商平和洋行在漢口英租界內開辦平和打包廠。該廠資本額為十八萬英鎊，有機房七十八間，動力、起水等機器設備甚為齊全，兼營苧麻、牛皮、豬鬃打包。

旺季每晝夜可打包一千五百件，每件約計四擔。漢口英商順昌洋行因黃岡盛產煙葉，擬在漢口開辦紙煙廠，請張之洞出面籌集資本，該商代為經理，利潤歸鄂。張之洞派員與之具體洽談，但未有結果。

一九〇六年（清光緒三十二年）

五月

日信洋行又於漢口日租界開辦第二油廠。與上年在漢陽開辦的第一油廠相比，該廠規模大為擴充，計有壓榨機一百臺，軋豆機九臺，一百八十馬力柯爾尼修蒸汽機二臺。除了七名日本管理人員，另有中國工人一百五十二名。

七月二十四日

寧波商人宋煒臣創辦的「漢鎮既濟水電有限公司」正式成立，總公司設在英租界一碼頭太平路（今江漢路一段）。宋等振興實業之舉，獲得張之洞在資金、政策等方面的扶持，得到官款三十萬元。又聯合湖北、江西兩商幫大賈，共籌款三百萬元，官督商辦。聘請英國工程師莫爾主持設計。同時興建電氣燈廠（大王廟）和自來水水廠。一九〇八年，還在後城馬路張美之巷建成水塔一座，為八卦式七層建築，高 41.32 米。塔頂裝有報火警鐘。漢口水塔在一九二四年江漢關建成之前是漢口的第一標高，歷史上是漢口地標性建築。

八月

福華煙公司在漢口開辦，位於漢水邊的永寧坡（巷），計安裝有捲煙、裝袋、烘乾機器各一部，職工二十四人。日產香煙三十萬餘支，原料購自河南、廣東，吸口、紙包裝及藥品則購自日

本，銷路頗好。

物華紙煙公司創辦，集股本銀三十萬兩，在大智門外建造廠屋，以期抵制西貨。

鄂南周秉忠報請張之洞批准，招集商股二百七十八萬創辦武昌水電公司，官督商辦。規定開辦獲利後，每年以贏利百分之二十報效官府。遲至一九一五年該公司始投產發電。

十一月

英商漢口電燈公司開始供電。設於漢口俄租界的界限路（今合作路），計籌集資金十三萬兩，由英商出面征得英、法、俄三國租界當局同意，以三國租界為營業區。有蒸汽機帶動的直流發電機三臺，共計一百二十五千瓦。是漢口租界地區電力工業之始。

是年

德國商人優希聶在漢口宗關開辦德源磚瓦廠，產品主要供給租界內建設之用。由於該廠在湖北境內首先採用輪窯生產，因而名噪一時。十年間，輪窯焙燒技術擴散至華商諸廠，並傳入鄰近省份。

機器工業同業公會建立。會址在漢口利濟路附近的老君殿，是當時銅匠集資所建，為同業之公所。由同業彭茂鎧、陳運藻、錢盛和、周成興等人每年輪值擔任會首。

寧波商人景慶雲投資創辦金龍麵粉廠，有資本十五萬元。廠址設於法租界巴黎街（今黃興路），並在此註冊懸掛法國旗。購

進法國機器，有四部磨機，日產量三百包。

張群叔投資一萬元創辦鼎升恆榨油廠。生產豆油、豆餅，年產值十五點二萬元。

留美學生王蓉裳試驗將亂絲敗繭加入化學材料織制彩綢成功，遂在漢口集股設廠，並向朝廷商部申請專利。湖北留日學生杜權等人在漢口德租界設廠仿造各種洋紙。王華軒創辦中西報印刷所，有資本二萬元，工人三十一名，年產值一點四萬元。

湖南甯鄉人程頌萬在武昌創辦廣藝興公司，資本四萬元。陳舜臣在江漢路創辦滋美食品廠。英美煙草公司在漢口德租界六合路設立分廠，直接在漢口生產捲煙。該廠擁有資本九百八十萬元，裝備有新式捲煙機器，一九〇八年正式投產。有六十五臺捲煙機，生產規模在湖北外資工廠中首屈一指。英美商人合資創辦的英美煙公司六合路製煙廠及後來增設的礄口製煙廠，擁有資金一千零五十七萬元，是辛亥革命前武漢最大的外資企業。兩廠共有製煙機器設備九十七臺，職工二千四百到三千人，月產煙一萬一千五百箱。據《海關十年報告，江漢關，1902-1911》記載，「英美煙公司在漢口的煙廠其規模堪與任何一家大企業匹敵。日產紙煙一千萬支。」另據一九一一年的《宣統二年漢口華洋貿易情形論略》記載指出，「本年（1910）大半年每日出紙煙八百萬支」。

一九〇七年（清光緒三十三年）

七月

揚子機器廠創建，資本一百萬兩，其中，由李維格、顧潤章、宋煒臣、王光等集資三十五萬兩（次年增至 40 萬兩）。是當時中國最大的民營機械製造廠之一，工廠採用國外先進的機器，聘請外國技師，製造鐵路橋梁、車輛、叉軌、輪船，以及煤汽發動機、鍋爐和各種機器。工人最多時超過二千人。一九一八年改名揚子機器公司，加入漢冶萍集團。為武漢成為近代化的工業城市奠定了一塊重要的基石，對中國近代機械工業的發展起到積極作用。

是年

日商東亞製粉株式會社在漢成立。有資本四十八點七萬元，工人一百三十名。裝有日式三十寸雙邊鋼磨十七部，另有一部大型機器，有動力四百馬力。投產之初，日產量為二千三百包。

日商大正洋行斥資在漢口開設大正電氣株式會社。廠址設於日租界上小路（今中山大道吉林路口），安裝有二臺 30 千瓦蒸汽直流發電機組。德商美最時電燈廠投產。由美最時洋行經辦，廠址設在德租界二碼頭。初期安裝有 37.5 千瓦、80 千瓦、160 千瓦蒸汽機直流發電機各一部。英商和記洋行在漢口六合路搭茅棚加工蛋品，進行季節性生產。一九一一年和記蛋品加工廠成立，一九一五年蛋廠七層生產大樓投產，日產蛋製品九十噸。為

甲午戰爭後外國廠商在武漢興建的最大規模的機器製蛋廠。有資金四百萬元，職工二千餘人，日用蛋一千五百擔，擁有冷凍設備，產品由自備汽船直接輸出，年出口量達七千噸。開始了漢口冷凍蛋製品的輸出貿易。清政府頒布《外省官制通則》，規定在各省設立勸業道，專門主持農工商業及交通事務。

武昌白沙洲造紙廠建造，廠址在武昌望山門外白沙洲，占地一百零一畝，投資五十萬兩白銀。一九一〇年正式投產，生產新聞紙、連史紙、鈔票紙。是清末民國初時期全國最大官營紙廠企業。

湖北製革廠建造，廠址在武昌保安門外南湖之濱，占地二百四十三畝。由湖北官錢局撥資本銀五萬兩興辦。機器設備購自德國，並雇請德籍工程師作技術指導。專製槍炮廠所造槍炮應需配用之皮帶、彈盒、刀鞘、馬鞍、軍靴、皮袋等件。

湖北模範大工廠（又稱手工善技場）在武昌蘭陵街創辦，次年建成投產。內設染織、製革、竹木和縫紉等行業。後由商人集股經營，工匠達七百餘人。

礄口勸工院成立。廠址在漢口礄口下首，生產簡易產品。以訓練和組織貧民自謀生計為目的。一九一五年改為漢口貧民大工廠。一九一九年改為私營公信布廠。

劉建炎籌資於漢陽南岸嘴創辦武漢兆豐公司，資本約十四萬兩銀元。購有德國蒸汽機二部、碾米機八部、大礱子三部，日產色白質優大米九百擔，一改以往土法碾米、米質粗糙的舊貌。是武漢機器製米業的開端。

日商日清公司漢口分公司成立，有碼頭二座，堆疊六所，船

舶十三艘。王仙舟等在武昌開辦捲煙公司，勘定中和門內津水閘地方建廠開辦。廣東商人唐朗山投資二十五萬兩，在漢口玉帶門開辦興商磚茶廠，是為全省第一家民營機器磚茶廠。該廠採用英國製造的動力機和製茶機，日產磚茶二百五十六擔，用工四百餘人。在漢口易家墩有同德、廣茂、美奐三家機製磚瓦廠創立。漢口傅集文石印刻字館、蔚華印刷廠、大成印刷公司相繼成立。

順豐榨油廠、允豐榨油廠、清華榨油廠、亞獻公司化學廠等一批民營工廠投產。

據宋亞平等著《辛亥革命前後的湖北經濟與社會》統計，一八九〇至一九〇七年全國有較大規模的四十六家工廠，其中湖北（主要在武漢）十一家，占總數 24%，超過上海近三倍，居全國第一。

一九〇八年（光緒三十四年）

二月

漢陽鐵廠、大冶鐵礦、萍鄉煤礦正式合併，由官督商辦轉為完全商辦，組成漢冶萍煤鐵廠礦股份有限公司並在農工商部註冊。經理盛宣懷。為中國近代第一家採用新式機械動力設備進行大規模生產的鋼鐵煤聯合企業。

八月

漢口既濟水電廠送電。歷經兩年建設，建於漢口大王廟的兩座歐式發電廠，裝有五百千瓦直流發電機三部，總裝機容量達一

千五百千瓦。占全國經營電廠總容量四千四百四十九千瓦的三分之一，位居全國民辦電業之冠。

是年

湖北氈呢廠始建。由張之洞委派候補道嚴開第為總辦，擇定武昌文昌門外織布官局官地建造，占地七十一畝。一九○九年竣工。官商合辦，該廠的機器設備均采自德國，工藝較為先進。

湖北針釘廠創建，廠址在漢陽赫山原鑄幣廠舊址。一九○九年正式開工投產。所用機器設備均由德商瑞生洋行自國外定購，費資二十一萬兩銀，並聘有三名英籍工程師。首開近代中國機械製針業之先河。

漢陽官磚廠創建，廠址在漢陽赫山之北麓。有英式磚窯九座、火磚窯一座、圓瓦窯一座。一九一一年更名「湖北官磚廠」。

寧波人沈祝山在漢口創辦漢協盛營造廠，先後購置英制混凝土攪拌機和打樁機各一臺，後又仿製打樁機四臺，備有電力控制的超重設備，配置有二十多輛貨車和輪船、拖駁各一艘以及運輸傳送工具，有專業搬運工人。承建了當時武漢新建大型建築工程中的百分之十九，如保安大樓、橫濱正金銀行、普愛醫院、武漢大學等。同時，為了降低原材料成本，還自設磚瓦廠和採石廠。為二十世紀二○年代武漢最大建築、建材企業。

民辦漢口天盛榨油廠和漢口德源製磚廠分別投產。嚴子嘉創辦兩宜紙煙廠於漢口大智門。英商和記洋行凍肉廠（時稱國際出口公司）投產。英商永源蛋品加工廠投產。

德商吉興織襪公司在武昌成立，銷售織襪機三百多臺。開武漢織襪行業之先河。

一九〇九年（清宣統元年）

三月

漢冶萍煤鐵廠礦有限公司召開第一屆股東大會。會議選出盛宣懷為總理，李維格為協理。到一九一一年辛亥革命前夕，該公司員工七千多人，年產鋼近七萬噸，鐵礦五十萬噸，煤六十萬噸，占清政府全年鋼產量百分之九十以上。

五月四日

李平書在漢口創辦美倫機器製造麻袋公司，資本銀二十萬兩。

六月

漢口既濟水廠建成送水。供水範圍在歆生路（今江漢路）以南，礄口路以北，後城馬路以東，面積約四點三平方公里，日供水量達五百萬加侖。

是年

武漢手工業生產發展到四十多個行業，共計四千八百五十六戶，工匠一萬餘人。包括銅器、鐵器、剪刀、筆墨、制傘、雕刻、金銀首飾、紙紮、成衣、制帽、靴鞋、繡花、藤器、木器、

筷子、食品等行業，著名產品如銅器、漢繡、牙刻、筆墨等遠銷海外。

湖北勸業道照章設立。是湖廣總督府下的一個直接行使職權的實業管理機構，統一管理全省農工商業、交通、礦務及郵傳等各項實業的主管機關。

繼任湖廣總督陳夔龍在武昌平湖門外，開設「勸業獎進會」和「南洋出品協會」，取獎勵生產進步之意。在武昌大朝街開辦湖北官紙印刷局，除印刷全省所用官紙外，又承印各學校課本，員工達四百餘人。

一九〇九年後，上海商號來漢開設分店，經營品種有鋼鐵型材、機械配件。十九世紀八〇年代贏得「上海五金大王」之稱的葉澄衷，先後在全國各地開設三十八個順記五金號分號，漢口順記分號委以寧波鎮海人沈賓笙全盤負責，引進上海五金業較先進的經營理念，推動漢口五金業的發展。漢口中山大道天津路一一〇六號瑞昌五金號，是武漢另一家比較大的五金號。隨著武漢五金業迅猛發展，有眾多寧波商人加入此業，如順記承、裕記等五金號。

商辦漢口肇新織染有限公司、武昌五升昌機器廠、漢口榮昌機器廠、李興發機器廠、義同昌機器廠等一批民辦機器廠相繼投產。主要製造軋花機、製茶機和糧食加工機械，並從事修配業務。

是年，俄商順豐、阜新、新泰等磚茶廠約五千工人舉行罷工，反對工頭盤剝，要求增加工資。

一九一〇年（清宣統二年）

九月

湖北商辦鐵路股份公司在漢成立。

是年

清政府頒行《幣制則例》，規定各省停止自行鑄造銀元。湖北銀幣局隨即與湖北銅幣局合併為戶部造幣總廠武昌造幣分廠（簡稱「武昌造幣廠」）。

漢口既濟水電公司因建廠超支，以五項附加條件向日本東亞興業株式會社借款一百五十萬元。一九一六年為添辦機器，再借一百萬元，共計二百五十萬元，償期十年，致使公司受日人干預牽制。一九二〇年該公司「籌借華銀，購買日幣」，提前償還債款。

武漢兆豐公司改名為寶善米廠，日產量達一千餘石。嗣又設立分銷店八處，積極宣傳和推銷機米。一度成為壟斷武漢機米市場的大廠。法國商人比格投資三十五萬元，在武漢礄口雙龍巷（今武漢化工廠廠址）創辦法華康成造酒公司，採用機械造酒。此為武漢最早生產酒精的廠家。日商在漢口設立和平製粉株式會社。武漢各界前往南京參觀南洋勸業會的多達三千人以上。美粹學社繡字、彩霞公司繡畫、華興公司綢緞、興商公司茶磚、鼎孚軋花機、熙泰昌紅茶、段義泰金絲絨、大久保罐頭、雅泰永漆器、厚生祥茶葉、利華製革、向洪順仿古銅器、義順成漳絨分別

獲得南洋賽會金牌獎和銀牌獎。

據日本《武漢地區工業調查報告書》（1943 年）記載，一八八七至一九一○年，在漢口開設的十二家蛋廠中，「德籍工廠占五家，主要製品為乾蛋白、液體蛋黃，多輸往德國。最初，工廠的設備簡陋，後逐漸改良，採用德國式的真空乾燥法、美國式的噴霧乾燥法，和記工廠擁有冷凍設備。由於和記的出現，冷凍蛋製品才開始由漢口輸出。這個時期，漢口輸出量產值不過一百萬兩以下，但若和全國比較，已占百分之五十以上」。

一九一一年（清宣統三年）

五月

清政府在西方國家的脅迫下，下令實行「鐵路國有」，意為撤銷民辦鐵路的權利和鯨吞商民已籌集的資金，並將鐵路營造、運營權轉讓給西方國家。籌建中的川漢鐵路（成都－漢口）四川地區爆發「保路運動」。

十月十日

辛亥武昌首義爆發，中華民國湖北軍政府成立，最終導致清朝皇帝退位。中國歷時二千一百三十二年歷史的封建專制制度結束。

是年

漢陽鐵廠是國內最早興建的京漢、粵漢、津浦等八條鐵路軋

製鋼件的唯一工廠。一九一一年以前，武漢地區的鋼鐵產量包攬全國新式冶煉爐鋼鐵總產量的百分之百；一九一二年占全國產量的百分之四十一。

漢口諶家磯造紙廠籌建，清政府度支部撥銀兩百萬兩。設備購自美國，並聘用了九名美國技師，年產量可達七百萬鎊。主要產品除新聞紙、道林紙、印刷紙外，還有鈔票紙及證券紙，這些產品在國內大多屬首創。

揚子機器廠擴充了煉鐵廠和煉鋼廠，補充發電機、煤氣製造機和滑道船塢，機器設備全部從國外進口，成為當時武漢乃至全國規模較大的民營機器製造企業。

日本在漢口開辦了崇文閣印刷廠，以後又辦三寶堂印刷廠，這些印刷廠設備較先進，生產能力較大，大宗印件業務多被他們包攬。

在南洋舉行的世界博覽會上，漢冶萍公司的鋼鐵製品，漢口勸工院的地毯、銅器、燈盞、琉璃、水晶、瓷器，湖北製麻局的葛布、假絲布，湖北繅絲局的紡織物，湖北氈呢廠的羊毛呢等十餘個產品，榮獲「最優等」或「金牌」獎。

武漢三鎮有各類型工業工廠五十三個，占同期武漢地區一百個工廠的一半，包括造紙、印刷、火柴、玻璃、肥皂、捲煙及其他食品加工行業。武漢成為全國機器製紙業的集中地。

二十世紀的最初十年，隨著武漢工業、建築業的發展，五金、機器的進口呈現波浪式增長。據《海關十年報告，江漢關，1902-1911》記載，「各種機械由於日常需要以及工廠建築需要的變化呈現較大的波動性……鐵路原材料的需求自然與鐵路發展

速度密切關聯，一九〇二年為 250000 漢口海關兩，一九一〇年為 756000 漢口海關兩，一九〇六年達到了歷史最高紀錄 4800000 漢口海關兩」。

一九一二年（民國元年）

一月

中華民國臨時政府在南京成立。

二月

鑑於武漢三鎮尤其漢口在辛亥武昌首義中被清軍馮國璋部焚城的狀況，臨時大總統孫中山飭令實業部，通告漢口商民重建市區，並責成內務部籌畫修復漢口事宜。委派李四光為「特派漢口建築籌備員」。

中華民國臨時政府副總統兼領鄂督黎元洪召集各部、處軍政重要人物，投票公選湖北實業部部長。李四光當選為實業部部長，牟鴻勳任副部長。同年三月，湖北實業部改為湖北實業司，李四光、曹寶仁分任實業司正、副司長。

四月九日

剛剛辭去臨時大總統的孫中山，應湖北都督黎元洪之邀前來武漢。在漢期間，視察了數家大型企業。並將由此產生的振興武漢經濟的許多想法收入了他潛心撰著的《建國方略》中。

四月

漢冶萍煤鐵廠礦有限公司董事會成立,改選盛宣懷等九人為董事,趙鳳昌為董事會會長,張謇為總經理。

是年

積興織布廠在礄口創辦,是辛亥革命後武漢新建的第一家機器織布廠。有鐵木布機三十臺,生產花色布疋。

武漢、上海商人在漢口仿製德國襪機成功,月產量達到一百餘臺。湖北手工針織機由此而興,並從武漢向各地擴展。

劉子敬等合資創辦華發蛋廠,同年獨資創辦漢口發記蛋廠。一九一九年又獨資設立中華製蛋公司,在外省各地設莊八十多個收購蛋品。

法商梅虓在漢口歆生路創辦升通汽車行,在武漢首次引入計程車行業。一九〇五至一九一一年,和豐、恆豐、漢豐、金龍、瑞豐、和平等麵粉廠先後建成投產,年需小麥原料三百萬擔左右。至一九二〇年,全市工業、手工業共需原糧 524.77 萬擔。

一九一三年（民國二年）

一月十三日

漢陽兵工廠總辦劉慶恩呈請廠內開辦兵工學校,以培養工人為技士。陸軍部於同年二月十四日批准,開辦經費八千元,常年經費八千元。學校分預科、本科,學制四年,預科修業二年,考試合格者入本科,額設學生五十名。一九一六年停辦,僅有八名

學生學滿四年，由校方發給畢業證書，陸軍部加蓋部印。兵工學校先後由梁強、胡毓章、楊文愷兼管。

五月三十一日

漢陽兵工廠工人反對廠方以貶值紙幣發放工資，舉行罷工。黎元洪被迫將該廠總理劉慶恩免職，並允許以銀元、紙幣分成搭配發放工資，工人始復工。

八月

中國工程師學會成立大會在漢口舉行。公舉詹天佑為會長，顏德慶、徐文炯為副會長，會址設在漢口法租界泰興里十八號。不久，該會改名為「中華工程師學會」，成為國內唯一的包括土木、機械、水利、電機、採礦、冶金、兵工、造船八個專業的工程學術團體。

十二月

漢冶萍公司幾經談判，與日本正金銀行簽訂了《九百萬元擴充工程借款合同》及《六百萬元償還短期欠債或善後借款合同》。通過此次貸款，日本實現了對漢冶萍公司的控制。

周恆順機器廠製造出一臺三十匹馬力臥式煤氣機，並發展煤氣機系列，產品行銷兩湖、河南、陝西、四川等省。煤氣機產量占全廠各種產品的一半以上，最高年產量達一百餘臺，二千餘匹馬力。

英國亞細亞火油公司漢口分公司開業，設營業部於漢口天津

路亞細亞大樓，下轄長江、九江、重慶三個子公司。武漢建築業實業家沈祝三因創辦漢協盛營造廠的需要，於一九一三年後建立阜成磚瓦廠及軋石廠、煉灰廠，逐步採用蒸汽機為動力，機器製磚，以輪窯焙燒工藝焙燒紅磚紅瓦，試製出空心磚和異形磚等品種達十三個之多。這些建築材料，為當時漢協盛營造的許多著名工程，如四明銀行、鹽業銀行、景明大樓、武漢大學、一紗廠等發揮了重要作用。

截至一九一三年，全省已有紡織印染廠一百二十家，占全省工廠數的五分之一。

有職工七千六百零五人，比清末有了較大的增長。

一九一四年（民國三年）

日本商人出資創辦大正電氣會社。位於漢口日租界上小路（今中山大道吉林路口）。最初安裝二臺三十千瓦蒸汽直流發電機組。主要供應日租界內用戶，發電設備容量一百八十五千瓦。周恆順機器廠繼承者周仲宜為四川自流井鹽場試製成功了蒸汽起重機，工效提高二十倍。一九一四至一九三七年，自流井的設備、零件、吊繩為周恆順獨家經營。一九一五年為甘肅成功仿製了一套造幣機。

薛坤明籌資五千元，在漢口統一街土巷開辦「民信」肥皂廠，一九一五年第一次世界大戰爆發，遂將商標改為「太平洋」。為武漢肥皂製造業之起步。

武昌電燈公司創辦，資金十五萬元，有三百匹馬力發電機二部。一九二七年因虧損轉售給竟成電燈股份有限公司。

漢口謝榮茂燭皂廠建成。永濟米廠在武昌開辦，合資經營資本五千兩銀元。

一九一五年（民國四年）

三月

諶家磯造紙廠投產，日產紙三十噸。

五月

武昌第一紗廠（即漢口第一紡織股份有限公司，因遷址更名）開始興建。全廠分為南北兩個紗場，一個布場，計有紗錠四點四萬枚，布機五百臺，職工八千餘人，廠址在武昌曾家巷江邊。由李紫雲及彭玉田、劉季五、程棟臣等人共同集資三百萬兩銀元創辦，為武漢第一家大型民營紡織工廠。其規模之大，居華中首位。

是年曹祥泰雜貨店在武昌都府堤開設祥泰肥皂廠。漢口義順成廣貨店經理陳經佘籌資二點四萬兩白銀，在漢正街武聖廟創辦「漢昌燭皂廠無限公司」，以手工製皂。安徽人陳楚裕等人合資創辦楚裕麵粉廠，一九一八年一月正式投產，日生產能力一千五百袋。

漢口老采章花緞、信記茶葉、姚春和銅器等二十項產品獲巴拿馬賽會一等金牌獎。漢口有槽坊一百七十二家、酒麴坊二十一家，其中最有名的是聚興益、大有、老天成三家，因多是河北籍人所開，故又稱「北直幫」。

據《漢口小志》記載，一九一五年，漢口糧食商戶增至三百九十四家。當時漢口年均市銷和出口糧食一千四百萬到一千五百萬擔。

一九一六年（民國五年）

三月一日

湖北造幣廠東西兩廠同時開工，不分晝夜鑄造銅元，規定每日造二十萬元。

八月十八日

盛東生等開辦武漢第一家民營汽車行。

是年

武昌第一紗廠創始人之一的劉季五自動退出第一紗廠董事會，另行與買辦劉子敬合股創辦震寰紗廠，廠址選定於武昌上新河。劉子敬為主任董事，劉季五為總務董事兼理經營業務，劉逸行則專任董事兼理廠務。

簡照南和弟弟簡玉階創設的「南洋兄弟煙草公司」開始來漢營業。一九一七年動工建設五層漢口南洋大樓。

一九一七年（民國六年）

四月三日

漢口鉅賈劉歆生籌款六十萬元，破土動工修築馬路。

五月十二日

漢協盛營造廠承建的漢口合作路電話大廈竣工，漢口電話局遷入；同年興工建造天津路電報大廈，一九一九年建成，漢口電報局遷入。

是年

漢口總商會會長李紫雲集資二十萬元在漢口仁壽路開設燧華火柴廠。計有排梗機四十八部，工人約四百名，日產黃磷火柴二百簍，產品銷售省內及鄰近各省。一九二〇年停產。

德馨米廠在漢陽西門創辦，由劉階庭、王星元、程雲樵投資五千銀元。官辦武昌煉銻廠創立。

一九一八年（民國七年）

六月二十二日

漢陽兵工廠彈藥倉庫爆炸，死傷三十餘人。

七月

湖北中華鐵器股份公司在漢陽成立。

九月

福新第五麵粉廠在礄口宗關創辦。該廠由江蘇無錫榮宗敬、榮德生集股興建，股東三十家，股金三十萬元，其中榮氏兄弟股額占總額數的 55.39％。一九一九年十月開工投產，資本六十萬元，購進粉磨二十二部，六百馬力蒸汽機引擎一部，幾經擴充，日產麵粉能力達到六千袋，生產規模居漢口各麵粉廠之首，並成為華中地區規模最大、設備最先進的機器麵粉廠。

十一月漢陽藝榮昌機器廠創立，是武漢最早的專業鑄造廠。周恆順廠正式申請商標註冊，商標圖案為「規矩方圓圖」。

是年

英商在漢口法租界霞飛將軍路 36 號（今嶽飛街 42 號）籌建和利汽水廠。創辦人是柯三和克魯奇。該廠全部機器設備從英國曼徹斯特機械廠購進。一九二一年建成投產，日產汽水最高達二千打。

英商贊育汽水廠在法租界（今車站路 9 號）建成。該廠全部機器設備從英國進口，日產汽水一千打。

陳佛珊在漢正街創辦順興恆米廠。一九二三年採用電動機作動力。張春甫在漢正街創辦公太米廠。至此，武漢原有行業如成衣店、鐵器業、硝皮業、木器嫁貨等均有發展，同時還增加了皮鞋業、草帽業、白鐵業、骨角業、油布雨傘等一些新的行業。

一九一九年（民國八年）

四月二十四日

監管路政委員會技術部中國代表、粵漢川鐵路督辦詹天佑在漢口病逝。一九一二至一九一九年詹天佑主持修建粵漢、川漢鐵路時在漢口寓所居住。五月二十五日，武漢地區各界舉行公祭哀悼這位「中國鐵路之父」。

五月二十日

「五四」運動爆發後，國人強烈反對「巴黎和會」將德國在中國山東的特權交日本接受的決議，漢口各大工廠工人代表二百多人集會，提出不用日貨，不幫日人做工，不用日本銀行貨幣，並呼籲全省各工廠、各界愛國人士聯合行動，六月十一日申漢輪船水手及伙夫舉行同盟罷工。次日，武漢各公司大小商船工人相繼罷工。日人開設工廠中的中國工人紛紛離廠。

是年

武昌裕華紗廠籌建。由漢口棉紗幫負責人孫志堂任總經理，張松樵任經理。楚興公司總經理徐榮廷籌建大興紡織股份有限公司，先後籌資兩百一十萬兩，地址在武昌曾家巷。寧波人張慶賚在漢口創辦寶豐永搪瓷廠，開武漢近代搪瓷工業之先河。張慶賚被譽為武漢搪瓷業第一人。

揚子機器廠再次擴充資本一百五十萬兩，陸續從國外購進新

設備，全廠除化鐵爐外，還設有加工、電機、翻砂、橋樑、造船等分場。陸續為漢冶萍公司建造木駁船二十餘艘，嗣又建造了各類拖輪、鐵殼拖輪多艘，生產了多座鐵路橋梁，承接並完成了大批機械修理工程，成為國內著名的民營機器廠之一。

漢口、武昌電燈公司的陸續開辦，帶動了為其服務的電料行的興起。一九一九年漢口電器業有三十四戶。韓秀記是武漢最早的電料行，以安裝修理為主，販賣為輔。

馬應龍生記藥店創建於一五八二年，一九一五年設立武昌鬥級營分店。一九一九年「馬應龍」眼藥店及其生產作坊開設於漢口，專門生產經營八寶眼藥粉。一九五二年八月，馬應龍生記藥店改為國營武漢第三製藥廠。

漢口打包中英合股有限公司成立。股本共十萬股，外商占六千零六十六股。

武漢三鎮有肥皂廠八家，資本達十九點八萬元。初時設備簡單，全系手工製造。

一九二〇年（民國九年）

揚子機器廠煉鐵廠續建一百噸高爐一座，專購官礦署之象鼻山鐵砂，以供化鐵。揚子機器公司自製駁輪十餘艘，由黃石港領運鐵砂，每次五百噸，無休息日。

楚興公司總經理徐榮廷等人與張松樵合作，以楚興公司歷年分紅所得和漢口棉紗幫的投資，共集資一百三十六萬兩，組成裕華股份有限公司董事會，推舉徐榮廷為董事長，張松樵為經理。

瑞昌鋸木廠創辦，資金二萬元。

一九二一年（民國十年）

一月十日

京漢鐵路與粵漢鐵路湘鄂段，因長江相隔無法聯通，武漢開通火車輪渡實現聯運。

十一月

申新第四紡織廠在漢口開辦。由民國年間中國資本最雄厚的民族企業集團之一榮氏企業集資二十八點五萬元建設。榮宗敬任總經理，榮月泉任經理，李國偉任副經理兼總工程師。廠址設於漢口礄口宗關，緊靠榮氏投資的福新第五麵粉廠，占地五十畝。一九二二年三月落成投產。

十二月

人力車工人工會會所建立，是武漢最早的工會組織之一。

是年

南洋大樓在漢口後城馬路（今中山大道）落成，南洋公司漢口分公司正式成立。

北京政府改變鋼軌標準，造成漢冶萍公司約五萬噸鋼軌失去銷路，大量積壓，漢陽鐵廠煉鋼部分隨即全部停工。民營周恆順機器廠開辦藝徒訓練班，聘請教員教授語文、數學、機械原理、製圖，設有教室，配有教員，夜間督促藝徒自習。宋煒臣主持的

既濟水電公司被迫改組，由唐春鵬任董事長，呂超伯任經理。吳蘊初在漢陽設廠製造火柴原料氯酸鉀，在漢口設熾昌硝城製造廠，生產鉀、氯、洋硝等肥皂原料。漢口市食品製造業同業公會成立。

曹祥泰乾米店主曹芹軒投資十一萬銀元，在漢口沈家廟開辦米廠。民國初期，特別是第一次世界大戰前後，武漢的經濟發展獲得良好機遇。據《海關十年報告，江漢關，1912-1921》記載：「國外機器進口值增加從一個側面反映了漢口工業的發展，十年初各種外國機器的進口價值 316232 兩，到十年尾上升為 2500000 兩……銑鐵和鐵礦十年初出口為 653836 兩，一九一八年達到最高值 7800000 海關兩，一九二一年跌落到只有 2430000 海關兩。」

一九二二年（民國十一年）

一月二十二日

京漢鐵路江岸工人俱樂部成立。江岸是京漢鐵路南端總站，有機車處、工務處、機器廠、車站等單位，是武漢工人運動奠基地。

二月二十六日

徐家棚粵漢鐵路工人俱樂部成立。隨後，漢陽鋼鐵廠、揚子機器廠、漢陽兵工廠、漢口英美煙廠、武昌造幣廠、既濟水電公司、武昌第一紗廠等先後成立工會或工人俱樂部。

五月

武昌震寰紡織廠建成投產。由買辦劉子敬等人合股集資興建,地址在武昌上新河。

七月二十三日

武漢地區各工團成立了「武漢工團臨時聯合委員會」。後改名為「武漢工團聯合會」,辦公地址設在漢口租界人力車夫工會所內,林育南為秘書主任,施洋任法律顧問。為全國最早成立的地方總工會。

十月十日

武漢工團聯合會改名為湖北全省工團聯合會。武漢二十八個工會團體及各界人

士二萬五千人在漢口鐵路外廣場召開大會,正式成立「省工聯」。決定統一工會名稱,將工人俱樂部、職工聯合會等一律改名為工會。同時創辦機關報《真報》。

十一月四日

漢口江漢關大樓奠基興建,一九二四年七月落成。為希臘古典式與歐洲文藝複興時期的風格,樓高四十六點三米,取代漢口水塔成為武漢最高建築。是全國第一座英國議會式鐘樓海關建築。

十二月十日

全國最大的跨地區產業工會——漢冶萍總工會在漢陽舉行成立大典。該總工會由漢陽鋼鐵廠工會、安源路礦工人俱樂部、大冶下陸鐵礦工人俱樂部、漢冶萍輪駁工會和大冶鋼鐵廠工會等組成，會員三萬餘人。劉少奇任委員長，向忠發任副委員長。

是年

漢口既濟水電廠資本增加到五百萬元。該公司分別從英國、美國和瑞士購進五百至三千千瓦機組五臺。漢口森昌絲行經理張元芳與怡大絲行朱燕侯及粵商陳同新合資創辦成和絲廠。

漢口勝新麵粉公司、漢口三北輪船公司相繼成立。

一九二三年（民國十二年）

二月四日

京漢鐵路總工會在漢口發表《罷工宣言》，宣佈「京漢路全體一律罷工」，全長一千二百多里的京漢鐵路全部癱瘓。七日，軍閥吳佩孚在西方列強北京使團支持下，屠殺林祥謙、施洋等五十二位罷工領袖和工人（其中漢口 39 人），打傷工人二百多人，發動震驚中外的「二七慘案」，導致全國工人團結，形成了中國工人運動第一次高潮。

日資泰安紗廠（即泰安紡織株式會社）動工，翌年九月正式投產。地址在礄口宗關，是日資在中國內地建立的唯一紗廠，由日本江洲財團所屬日本棉花株式會社投資五百萬日元建成，歸日

商漢口日信洋行直接經營。計安裝紗錠二萬零三百三十六枚，布機二百臺。湖北將軍團借助政治權勢強迫楚興公司退租後，成立楚安公司承租布紗絲麻四局。使用黃鶴樓商標。

一九二四年（民國十三年）

十二月

漢冶萍煤鐵廠礦有限公司重選孫寶琦等十人為董事，孫為董事會會長。

是年

英美煙草公司又將礄口鄒家街煙葉廠改建為第二捲煙廠。有捲煙機三十一臺，月產四千五百箱。用工達四千五百餘人。英美煙草公司在漢口二家分廠的生產規模僅次於上海，居全國第二位。張霖甫等人集股創辦漢口「全記戴春林花粉店」，手工生產化妝品，有工人八名。

漢口隆昌染廠首先使用燒毛機、烘布機和拉幅機等設備進行生產，開創了湖北機器印染工業之先河。

漢陽兵工廠總辦劉文明呈請陸軍部批准續辦兵工學校，定名陸軍部漢陽兵工廠專門學校，面向社會招生。建築校舍等開辦經費由漢陽兵工廠撥給，並指定工廠總辦兼校長。一九二五年八月八日開學，一九二九年八月十三日，首屆學員三十八名修滿四年畢業。北伐後由鄧演達繼任校長，改名為國民政府漢陽兵工廠專門學校。

一九三二年學校遷往南京，為國內第一所兵工技術專科學校。

一九二五年（民國十四年）

薛坤明將漢口民信廠正式改名為「太平洋肥皂廠」，添建新廠房，配置大型燒鍋等，擴大生產力，生產規模發展到三萬多箱，成為華中地區最具規模的民族資本肥皂廠。

大冶鐵廠高爐全部停產。此後，迫於償還日本債務的壓力，以及焦煤來源無法得到保證等因素，鐵廠高爐長期閉爐停產，附屬電站亦停止發電，成為修理運礦設備的場所。

周恆順機器廠主周仲宣等人合資開辦漢陽民營電廠。既為工廠照明，又為示范推廣周恆順廠生產的煤氣發電機。

商人許致和在漢口創辦「大明電池廠」。該廠創辦之初有工人三十餘名，日產太陽牌乾電池一千支。是武漢乾電池生產之始。漢口冶煉油廠成立，提煉煤油產品。漢陽電氣股份有限公司成立。

中英合資漢口製冰廠開業。

英國亞細亞火油公司投資四十餘萬兩白銀興建「漢口亞細亞大樓」，後又兩次追加投資，建成漢口丹水池、宜昌青草壩等大型油庫。

民生藥房使用機器生產。一九三〇年創立的中華、中其製藥社，機器生產大量的片劑和成藥。

一九二五年，武漢掀起抵制英貨、日貨的運動。

至一九二五年，武漢機器米廠發展到九十多家，但除八家大

廠外，多為小型工廠。八家大廠日產精米一千五百五十擔，年產約五十萬擔。

一九二六年（民國十五年）

三月二十五日

湖北官錢局停業。

十一月

武漢工會組織發展迅速，正式宣佈建立的工會有一百五十八個，會員達二十萬人。

至年底，全市工會發展到二百七十四個，會員達三十萬人。

英國藉口武漢工潮不斷，關閉了在英租界和礄口的兩個捲煙廠，使三千八百餘名工人長期失業。

是年

「南洋兄弟煙草公司」在礄口仁壽路興建捲煙廠，一九三四年八月一日開工。

上海銀行行長周蒼柏和漢口買辦楊坤山，出資二十萬元給英美煙草公司作押金，開設「義記」經銷公司，與華商永泰和公司包攬在武漢及華中各省的銷售業務。

漢口既濟水電廠的發電設備容量增加到一萬零五百千瓦，成為中國人經營的全國四大電廠之一，其規模、資本仍居全國華資水電企業之首。

漢口市印刷同業部公會成立。有會員七十二戶，擁有橡皮機、電動石印機、對開鉛印機、四平平臺機、圓盤機、手搖石印機共二百零九部。一九二七年全行業又增加了電動石印機、鉛印機、平臺機七十八部，印刷企業達到三百餘家。

國民革命軍北伐佔領武漢。一批由軍閥官僚投資或與之有聯繫的企業首先停產。全省最大的機器廠——揚子機器廠的老闆棄廠而逃，楚安公司和日商泰安紗廠亦相繼停業。裕華、第一兩大紗廠因勞資糾紛嚴重，生產急劇下降，僅在勉強維持之中。申新四廠日產棉紗亦從五十件降至十餘件。李紫雲因憂憤成疾，投井而死。

據一九二六年《漢口之豬鬃業》，《銀行雜誌》，第三卷第十四號記載：「漢口豬鬃號與作坊，共有　百餘家。羅家墩有作坊十餘家……此外武昌有作坊十餘家，橫店有三十餘家。」

是年，國民政府中央委員會臨時會議決定，遷都武漢。

一九二七年（民國十六年）

一月

國民政府由廣州遷都武漢，劃漢口、武昌、漢陽為「京兆區」。

二月十一日

中華全國總工會由廣州遷來武漢。二十日，在漢口舉行執委擴大會，選舉李立三為代理委員長，劉少奇為秘書長。機關舊址

在今漢口友誼路十六號。

三月

國民黨二屆三中全會決定增設實業部，並任命孔祥熙為部長，但直到武漢國民政府解體，此部始終未建，經濟建設問題最終未能提到議事日程。

成立整理漢冶萍公司委員會。因武漢地區政治經濟形勢的急劇變化，使得整理委員會並未能對漢冶萍各廠礦進行認真地整理和恢復。

四月

湖北省建設廳正式掛牌辦公，孔庚任廳長。此時，全省工礦企業已大多處於不景氣狀態之中。

六月十九日

第四次全國勞動大會在漢口召開，選舉產生中華全國總工會執行委員會。

是年

華商集股收購日商若林藥房後，改名為民生藥房，又從日本購進機器設備。湖北製藥業從此產生了具有動力設備、使用機器生產的工廠。

武漢國民政府決定收回漢口、九江英國租界。英國調集一點六萬軍隊駐紮上海及其附近江面。英國會向南京政府宣佈對武漢

實行禁運、禁銷、禁貸,致使武漢大批工廠停工,二十多萬工人失業。

一九二八年（民國十七年）

年初

聚興誠銀行外國貿易部的李銳與施美洋行商定,以代購取傭方式進行合作,開設義瑞油行於漢口黃陂路。

九月一日

漢口十七家經營腸衣的華商成立了漢口製造豬腸業商會,其中以開利、守信、三合、均益規模較大。

十月

湖北省舉辦國貨展覽會,武漢地區又有一批手工業產品獲獎。其中有漢口張之山的黃紋皮、武昌吳彩霞的繡屏、漢陽劉泰昌的軋花皮輥、武昌胡開文的徽墨等十七項產品獲特等獎;漢口、武昌牛同興的剪子二項產品獲優等獎;漢口姚春

和的銅燭臺和銅燉壺、曹正興的菜刀、蘇恆泰的雨傘等二十一項產品獲一等獎;武昌包萬興的楠木傢俱等十一項產品獲二等獎;俞宗記的黑油漆筷等六項產品獲三等獎。

是年

萍鄉煤礦被江西省接管。至此,規模龐大的漢冶萍公司只剩

下大冶鐵礦一處繼續生產，淪為日本製鐵所的供礦單位。它的衰落是中國近代工業化過程中的一個重大損失。

漢口建華制油漆股份有限公司建立，由旅漢浙江籍商人唐性一、林聖凱等創辦，廠址在漢口江漢三路，創辦資金三萬元，有工人三十餘名。為武漢較早的化學油漆製造廠。

漢宜公路局修車廠創辦。這是武漢首家官辦汽車修理廠。上海冠生園總公司委派張澤鎏來漢籌辦冠生園漢口分公司。先後在漢口江漢路、友誼街開設三個支店，在中山大道永廣裡設廠生產糕點，時有工人三十六人。

一九三五年成立冠生園漢口分公司，人員增至一百人。

一九二八至一九二九年漢口申新第四紡織廠的李國偉提出了改革方案，革除落後的管理體制、改進生產方式、引進一批批專科畢業生，由此生產規模擴大，生產獲利，擁有工人二千多名，約三萬錠紗錠，四百多臺布機。在榮氏申新系列的企業中嶄露頭角。

一九二九年（民國十八年）

一月

國民政府仿照西方國家之成法，擬定《工廠法草案》一一七條，嗣經審議修訂，於同年十二月正式頒布《工廠法》十三章七十七條。

六月四日

漢陽兵工廠炸彈引爆，炮廠被毀。

七月三十一日

國民政府公佈實施了《特種工業獎勵法》。

十一月

武昌福源公司租賃的紗、布、絲、麻四局相繼停工，八千餘名工人失業。

是年

薛坤明在無錫小尖上籌建太平洋肥皂廠第三分廠（按照其排序，漢口土壋為太平洋肥皂廠總廠、礄口為第二分廠），次年建成投產。

商民協會五金機器同業公會成立，選出金宗等人為會董。德士古石油公司漢口分公司成立。設漢口沿江大道滙豐銀行大樓內，下轄重慶、沙市、宜昌、長沙、南昌五個銷售處，各建堆疊一所。

規模較大的民營專業造船廠——江漢造船廠創辦。該廠能造五百噸以下的鋼船。一九三七年與官辦的武昌機廠合併，成為以修造船舶為主的較大型工廠。

中國光華煤油公司在漢口成立。一九三四年倒閉。地皮、油池、倉庫、設備等被美孚石油公司收購。

是年，民營紗廠的紗錠由一九二二年的十五點三萬枚增至二

十餘萬枚，工人增至二點四萬人，是武漢紡織業發展的高峰期。

據國民政府一九二九年統計，武漢的民族工業，包括紡織、食品、交通、化學、玻璃、建築、器具、衣服、教具、機械、公用、美術、雜品等類，共有工廠一百家。一九二九年，漢口工商業資本 5099 萬銀元。其中：商業資本 3466 萬元，占 68％；工業資本 1319 萬元，占 26％；手工業資本 315 萬元，占 6％。

一九三〇年（民國十九年）

漢陽五豐製粉廠，資本三十五萬元，年產值二百五十萬元，柴油機、煤氣機各一部，年產粉五十四萬包，產量僅次於福新而居第二位。

漢陽立豐油廠開辦，投資二十萬元。擁有較先進的水壓機式榨油設備五部。

漢口既濟水電廠訂購英國製造六千千瓦交流發電機一部，潑柏葛新式水管鍋爐三臺，在原有的電廠內擴建新機爐房，是為湖北引進的第一套中溫中壓發電機組。

英商太平洋行磚茶廠開辦，廠址在漢口蘭陵路口。有資本一百萬元，年產值七十五萬元，蒸汽動力機一部，工人三百七十餘名。該廠原為俄商新泰磚茶廠，英商接辦後，始得繼續營業，主營代客壓製磚茶，收取 2.5％ 的傭金。在漢口六家中外磚茶廠中佔有最大份額。

漢口天倫製皂廠開辦。有資本八萬元，年產肥皂一點八萬箱，雇用工人三十二名。

由漢口裕華煙公司供銷經理樂雪樵等人，集資開辦美的公

司，自產自銷冰棒、霜淇淋、糖果、點心、麵包等。

史美璿籌借一萬元，買下費榮卿在漢口歆生路（今江漢路）開設的乾泰裕食品器具洋貨店，以乾泰裕西式木器號的招牌獨資經營。一九四七年乾泰裕進入鼎盛時期，雇用員工、工人、學徒二十餘人，資本已達一千五百多萬元。其設計博采中西家俱之長，美觀大方，風格獨特，經久耐用，品牌繁多而享譽武漢三鎮。

一九二八年前後，隆昌和福興漂染廠首創機器漂染棉布，染料由國外進口，一九三〇年亦為染織業興盛時期。武漢紡織業三〇年代發展形成紡織、漂染、針織系列工業。

據漢口市政府社會局統計股一九三〇年六月統計，漢口市用工三十人以上的民族工業共有一百四十七家，工人人數在二點四萬人左右。

一九三一年（民國二十年）

七月二十日

長江、漢水陡漲，漢口遭遇百年不遇的特大洪水，險象環生。漢口地區工廠業主，動員全體員工與洪水搏鬥，保住工廠。同時決定實行邊生產，邊防汛。

八月

漢口除水廠、申新、福新、泰安、勝新等廠保全外，其餘工廠全部停工。因長江江堤潰口，漢口、漢陽和武昌部分地段成為

澤國，災情異常嚴重。武漢三鎮大批工廠關門，商店歇業，近二十萬工人領不到工資。碼頭苦力及其他勞動者失業有十餘萬人。

是年

武漢三鎮僅存布廠七八家，其中以漢口的亞東、和興、華豐，武昌的華升昌，蔡甸的振興布廠規模較大，各有工人三十至兩百名不等。據漢口襪業同業公會統計，大水以前，漢口一地即有針織襪廠不下一百餘家。大水過後，所存者僅五十餘家。

武漢大學在珞珈山北側創建自備水廠，由本校土木工程師繆恩釗主持設計，漢協盛營造廠承建。

漢口商會會長萬澤生等集資六萬元，承租漢口燧華火柴廠，易名為楚勝火柴廠，一九三二年正式開工。計有排梗機六部、馬達五匹、日產火柴二十四箱。國民政府實業部進一步擬定了《限制外人在華設廠草案》。

一九三二年（民國二十一年）

九月三十日

國民政府公佈實施了《獎勵工業技術暫行條例》，

十月二十八日

江漢造船廠舉行「建華」輪下水典禮。

十月

武漢地區第一家手工業生產社——漢口染織生產社成立。

十一月

設立手工造紙傳習所，以白沙洲造幣廠為廠址。

十二月三十日

漢口市政府頒布《修正工廠法》。

十二月

湖北省建設廳決定利用武昌官麻局原有的取水間、水池等設施，興建公用水廠。一九三二年四月動工，翌年七月開始供水，武昌城區從此始有自來水供應。

是年民生輪船公司漢口辦事處成立，李龍章任經理。中央女子肥皂廠和裕民肥皂廠在漢口開辦。湖北省大小三十餘家肥皂廠中，武漢一地即有十三家，其中協記、民信、祥泰等廠，資本在一萬數千元至四萬元不等，工人均在三十名左右。

一九三三年（民國二十二年）

三月二十九日

申新四廠工人在檢修細紗車間機器時，不慎引起大火。紗廠木質車間從鋼絲到成包全部焚毀，損失奇重。四千餘工人失業。

五月二十二日

震寰紗廠在該年前四個月即虧損白銀四十餘萬兩，相當於該廠額定資本的三分之一以上，被迫於五月二十二日宣佈歇業。經武昌地方法院審理，宣告破產。

五月

武漢五大麵粉廠中僅有三家開工，其中金龍、五豐兩廠處於勉強維持狀態，福新五廠雖與上海各廠同時接受美麥貸款救濟，但仍有停業之虞。

六月十五日

武昌第一紗廠因產品無銷路，在未經政府批准的情況下，於該日收歇。在各界的壓力下，該廠雖於七月中旬開始陸續復工，但卻將南廠男工全部換成女工。

一九三四年間該廠又屢次停工。到一九三五年六月被迫宣佈倒閉。

是年

漢口既濟水電廠發電容量增至六千五百千瓦，為全國十餘家華商公用水電廠中規模最大、資本最多的工廠，發電容量占全國華商電廠總容量的三分之一。

武漢民營修造船舶的工廠和兼營修造船業務的機器廠發展到二十二家，為民國時期造船工業發展的興盛時期。

漢口部分藥商合資創辦華中製藥廠和華日製藥廠，從德國購

進一整套製藥設備，生產人丹、酊冰等產品。

漢口社會局調查，符合實業部工廠法規定的工廠，恢復到三百至四百家，工廠總數不下五百家，工人增至五點七萬人，工業登記資本額約三千萬元。

據一九三三年實業部調查，漢口一地針織廠停產五十餘家，碾米廠減少百分之四十，腸衣廠停業三家，肥皂廠停業六家。染織廠增至五十多家，毛巾廠二十四家，是毛巾業生產鼎盛時期。

十人以上的手工工廠有七十一個，除工廠外，還有近六十個行業的手工業店、坊共五千四百七十七個，從業近五萬人，另外，在租界內華人開設的還有皮鞋店、成衣店、西服店、金銀號等共計三十五個。

一九三四年（民國二十三年）

一月

既濟公司陸續對宗關水廠加以擴充和改建，對制水、送水、化驗、消毒等主要設備進行更新改造。計新建澱水池三座，快性濾池七座，直徑七百六十毫米出水管一條，送水泵五臺。通過一系列擴充改造，使該廠的供水能力從二點七萬噸，擴充至九萬餘噸，並提高和保證了生活用水的衛生品質標準。

四月十四日

武漢火柴業統制火柴市場，抵制外國及國內某些廠家傾銷產品對武漢市場的衝擊。

四月

由湖北省建設廳組建的武昌機器廠（湖北省機械廠）建立，六月六日全面投產。是當時武漢最大也是唯一的官辦兼營造船業務的機器廠。一九四五年十月易名湖北機械廠。

五月二十三日

震寰紗廠、申新紗廠在日貨傾銷打擊下宣告停工。

八月一日

南洋兄弟煙草公司漢口煙廠投產。工廠有捲煙機五臺，主要生產「千秋」「金斧」「愛國」等牌號香煙。一九三七年捲煙機增至二十九臺，工人六百餘人。抗戰時武漢淪陷前停產，遷往重慶。

八月

國民政府建設委員會所屬上海電機製造廠電池部由滬遷漢，於同年十一月易名「資源委員會中央電工器材廠第四廠電池組」，在漢口恢復生產，月產 A 電、B 電、單電折合 R20 電池六萬隻，有職工五十餘人。

十一月

英美煙草公司中國公司改名為「頤中煙草運銷有限公司」，該公司壟斷了中國內地廣大的捲煙市場。

是年

申新四廠火災後，經榮氏兄弟增資七十餘萬元，向中國銀行借款二百一十萬元，購入英國潑拉脫紗機二萬錠，三千千瓦發電機及鍋爐全套，恢復生產。另建鋼骨水泥廠房，以防火災。

漢口太平洋肥皂股份有限公司正式成立。一九三八年武漢淪陷，太平洋被日本人接管，生產「青龍」牌肥皂。

湘人陳雲涯將開辦於上海的普同工業社遷至武漢，創建普同工業社漢口大公牌電池製造廠。廠址設在漢正街瑞祥裡，日產大公牌乾電池 5000 隻。

民營機器廠日工資最高為國幣 2.3 元，最低 0.1 元，為各業之最低。

一九三五年（民國二十四年）

八月

武昌市政府接管武昌竟成電燈公司，與水廠合併，成立武昌水電廠。一九三七年武昌市政府對水電廠加以擴充，添置混水機、清水機，設立化驗室，增建一千立方米蓄水池。經過擴建，日供水能力從一千噸增至七千二百噸。

十一月

漢口氧氣製造廠成立。標誌著武漢醫藥業發展進入新的階段。

是年

申新紗廠因盈利而增加紗錠五千五百枚。一九三六年新開設漂染廠。

久昶棉織廠在武漢創辦。該廠有職工二百四十餘人，設備較完善，除生產襪類產品外，還生產針織內衣、背心、球衣、球褲、線衣、蚊帳、圍巾、羅宋帽等，產品暢銷武漢三鎮，是武漢市內最早生產內衣的工廠。

符合《工廠法》的輕工業企業三十四家，占武漢三鎮工廠數的百分之十八。印刷、食品行業多數廠、店仍為小型工廠或作坊。印刷館雖有排字、印刷、裝訂、校對、切紙等部，但各廠固定工人多在三十人以下，有的廠僅二三人。食品店的生產多系手工勞動，一九三五年漢口九十餘家食品店中生產工人在五人以下的食品店有四十九家。

一九三五年，糧市開始好轉，專營和兼營糧食的工商業戶多達一千五百五十七家（糧商 783、米廠 218、麵粉廠 4、榨油廠 9、其他 543），年營業額 12361.27 萬元（法幣）。

一九三六年（民國二十五年）

六月二十八日

漢口金葉、愛義、金龍、金星、華中五家牙刷店開始使用電動鋸骨機、切毛機、磨板機、磨光機等，發展制牙刷生產。該年武漢牙刷業發展到四十餘家，年產量達三百萬支以上。武漢皮鞋工業出現新發展。化學製革廣泛推廣，使用漢紋皮生產的花旗底

男女皮鞋、男式尖頭、內北、外北、接包頭、魚尾皮鞋等新品種相繼開發上市。尤其是一九一二年創辦的武漢茂記皮鞋以及胡順發運動鞋獨具一格，名揚內地。

八月

武漢三鎮工業情況實地調查顯示，全市共有工廠五百一十六家（含外資企業，下同，不含用工 30 人以下手工工廠），資本總額 4724.75 萬元，年產值 18853.10 萬元。其中官辦企業只有二十家，年產值據不完全統計只有 546.8 萬元（缺失漢口 7 家、武昌 6 家，漢陽 2 家資料），約占全市工業年產值約 2.91％。

九月

震寰紗廠由常州大成紡織公司接辦，改為武昌大成紡織染第四廠。

是年

申新四廠又陸續購進新舊布機四百七十五臺，美昌漂染廠機器全套，添購蒸缸、軋絲光機、多滾筒軋花機、刮絨機等設備，建成第二布廠和染整廠，成為國內僅有的幾家擁有紡織漂染的全能企業。

周仲宣等人合資開辦的漢陽民營電廠陸續更新設備，引進英、德等國先進車床、刨床等六十多臺；動力由蒸汽機改為煤氣機、柴油機三百餘馬力；職工增至二百餘人；設有四個工廠，並採用西式管理方法和設置機構。一九三七年年產值達一百多萬

元，成為全國產品最精良的九家民營機器廠之一。

武漢三鎮民營機器工廠一百五十六家，符合工廠法和工廠登記規則的八十二家。這八十二家工廠總資本 352138 元，年產值 644099 元，使用動力九十臺，工人一千五百四十三人。規模較大（資本萬元以上）、產品較精的有呂方記、冠昌、呂錦記、中國煤氣機廠、胡尊記、周恆順、善昌、計記襪車、精藝昌、伍升昌等機器廠。其中，周恆順機器廠已有各種機床六十多臺，設備陸續更新，原動力機已由蒸汽機改為煤氣機、柴油機，共有動力設備三百匹馬力。職工已增至二百多人，聘請二名工程師。一九三七年資產總值增至一百多萬元，生產能力、技術水準已居三鎮民營機器廠之首。

武漢三鎮計有新法製革作坊八十三戶，年產重革 4103 擔，輕革 12034 張，帶革 50996 張。各類皮鞋商號、作坊 180 餘家，平均月產量 2.6 萬雙，最高時達 3 萬雙。

武漢三鎮織帶戶發展到三百餘家，襪類產量達到六十五萬打。比一九二九年增長了 62%。

參加同業公會的印刷店有一百一十三家。

武漢三鎮手工業工人已有五萬餘人，約占三鎮工人數的三分之一以上。全市從事紡織行業的工人數量達到 13824 人，占全市同等類型企業的 48.93%，武漢三鎮開工的民營工廠 516 個。其中，日用化學、飲食品、煙草、印刷四大類工廠增加到 314 個，約占 60%。工廠分布以漢口最盛，達 250 個，武昌 42 個，漢陽 22 個。314 個輕工業工廠共有資本 2200 萬元，占全部民營工廠數的 46%；工人 1.4 萬餘人，占全部民營工廠工人數的 33%；

年產值 1.35 億，占全部民營工廠產值的 75%。

一九三七年（民國二十六年）

七月

抗日戰爭爆發後，日商泰安紗廠由國民政府軍政部接收，最初改名「華安紗廠」，後改為「軍政部漢口臨時軍用紡織廠」，專門織造軍用布匹。

八月十三日

淞滬戰爭爆發，長江封鎖，滬市棉紗大幅減產，且輸出受阻，以致漢紗供不應求，紗價持續上漲。武漢一時成為全國輕紡工業主要的生產中心，尤以棉紡織業最為興旺。

十二月十二日

國民政府首都南京失守，日本軍隊入城製造震驚中外的「南京大屠殺」，國民政府軍事委員會及所屬主要部委撤退至武漢，武漢成為實際上的「戰時首都」。

是年

建成二千三百伏高壓電線共二十七路，形成輸變配電系統，線路共計七點七六公里，從漢口宗關到劉家廟的供電區域內完成了一定規模的電網建設。這是新中國成立前漢口電網建設的鼎盛時期。

第一紗廠由復興公司承租後不到兩年亦獲利五百多萬元。

抗日戰爭初期，武漢逐漸成為全國政治、文化中心。除原有的五百餘戶工廠外，從上海、河南等地遷入約一百七十家中小型企業，工廠數量達到近七百家。全市八十萬人口中，工人約二十萬到三十萬人，其中紡織工人二萬餘人，全市鐵路工人六千餘人，兵工業工人四千餘人，捲煙業工人三千七百餘人，印刷工人三千餘人。全市工業生產產值達到歷史最高峰，武漢成為當時內地最大的工業基地和經濟中心。

一九三八年（民國二十七年）

一月

日本軍隊對武漢實施狂轟濫炸，武漢三鎮百分之十二的工業相繼被摧毀，漢陽鐵廠、裕華紗廠等重要企業均蒙受不同程度的損失。在上海、江蘇等淪陷區大中型企業基本未遷出的情況下，國民政府軍事委員會決定武漢大中型企業內遷西北，以保存抗戰工業實力。

民政府頒《工業同業公會法》，要求製造重要工業品的工廠有同業兩家以上時，應依法組織工業同行公會，並接受政府指導。

三月

武漢大中型工廠開始內遷。軍政部鋼鐵廠遷建委員會成立，下設技術、會計兩室及總務、鐵爐、鋼爐、軋機、動力、建築、

運輸七股。同月二十二日，經濟部工礦調整處召集武漢三鎮三十餘家主要機械廠家討論工廠搬遷問題。

六月

日本御前會議決定「攻佔漢口」。中日雙方投入一百多萬兵力，發動抗戰歷史上規模最大的「武漢戰役」。武漢周邊地區形勢進一步變化，武漢各企業的拆遷工作進入最緊張階段。工礦調整處制定了拆遷工廠的選擇標準。

七到八月

周恆順機器廠西遷。西遷七年的主要業務是為民生公司修造輪船。修造輪船十餘艘，建造二百到二百五十匹馬力蒸汽機二十六部，並為十四艘新船裝備了動力設備。同時，繼續生產煤氣機。期間，工程師武沛發明了內燃機的「武式差壓點火法」和「武二行程煤氣機」，兩項發明獲得了經濟部發明獎。這個時期，全廠職工近七百人，總資本從抗日戰爭前的五十萬元增至一九四三年的五百萬元。各種設備一百多臺。

八月

中國工業合作協會在漢口成立。孔祥熙任理事長，宋美齡為名譽理事長，同時組成了由國共兩黨及各界人士王世傑、邵力子、董必武、鄧穎超、沈鈞儒、黃炎培等人參加的理事會。

十月

日軍佔領大冶即接管大冶鐵礦。十一月日本軍部決定，將大冶鐵礦委託日本製鐵株式會社經營，成立日鐵大冶礦業所。日軍對肥皂業進行壟斷，強佔曹祥泰肥皂廠，改名日華肥皂油脂廠繼續生產，掠奪太平洋肥皂廠的廠房、設備，開辦第一工業株式會社漢口工廠，生產青龍牌肥皂。

是年

武漢二百五十六家工廠相繼內遷至川、陝、桂、黔等省。其中，屬機械業一百一十個，輕工業三十六個，化工業十七個，紡織業八十三個，電氣的四個，軍需的四個，鐵路機械的二個。內遷的一百一十家機器工廠（含民營 107 家）中，遷四川四十六家，湖南五十三家，陝西三家，廣西三家，貴州及其他地區五家。據統計，武漢內遷企業占同期全國內遷企業總數 50% 以上，工業設備噸數的 80% 以上。

外資先後在武漢開辦的工業企業（包括工廠和工業加工部門）有二百餘家，職工一萬餘人，其中除漢口打包廠、恆豐麵粉廠、金龍麵粉廠、福中澄油廠、法華康成酒廠等為外商與華商合辦以外，餘均為外資洋行企業。這些企業以德商美最時、禮和，俄商順豐，英商安利英、沙遜、和記，美商怡和、慎昌，法商立興，日商三井、日信等洋行所辦的工業占較大數量和具有較大規模。

一九三九年（民國二十八年）

一月三日

揚子江輪船公司在漢成立。

七月

日商在漢口開辦華中釀造株式會社。

八月十五日

偽武漢特別市勞工協會成立，通告限期（1940 年 2 月前）進行勞工登記，方准就業。至次年四月，登記者不過一萬九千七百七十二人，而武漢淪陷前工人總數在二十萬人以上。

九月

由日方設立的武漢輸出業聯合會成立「蛋及蛋製品業公會」，規定公會以外者不得從事蛋品輸出業務。加入公會者有三井、三菱、岩井、安宅、吉田、瀛華、日本水產等八家日本公司。

是年

偽武漢特別市政府核發工商業營業許可證六千七百四十五戶，其中三千四百多戶經售鴉片。

金龍麵粉廠被三菱、日東兩家日商洋行以少量租金租借，改

名為日東製粉株式會社。

五豐麵粉廠與日商三井洋行合資經營，更名為漢口製粉株式會社。

一九四〇年（民國二十九年）

三月

日商在武漢成立資本金兩百萬元的日本煉銻株式會社，資本金七十萬元的日本製錫株式會社。

八月

偽武漢市總工商會成立。並設「武漢商業統制處」，辦理武漢工業、手工業產品和商店、行棧商品登記。

湖北玻璃廠被日軍佔據，停產平板玻璃，改產供日軍軍需的玻璃藥瓶。

是年

日軍從山東運來一部造紙機，在漢陽武聖碼頭開辦武漢製紙株式會社，日產衛生紙一噸左右，專供日軍需用。

至一九四〇年武漢銅器業從抗戰前四百多戶減至一百戶，白鐵業從抗戰前五百戶減至二百六十戶。

一九四一年（民國三十年）

十一月

日軍強佔武昌第一紗廠，交由日商泰安紗廠委託經營，並改名為泰安紡織株式會社。

十二月八日

太平洋戰爭爆發。日本東亞海運株式會社接收漢口英國太古、怡和、三北公司等航運業的全部船隻、碼頭、貨棧等。日本三菱公司沒收英商和記蛋廠。至此，英、美、加拿大等國在漢的企事業、領事館全部被日本沒收。為儘快開發日本佔領區內的資源，緩解資金和商品極度短缺的矛盾，日本軍部允許佔領區內的部分華資企業復工，但規定必須中日合作經營，且必須為軍事服務。

是年

日本藥商增至十餘家，丸三藥房和武田藥廠、思明藥房等相繼復工。這一時期華人藥廠藥房由淪陷一百一十六戶減至八十三戶。日本丸三煙草公司強佔英美合資頤中煙公司兩個煙廠。武漢捲煙工業從此完全操縱於日方之手。日商三進物產株式會社強佔華商立豐油廠，改為日資控制下的日華制油廠。

一九四二年（民國三十一年）

六月

日商吉田洋行籌辦武漢硝子（玻璃）器皿製造工廠。十一月投產供應軍需。

十月

日本成立「中華煙草株式會社」。利用原南洋兄弟煙草公司設備繼續生產。嗣又改名「中華煙廠」。擁有工人八百人，月產捲煙三千箱。一九四五年九月十四日停工。

是年

汪偽政權在上海成立「全國商業統制總會」後，偽湖北省政府及漢口特別市政府聯合組成的武漢經濟統制事務處，旋即改為「全國商業編制總會武漢分會」。

據偽「漢口工商會議廳」統計，武漢「復興」工廠一百三十三家，約為戰前武漢工廠數的 25.6％，年產額為戰前的 15.8％。這些工廠多用手工、半手工操作，集中分布在漢口三民路以上的「難民區」。華商開辦的肥皂廠，漢口只有十三家，比戰前減少一半，日產肥皂不足二百箱。

一九四二年據漢口日本商工會議所調查部統計，武漢地區機械工業的投產工廠總數是 101 家，其中民辦工廠 88 家，日資工廠 13 家。88 家民辦工廠總資本額舊法幣 91500 元，其資本額

100-500 元的小本工廠有 27 家，500 元以上至 1000 元的工廠有 20 家，1000 元以上至 5000 元的工廠有 38 家。年產額為舊法幣 15 萬元。

一九四三年（民國三十二年）

一月

日商大新製藥有限會社在漢口投產，資本金五萬元。生產醋酸、杏仁水、硫酸銅等。

九月

武漢口偽當局趁發起獻納金屬製品活動之際，大肆壓榨一般商業者。日偽當局規定：武漢三鎮各同業公會均須購繳紫銅七十五斤、錫三十斤、五分鎳幣八百枚，儲備券一點八萬元。日軍挑選中國棉商與日本在漢八大棉行——瀛華、東棉、日信、三菱、江南、伊藤忠、阿信布、吉田專營共同組成「漢口中日棉花同業公會」。日商林彰義購買中法合資康成酒廠開辦林大酒精廠，專供軍用。武漢地區成立的同業公會達八十九個，正在籌建的有十九個，提出申請尚未核准的七個，登記會員達七千四百三十一戶。

一九四四年（民國三十三年）

日商在漢口、漢陽開辦大二、出光等酒精廠，高木、報國兩家釀造廠以及漢陽味精廠，生產酒精、醬油、南酒、味精等產

品。

漢口市食品製造同業公會會員冊記載，只剩下冠生園等五十九家，比戰前減少三分之一。

一九四五年（民國三十四年）

八月十五日日本宣佈投降後，湖北省政府及所屬工礦企業陸續遷回武漢。武漢收復後，日偽資產均由國民黨第六戰區長官司令部接管日方物資委員會接收。至十一月止，湖北省政府共計接收日偽資產一百三十九個單位，折合法幣一百一十億元。

九月

資源委員會派員接收日偽華中水電株式會社武昌營業所，因發電設備已遭破壞，僅存市區部分供電線路，為解決省政府機關、軍事、工業及社會照明用電之急，暫向既濟水電公司躉購電力，先行恢復供電。

十月

武昌水電廠正式復業，由國民政府資源委員會與湖北省政府合辦。選定武昌下新河原氈呢廠舊址為廠址。一期工程計畫安裝五百千瓦發電設備二臺。一九四五年十月動工，翌年十月對外供電。國民黨海軍在漢口黃陂路接收日軍資產，組建漢口海軍工廠。聯勤總部在漢陽晴川閣接收日軍資產，組建聯勤總部漢陽船舶修造廠。原日商小原商會和交通公司附屬修理廠被後勤部接收後，改為後勤部汽車修理廠附屬輪胎翻修廠。

十一月

抗戰勝利後，湖北省建設廳接收林大、大二、出光等酒精廠，組成漢口酒精廠（後改為漢口化工廠），於一九四五年十一月開工，主要生產酒精、肥皂；將接收的高木、報國釀造廠和吉田玻璃廠合併改為漢口釀造廠，生產玻璃器皿和酒類。

周恆順機器廠內遷部分機器開始運轉，該廠遂成為武漢三鎮回遷復員復工最早的工廠之一。一九四六年周恆順與民生公司分家。

是年

漢口第三汽車修理廠（簡稱 403 廠）成立。其前身是日本在華開辦的泰安紗廠。

五豐麵粉廠被武漢糧政特派辦事處接收。陳經佘籌備的漢昌化學工業無限公司復業。一九四六年十一月由手工生產轉向機械化生產，除生產肥皂外，還製造其他化學工業用品。

漢口市食品業登記營業三十三家，印刷業登記營業二十一家，比一九三五年減少 60%。

漢口手工業能夠維持生產的只有一千八百五十四戶。

一九四六年（民國三十五年）

一月十一日

湖北機械廠正式復工，總廠設於漢口大智路五十一號，下設漢口、武昌、宜昌三個分廠和六個工廠。其前身為一九三四年四

月建立的武昌機器廠。

四月
湖北省建設廳擬訂《統一本省公營企業實施方案草案》。

是年
鄧北超等人集資法幣八億元承租被湖北省建設廳接收的武漢製紙株式會社，取名華中造紙廠，翌年十月開工，生產古琴臺紙、月湖紙等機制土紙和各色包裝紙。一九五〇年改名為武漢造紙廠。

中央電工器材廠接收日產松下電業株式會社漢口乾電池工廠，成立中央電工器材廠湘潭分廠漢口預備廠，後與貴陽電池支廠遷漢合併，一九四七年定名為中央電工器材廠有限公司漢口電池廠。一九四九年五月武漢解放時，漢口電池廠由市軍管會軍管，改名為漢口電工器材廠，有職工一百餘人，固定資產十二點八萬元。同年六月恢復生產。第十一兵工廠遷至武昌彭劉楊路和漢陽兵工廠舊址，重新建廠。施九成、張忠裕、胡如棠於一九〇四年合夥組建的亞洲電業機器廠，從昆明遷至漢口車站路，改名新中電機廠。新香港食品廠創建。陳進卿任經理，地址在江漢路。解放後改名為武漢糖果廠。

登記營業的印刷業一百四十六家，糖果、糕點等食品業六十九家，捲煙業十四家。

機器業工人日平均工資 3900 元（法幣），最高 5200 元，最低 2600 元。仍低於多數行業。

武漢的各工業（手工業）行業的同業公會發展到四十七家。解放後，仍維持同業工會組織，直至二十世紀六〇年代才自行終止。

一九四七年（民國三十六年）

三月

湖北省企業委員會成立。五月該會制定《湖北省企業委員會組織規則》。

五月十四日

中國機械工程師學會武漢分會成立。

七月一日

鄂南電力公司正式宣告成立。公司設於武昌大成路，下設武昌發電所、大冶電廠和武冶線工程處。除供應電力外，兼營自來水，營業範圍包括湖北境內長江以南的部分地區。

八月十七日

國民政府在南京成立了武昌車輛廠籌備處，次年四月遷武昌開始建廠。因戰爭迫近，時建時停，至一九四九年五月，僅建成一座辦公樓、一棟倉庫和一座十四跨廠房的鋼架，有員工九十九人和幾十臺舊設備。

九月

湖北省漢口紡織廠組建。以接收的十二家小棉織廠和建設廳恩施紡織廠資產設備組合而成。計有腳踏布機一百臺，月產布六百匹。

十一月六日

華中地區最大的軍需品生產基地——軍政部聯合勤務總司令部武漢被服廠的工人，因不滿廠方的壓榨虐待罷工。七日，工人們再次集合準備前往國民政府主席武漢行轅請願時，廠方派出兩百多名武裝廠警鎮壓，工人丁海泉當場被打死，三十名工人被打傷。

是年

第二十六兵工廠遷至漢陽，在漢陽火藥廠附近征地建廠。這一時期遷建武漢的軍工廠中，規模最大的是軍政部武漢區被服總廠。該廠有員工八千餘人，每年可生產夏服六十萬套，棉軍服五十萬套，專供鄂湘豫三省軍需，為各省僅次於上海的最大被服廠。

一九四八年（民國三十七年）

十一月

漢口市政府以籌備警備旅伙食費和自衛隊彈藥費為名，向捲煙、麵粉、鹽業等五個行業強行徵收金圓券六十萬元。同年十二

月，漢口十八家捲煙廠有十六個被迫停產。

是年

一些企業在法幣貶值的情況下，為了維持生產，穩定工人情緒，改變了直接用法幣支付工資的辦法，採用銀元、大米或其他實物作為工資的基數，再按浮動價值折扣成法幣發給職工。漢口化工廠、南洋煙廠、宇宙煙廠採取年終雙薪、夥食津貼，發免費煙、肥皂等工資福利，維持職工生活的最低需要。

武漢地區二十八家肥皂廠（包括湖北省民生實業有限股份公司化工廠）開工二十一家，停工七家。月產肥皂三點六萬箱。

至一九四八年，漢陽琴斷口、黃金口一帶九個小型磚瓦廠相繼開辦。九四九年五月，武漢有十四個磚瓦廠，從業人員一千五百八十七人。一九四九年共生產磚二千二百八十九萬塊。

一九四九年（民國三十八年）

一月十五日

武漢機器工業二百餘廠家因無原料停業，六千多工人失業。

一月二十二日

漢口三十家麵粉廠無原料加工停業。二月十二日漢口勝新、復興、五豐等大面粉廠停產。

三月

漢口有肥皂廠二十八家。因貨幣貶值，運輸困難，原料價格陡漲而且奇缺，加之苛捐雜稅繁重，全行業月產肥皂約二萬箱，僅及戰前的三分之一。

四月十四日

武漢地區八十五家米廠停工。

五月十六日

武漢解放。中南軍政委員會（原名中原軍政委員會）駐武漢，林彪任主任，為新中國六大行政區之一。下轄河南、湖北、湖南、廣東、廣西五省，直至一九五四年撤銷。

五月十日

武漢工商業全面歇業。

五月二十七日

中國人民解放軍中原軍區鐵路運輸司令部接管武昌車輛廠，於八月一日投產修車。從一九五〇年起，陸續從武漢、湖南、廣東和廣西等地的原鐵路工廠調進一批職工。

五月二十一日

中原職工總會籌備委員會從河南遷至武漢。

五月二十二日

武漢市軍事管制委員會（簡稱市軍管會，在漢口德明飯店）成立。對原國民黨政府的各種機構進行接管。

五月二十四日

武漢市人民政府成立，吳德峰任第一任市長。

五月二十六日

中原職工總會籌備委員會調集七百餘名工作人員深入工廠，促進恢復生產。

五月

武漢市軍事管制委員會接收漢陽煉油廠、中國植物油料廠漢陽油廠、漢口化工廠，接管了南洋煙廠、宇宙煙廠中的官僚資本股份；中南軍政委員會接管由私商租辦的華中造紙廠，旋即組織上述各廠復工生產。同時人民政府以貸款、收購、訂貨等方式，扶助私營燧華火柴公司等一批企業復工。

武漢市軍事管制委員會鐵道處接管江岸機廠，改名為江岸鐵路工廠。職工增加到九百五十人。一九五〇年，徐州鐵路工廠遷至漢口，與江岸鐵路工廠合併，改名為江岸機車車輛工廠（1957年更名江岸車輛工廠）。

六月十二日

勝新、金龍、寶新等私營麵粉廠相繼復工。停產二個月的武

昌第一紗廠經人民政府扶持，恢復生產。

六月

武漢市軍管物資接管部接管湖北省機械廠和善後事業委員會機械農墾處湖北分處，分別改名為湖北機械總廠和湖北省人民政府機械農墾處。組織了以工商名人陳經佘為團長的「武漢工商界赴滬訪問團」；同年十一月，又派實業家華煜卿與中南局統戰部孟起處長到香港招商。

八月

據對全市十七個行業、九百八十九家企業調查顯示，在二千六百二十九戶私營工業中，能夠勉強開工生產的只有七百六十二戶，停工戶占 22.95％，其中使用機器生產的二百六十家工廠中，停工二百二十家，占 84.62％。

九月五日

武漢市一屆一次各界人民代表會議開幕。會上公佈了《武漢市私營工商業勞資雙方訂立合同暫行辦法》和《武漢市關於私營企業勞資爭議調處程式暫行辦法》。

九月二十九日

市人民政府公佈《武漢工商業勞資雙方商訂集體合同暫行辦法》和《武漢市關於私營企業勞資爭議調處程式暫行辦法》。

九月

全市輕工業二十七家工廠復業，新開工有五十三家工廠，均占同期全市復工、新開業工廠的一半，多為捲煙、肥皂、火柴、釀酒、食品、電池等有利於國計民生的企業。

十月五至十日

中共武漢市委召開首次黨代表會議，作出《武漢以變消費城市為工業城市作為基本方針》的決議。

十月二十六日

武漢市工商業聯合會籌備會成立，陳經佘任主任委員。

是年太平洋肥皂廠轉為武漢市人民政府工業局接管，併入武漢化工廠。中國長江輪船總公司青山船廠始建。位於湖北省武漢市青山區工業港，是我國內河最大的民用修造船廠，具有設計、建造與修理國內外內河及沿海五千噸級以下各類型船舶、柴油機配件、大型金屬結構製造的綜合生產能力。

是年底，武漢市公私企業大部分恢復了生產和經營。四大紗廠紗錠運轉數達 117356 枚，比剛解放時增長 3.56 倍。已開業的商店達 16710 戶。武漢經濟發展漸漸步入正軌。

一九五〇年

三月八日

武昌第一紗廠、裕華紗廠、震寰紗廠、申新紗廠相繼廢除侮

辱工人人格的搜身制。

三月三十日

武漢義瑞、華年、華光等私營出口商號與香港商人成交桐油二批、生漆一批，價值四點六萬美元，是解放後武漢第一筆對西方國家和香港地區的出口貿易。

四月二十四日

武漢市紡織業勞資協商委員會成立。

五月五日

市人民政府頒布《關於臨時救濟失業工人及災民的決定》，月底，市人民政府和市總工會籌委會成立失業工人救濟委員會。

五月十五日

武昌第一紗廠實行公私合營。

五月二十四日

武漢市工商聯副主委、棉商林厚周集資開設開明油廠，該廠是解放後全市工商業者將商業資本轉入工業資本的第一家工廠。

七月五日

武漢市首屆工業展覽會開展。

八月三十一日

市人民政府發佈《關於改造私營工業的初步方案》。

九月十五日

全市失業工人登記工作第一階段結束，各業工會共登記一萬八千八百零四名。

九月來自生產第一線的工人朱玖、陳玉璽、馬可芳被評為首批全國勞動模範。美國德士古武漢分公司以業務停頓為由解雇中國大批職工，引起勞資糾紛。

武漢勞動局、市總工會進行調解，並作出由該公司發給職工補助費的決定。

十月十六日

武漢市委發出《關於在工商業開始好轉情況下處理勞資若干問題的指示》。

十一月四日

市總工會號召全市工人開展愛國主義生產競賽。

十一月十九日

市花紗布公司增設棉紗棉布批發部，撤銷全市棉紗供銷店。

十二月三十日

武漢市軍管會發佈《清查並管制美國在漢公司財產的決

定》，對美資企業美孚石油公司漢口分公司德士古武漢分公司等實行軍事管制。

是年

湖北省造紙廠（即漢陽造紙廠）在漢陽沌口興建，為全省第一家製漿、造紙聯合工廠。

一九五一年

一月一日

全市市營企業今起進行清理資產核定資金工作。

一月十日

《武漢市清理敵偽財產物資獎懲辦法》公佈執行。

一月二十九日

武漢市開展棉布業納稅大檢查。

一月三十一日

市政府公佈《武漢市私營企業勞資協商會議實施辦法》。

一月

中共中央中南局、湖北省委、武漢市委作出限制侵犯工商業的規定。

二月七日

武漢市工人糾察總隊成立。

二月十九日

武漢市私營企業財產重估評審委員會成立，動員工商業資本家收回轉移的資產，努力恢復發展生產。

三月二十三日

武漢市工商業者舉行抗美援朝集體納稅遊行。

四月四日

武漢至黃石電網建成。是日正式向武昌送電。初步形成以黃石電廠為中心的武漢、黃石電力網，全長一百一十二點八五公里，兩端各設六十六千伏變電站一座。這是當時中南區電壓等級最高、輸電線路最長的輸變電工程。

四月三十日

武漢市勞動局通告規定自五月一日起，凡已批准的工廠一律正式執行《中華人民共和國勞動保險條例》。

六月十五日

國營武漢第一棉紡織廠在原漢陽鐵廠廢墟上興建動工，為國家投資興建的武漢市第一個國營大型紡織企業。次年七月一日開工生產。初期有紗錠五萬零四百枚。

職工一千六百二十四人。是全國第一批自力更生建設的五個棉紡廠之一。

七月二十三日

武漢市第一、裕華、震寰、申新四紗廠遵照中央財政經濟委員會命令，自六月六日起停工一個月，以緩解全國原棉不足的困難，今日期滿復工。

八月一日

震寰紗廠實行公私合營。

九月十六日

武漢市第一個工人文化宮——礄口工人文化宮建成開放。

十月十六日

武漢市人民政府沒收日偽阮恆昌機器廠，更名為武漢機器製造廠。成為武漢市第一家國營機器工廠。

十月二十五日

江漢船舶公司製成我國第一艘特種船舶——洞庭號挖泥機船。

十一月十一日

裕大華紡織公司實行公私合營。

十一月

經中南財經委員會批准，周恆順機器廠實行公私合營，改名中南工業部公私合營中南恆順機器廠。

是 年

組建武漢冶電業局。該局是在一九〇六年創辦的漢口既濟水電公司和於一九一五年開業的武昌電燈公司的基礎上組建的。一九六四年改為武漢供電局。

武漢市私營工業較上年增加一百三十戶，職工增加四千零九十八人，資本增加九百九十五萬元，產值增加一千四百六十七萬元。武漢市私營工業總產值達二萬一千四百三十一萬元，是一九四九年的 134.17％。

一九五二年

三月一日

武漢市反貪污聯合檢查委員會宣佈，全市第一批基本守法的工商業者四千五百三十二戶，對他們不追贓、不補稅、不罰款。

三月十三日

武漢市反貪污聯合檢查委員會宣佈，第二批六千八百三十二戶工商業者為基本守法戶。

三月三十一日

市人民法庭首次開庭公審二十二名犯有嚴重「五毒」（指資本家的行賄、偷稅漏稅、盜騙國家財產、偷工減料和盜竊經濟情報五種違法行為）罪行的資本家。

五月六日

中共中央依據各有關部門的調研和建議，作出了在武漢、大冶地區建立全國鋼鐵基地和巨型鋼鐵中心的經濟發展重大戰略性決定。一九五四年四月經中央批准定址青山區，並定廠名「武漢鋼鐵公司」。一九五六年開工建設，一九五八年投產。廠區占地面積八點三四萬平方公里，職工十二萬人，是新中國建立後最早興建的大型鋼鐵聯合企業。武漢鋼鐵公司是我國三大鋼鐵生產企業之一，二十一世紀進入世界五百強企業。

五月十三日

全市各國營企業公司為扶助私營工商業，開展加工訂貨業務，有八百多家廠商獲得大批加工任務，陸續恢復生產。

五月十六日

市總工會召開全市私營企業工人、店員大會，號召工人、店員加強團結，整頓和鞏固工會組織，團結工商業者，建立新的公私關係和勞資關係，發展生產，繁榮經濟。

六月十六日

全市「五反」運動基本結束。全市 42 484 戶工商業中，守法戶占 17.81％，基本守法戶占 66.54％，半守法半違法戶占 13.57％，嚴重違法戶占 1.62％，完全違法戶占 0.46％。

七月一日

國營武漢第一棉紗廠建成投產，是國家投資的武漢市第一個大型棉紡廠。有紗錠 7.1 萬枚，線錠 1.65 萬枚。布機 1796 臺，氣流紡機二臺，織編機十六臺。

七月三十一日

中南物資交流大會在漢閉幕。成交總額達 2.3 億元，購銷總值達 4.6 億元，許多滯銷產品在交易會上打開了銷路。武漢市私營企業五十個行業參加交易，成交額六千萬元，其中國際貿易成交三千萬元。

八月十四日

中南區工資改革工作會議召開，確定在工廠企業實行八級工資制度。十月開始在二十五個工廠進行工資改革，有 75％ 的職工增加了工資，保留原工資的 21％，平均工資較改革前增加 15.5％。

八月

中南酒類實驗廠開辦。由原中南專賣事業公司購買原老天

成、永記、德記三個槽坊廠址而開辦。

武漢市第三酒廠由武漢市酒類專賣公司改建投產。

漢口四家五金店集資創辦國華油氈廠，批量生產航空牌煤焦瀝青油氈，為建材工業增添了新品種。

十一月二十四日

武漢市工商業聯合會成立，陳經佘任主任委員。

是年

一機部汽車局編制《第二汽車製造廠說明》，並在武漢設立籌備處，就廠址選擇和工廠總體布局等方面做了大量籌備工作。後因種種原因，一九五七年籌建工作停止。一九六九年一機部和武漢軍區成立了二汽建設總指揮部，選址現十堰市開始大規模建設。第二汽車製造廠後更名東風汽車公司，為中國四大汽車集團之一，世界五百強企業，總部設武漢。

新康化工廠籌建，位於漢口西郊，毗鄰漢水。一九五三年投產。一九六六年改名武漢有機合成化工廠。

武漢冷凍機廠始建。位於武漢市漢陽區頓甲嶺，是機械工業部生產冷凍機的重點企業。

中南空軍後勤部在漢口韓家墩創辦中南水泥製品廠，開始用離心成型工藝生產直徑七十五到一千三百五十毫米的水泥排水管。

擁有百年歷史的武漢金同仁、陳太乙、初開堂等一百九十九個中藥店聯合組成武漢中聯製藥廠，具有獨立中西藥生產基地，

現擁有藥品註冊生產批准文號三百二十一個。

一九五〇至一九五二年，恢復全國建築材料基地的生產能力。共創辦磚瓦廠二十一個、採石廠二個、煉灰廠二個。一九五二年共生產磚 1.88 億塊、平瓦 2299 萬片、石料 11.47 萬立方米、石灰 0.65 萬噸。其中磚的產量為一九四九年的 7.1 倍。

一九五二年全市工業總產值 4.9 億元，比一九四九年增長 119.68％，主要工業產品產量超過解放前最高年份（1936）水準。國營企業由一九四九年的四個增加到一九五二年的十六個。一九五二年底，私營工業的產值占全市工業總產值的比重由一九四九年的 86.57％ 下降到 27.74％。

一九五三年

一月

本市紗廠推廣「郝建秀工作法」。

二月十七日

毛澤東主席在民生輪船公司總經理劉惠農等陪同下，乘「延安」號輪船視察漢江兩岸及漢陽兵工廠舊址，聽取武漢市工業建設和公私合營情況的彙報。

三月

市手工業生產聯社籌備委員會成立。

四月二十六日

武漢市首屆工人體育運動大會在中山公園體育場舉行。

五月

武漢鍋爐廠籌備處（時稱中南鍋爐廠，同年十二月更名武漢鍋爐廠）在武漢成立。蘇聯、捷克專家多次來漢進行現場勘察，幫助指導工作。一九五六年九月動工，一九五九年九月建成投產，累計投資 6311.7 萬元。是我國最早、規模最大的重工業基地之一，至今仍是我國重要的大型裝備製造企業。

經一機部批准成立「中南重型機床廠籌備處」，廠址選定在武昌塔王廟。一九五六年五月定名為「武漢重型機床廠」。為國內最大的重型機床廠之一。武漢重型機床廠是國內最早新建的特大型機床廠，一九五五年動工，一九五八年建成。計畫總投資原為 1.5 億元，實際用資是 1.31 億元。至今仍是我國重要的大型裝備製造企業。

成立武漢大橋工程局，開始籌備興建武漢長江大橋。一九五四年七月，蘇聯政府派遣以康士坦丁·謝爾蓋維奇·西林為首的專家工作組來華進行技術援助。

一九五五年九月動工，一九五七年十月十五日大橋建成通車，歷時僅二年零一個月。大橋是第一座橫跨長江的鐵路公路雙層橋。

中南金屬結構廠（後改名湖北建築機械廠）建立，位於武昌東湖之濱，系原建工部直屬五大金屬結構廠之一。

六月

青山熱電廠籌建，位於武漢市青山區蘇家灣，毗鄰武漢鋼鐵公司，是華中電網的主力電廠。一九五五年動工。一九八一年底建成，是當時湖北省最大的火力發電廠。

九月九日

中共武漢市委召開國營、地方國營和公私合營工廠企業黨員幹部大會，動員開展增產節約運動。

是年

武昌造船廠成立。隸屬中國船舶工業總公司，以建造軍用艦艇為主要任務，是我國內地最人的造船廠。總建菜面積為八萬一千一百零五平方米。年總產值五百七十五萬元，職工人數二千零一人。其前身之一是建於一九三四年的武昌機廠。武漢酒廠成立。由原中南酒類實驗廠和武漢市第三酒廠合併而成。廠址在武昌民主路，全部職工一百人左右，年產白酒七百噸，生產設備簡陋，多為手工作業。一九五四年十一月，遷廠址至礄口太平路一四三號（原太平洋肥皂廠廠址）。

由葉開泰、陳太乙、陳天保三個藥店集資創建武漢健民製藥廠。是年醫藥行業的工業總產值，國營占 44%，私營占 56%。

全市已有公私合營企業三十一個，其中工業 26 戶，26 戶工業企業有職工 18281 人，資金 5226 萬元，產值 12952 萬元。

全市工業增長速度為一九四九年的 1.18 倍。全民所有制企業由三十九個上升到二百零三個，工業總產值中各種經濟成分的

比重中，全民所有制工業企業上升至 25.9％，私營資本主義企業下降到 37.9％，集體所有制企業為 4.9％，公私合營企業占 18.5％。

一九五三年，全市對民營工業的加工訂貨繼續得到發展。全市年加工訂貨總產值 15111 萬元，為一九五〇年的 182.55％，是歷年加工訂貨產值最大的一年。

在國家第一個五年計畫實施的一百五十六個重大專案中，武漢鋼鐵廠、武漢重型機床廠、武漢鍋爐廠、武昌造船廠、武漢肉類聯合加工廠、青山熱電廠和武漢長江大橋七個項目落戶武漢。此後二十多年時間，逐步形成了以鋼鐵、機械、紡織輕工為主，化工、電子、建材等門類齊全的現代工業體系。在全國二十五個大中城市中，武漢工業總產值僅次於上海、北京、天津，始終位居前四。其中，冶金工業居第三位，紡織工業居前五位，機床擁有量也居前五位。武鋼，武重等武字頭大型國企崛起，武漢成為全國六大工業基地之一。

主要

參考文獻

申報

湖北商務報

漢口中西報

漢口新聞報

漢口民國日報

新華日報

大楚報

武漢報

商務印書館.東方雜誌.1904-1907.

錢業月刊.1929-1930.

湖北省實業廳.湖北實業月刊.1924-1926.

漢口銀行雜誌社.銀行雜誌.1924-1927.

商埠經濟調查叢刊.武漢之工商業.1932.

湖北建設廳.湖北建設最近概況.武漢.1933.

漢口市商會 . 漢口商業月刊 .1934-1935.

湖北省政府秘書處統計室 . 湖北省年鑑 .1937.

武漢特別市政府秘書處 . 武漢特別市市政府周年紀念特刊 .1940.

漢口特別市政府秘書處 . 漢口特別市政府二周年市政概況 .1941.

漢口特別市政府秘書處 . 漢口特別市政府四周年市政概況 .1943.

漢口特別市商會 . 漢口特別市商會第四次會員大會提案 .1943.

聚興誠銀行關於黨、政、軍、財各方面的大事記要 .1933.

武漢市檔案館藏檔 104-1-4.

榮偉仁 . 申新火災後總公司赴漢調查報告書 .1933. 武漢市檔案館藏檔 113-0-605.

實業部檔案 . 實業部關於討論限制外人在華設廠一案致外交部等諮函 . 中國第二歷史檔案館藏 .

湖北省建設廳呈乎字第 1597 號 .1932 年 12 月 29 日 . 湖北省檔案館藏檔 LS1-5-4764.

裕華公司複江漢關函 .1935 年 12 月 9 日 . 武漢市檔案館藏檔 109-1-268.

孫毓棠，汪敬虞 . 中國近代工業史資料（全四冊）. 北京：科學出版社，1957.

陳真等 . 中國近代工業史資料（全四輯），北京：生活・讀

書．新知三聯書店，1957-1961.

嚴中平．中國近代經濟史統計資料選輯．北京：科學出版
社，1955.

姚賢鎬．中國近代對外貿易史資料（全三冊）．北京：中華
書局，1962.

劉大鈞．中國工業調查報告．經濟統計研究所，1937.

中國近代貨幣史資料．第一輯（下）．北京：中華書局，
1964.

中國歷史第二檔案館．中華民國史檔案資料彙編（第五輯）.
南京：江蘇古籍出版社出版，1994.

中國近代史資料叢刊·戊戌變法（一）．上海：上海人民出
版社，1957 年版.

舒新城．中國近代教育史資料．北京：人民教育出版社，
1961.

共產主義小組（上）．北京：中共中央黨史資料出版社，
1987.

中共黨史參考資料（一）．北京：人民出版社，1979.

中華全國總工會工運史研究室．二七大罷工資料選編．北
京：工人出版社，1983.

榮孟源．中國國民黨歷次代表大會及中央全會資料（上冊）.
北京：光明出版社，1985.

復旦大學歷史系．日本帝國主義對外侵略史料選編（1931-
1945）．上海：上海人民出版社，1983.

秦孝儀．中華民國重要史料初編——對日抗戰時期（第 6-7

編）.臺灣：中央委員會中國國民黨黨史委員會，1981.

顧琅.中國十大礦廠記.上海：商務印書館，1916.

王清彬等.第一次中國勞動年鑑.北京：北平社會調查部，1928.

林光澄，陳睫.中國度量衡.北京：商務印書館，1936.

劉獻廷.廣陽雜記.北京：中華書局，1957.

羅家倫.革命文獻（第 26 輯），臺北：國民黨中央黨史史料編委會，1963.

李國祥.明實錄類纂・湖北史料卷.武漢：武漢出版社，1991.

陶上偀修，劉湘煃纂.乾隆漢陽府志.南京：江蘇古籍出版社，2001.

黃式度修，王柏心纂.同治漢陽縣誌.南京：江蘇古籍出版社，2001.

劉昌緒、徐瀛纂.同治黃陂縣誌.清同治十年刻本.

濮文昶修，張行簡纂.光緒漢陽縣識.南京：江蘇古籍出版社，1998.

章學誠.湖北通志檢存稿.武漢：湖北教育出版社，2002.

呂調元，劉承恩修，張仲炘，楊承禧纂.民國湖北通志.南京：鳳凰出版社，2010.

葉調元著，徐明庭，馬昌松校注.漢口竹枝詞校注.武漢：湖北人民出版社，1985.

侯祖佘修，呂寅東纂.夏口縣誌.張翰存刻刷.1920.

武漢地方志辦公室，武漢圖書館.民國夏口縣誌校注.武漢：武漢出版社，2010.

江浦等.漢口叢談校釋.武漢：湖北人民出版社，1990.王葆心.續漢口叢談.武漢：湖北教育出版社，2002.

裕大華紡織資本集團史料編輯組.裕大華紡織資本集團史料.武漢：湖北人民出版社，1984.

武漢大學經濟學系.舊中國漢冶萍公司與日本關係史料選輯.上海：上海人民出版社，1985.

湖北省冶金志編纂委員會.漢冶萍公司志.武漢：華中理工大學出版社，1990.

陳忠明.漢冶萍公司檔案史料選編（全二冊）.北京：中國社會科學出版社，1992.

曾兆祥.湖北近代經濟貿易史料選輯（全五輯）.武漢：湖北省志貿易志編輯室，1985.

湖北省檔案局.漢陽鐵廠史料選編.北京：中國科學出版社，1992.湖北省電力工業志編輯室.湖北電業史料選編（1889-1949）.1995 年內部刊印.

湖北省地方志編纂委員會.湖北省志·工業.武漢：湖北人民出版社，1995.湖北省地方志編纂委員會.湖北省志·經濟綜述.武漢：湖北人民出版社，1995.

湖北省煙草志編纂委員會.湖北煙草志.武漢：崇文書局，2006.

武漢市地方志編纂委員會.武漢市志·工業志.武漢：武漢

大學出版社，1989.

　　武漢市地方志編纂委員會.武漢市志·商業志.武漢：武漢
大學出版社，1989.

　　武漢地方志編纂委員會主編.武漢市志·金融志.武漢：武
漢大學出版社，1989.

　　皮明麻等編.武漢近代（辛亥革命前）經濟史料.武漢：武
漢地方志編纂委員會主編，1981.

　　武漢金融志辦公室等.武漢銀行史料·武漢：中國人民銀行
武漢市分行金融研究所·1987.

　　武漢金融志辦公室等.武漢近代貨幣史料.武漢：武漢地方
志編纂委員會主編，1982.

　　武漢市第二輕工業局手工業合作聯社編志辦公室.武漢手工
業精英集（第一冊）.武漢：武漢市第二輕工業局.1984.

　　武漢紡織工業編委會編.武漢紡織工業.武漢：武漢出版
社，1991.中華人民共和國武漢海關.武漢海關志.武漢：中華人
民共和國武漢海關，1994.

　　政協武漢市委員會文史學習委員會.武漢文史資料文庫（全
八輯）.武漢：武漢出版社，1999.

　　武漢市煙草志編纂委員會編.武漢市煙草志.武漢：崇文書
局，2007.高清保.武漢糧食志（1840-1986）.武漢：武漢糧食
局，1988.

　　張影輝，孔祥征.五四運動在武漢史料選輯.武漢：湖北人
民出版社，1981.徐凱希，吳明堂.武漢民國初期史料.武漢：
武漢出版社，2012.武漢國民政府資料選編編輯組.武漢國民政

府資料選編.武漢：武漢國民政府資料選編編輯組，1986.

武漢地方志編纂委員會主編.武漢國民政府史料.武漢：武漢出版社，2005.李澤.武漢抗戰史料選編.1985年內部刊印.

田子渝.武漢抗戰史料.武漢：武漢出版社，2007.

塗文學.淪陷時期武漢的經濟與市政.武漢：武漢出版社，2005.

塗文學.淪陷時期武漢的社會與文化.武漢：武漢出版社，2005.

中共武漢市委黨史研究室.抗日戰爭時期武漢人口傷亡和財產損失（上）.武漢：中共湖北省委黨史研究室，2010.

武漢地方志編纂委員會主編.武漢解放戰爭史料·武漢：武漢出版社，2009.

武漢市檔案館.武漢解放.武漢：武漢出版社，1996.

鄭友揆.中國的對外貿易和工業發展（1840-1948）.上海：上海社會科學院出版社，1984.

許滌新，吳承明.中國資本主義發展史.北京：人民出版社，1985.

王天偉.中國產業發展史綱.北京：社會科學文獻出版社，2012.

李紹強，徐建青.中國手工業經濟通史.福州：福建人民出版社，2004.

王翔著.中國近代手工業史稿.上海：上海人民出版社，2012.

彭南生．半工業化——近代中國鄉村手工業的發展與社會變遷．北京：中華書局，2007.

嚴中平．中國棉紡織史稿．北京：科學出版社，1955.

洪葭管．中國金融通史・國民政府時期．北京：中國金融出版社，2008.

孟憲章．中蘇經濟貿易史．哈爾濱：黑龍江人民出版社，1992.

湯照連主編．招商局與中國近現代化．廣州：廣東人民出版社，1994.

胡政，朱玉華．招商局與中國港航業．北京：社會科學文獻出版社，2011.

工俞現．中國商幫 600 年．北京：中信出版社，2011.

羅章龍．京漢鐵路工人流血記．鄭州：河南人民出版社，1981.

劉秋陽．近代中國都市苦力工人運動．武漢：湖北人民出版社，2009.

包惠僧．包惠僧回憶錄．北京：人民出版社，1983.

劉明逵．中國工人階級歷史狀況（第一卷第一冊），北京：中共中央黨校出版社，1985.

孫果達．民族工業大遷徙——抗日時期民營工廠的內遷．北京：中國文史出版社，1991.

林桶法．戰後中國的變局——以國民黨為中心的探討（1945-1949）．臺灣：臺灣商務印書館股份有限公司，2003.

梁柏力．被誤解的中國．北京：中信出版社，2010.

嚴昌洪 . 忍齋七秩文集 . 北京：中國社會科學出版社，2012.

張繼熙 . 張文襄公治鄂記 . 武漢：湖北通志館，1947 許同莘 . 張文襄公年譜 . 上海：商務印書館，1946.

趙德馨 . 張之洞全集（十二冊）. 武漢：武漢出版社，2008.

唐浩明 . 張之洞 . 北京：人民文學出版社，2008.

皮明庥 . 一位總督 · 一座城市 · 一場革命——張之洞與武漢 . 武漢：武漢出版社，2001.

馮天瑜，何曉明 . 張之洞評傳 . 南京：南京大學出版社，1991.

陳鋒，張篤勤 . 張之洞與武漢早期現代化 . 北京：中國社會科學出版社，2003.

陳鈞，任放 . 世紀末的興衰：張之洞與晚清湖北經濟 . 北京：中國文史出版社，1991.

章開沅等 . 湖北通史 . 武漢：華中師範大學出版社，1998.

徐鵬航 . 湖北工業史 . 武漢：湖北人民出版社，2008.

蘇雲峰 . 中國現代化的區域研究 · 湖北省（1860-1916）. 臺灣：「中央研究院」近代史研究所，1981.

胡政，宋亞平 . 招商局與湖北，武漢：湖北人民出版社，2012.

中共湖北省委黨史研究室 . 城市的接管與社會改造（湖北卷）· 北京：中共黨史出版社，1997.

皮明庥 . 武漢通史 . 武漢：武漢出版社，2006.

皮明庥．近代武漢城市史．北京：中國社會科學出版社，1993.

殷增濤．武漢對外開放史．武漢：武漢出版社，2005.

武漢地方志編纂委員會主編．漢口租界志．武漢：武漢出版社，2003.

田子渝．武漢五四運動史．武漢：長江出版社，2009.

武漢市總工會工運史研究室．武漢工人運動史（1863-1949）·武漢：武漢出版社，2012.

湖北省社會科學院．回憶陳潭秋．武漢：華中工學院出版社，1981.

羅重一．共產國際和武漢國民政府關係史稿．武漢：湖北人民出版社，2000.

歐陽植梁，陳芳國．武漢抗戰史．武漢：湖北人民出版社，1995.

徐旭陽．湖北國統區和淪陷區社會研究．北京：社會科學文獻出版社，2007.

武漢地下鬥爭回憶錄．武漢：湖北人民出版社，1981.

中共武漢市委黨史資料徵集編研委員會辦公室．中共武漢地方黨史社會主義時期專題資料選編，武漢：中共武漢市委黨史資料徵集編研委員會辦公室，1985.

武漢市檔案館．中共武漢市委檔選編（1949-1951）·武漢：武漢市檔案館，1988.

中共武漢市委黨史研究室，武漢市檔案館．中國共產黨武漢歷史圖志．武漢：武漢出版社，2001.

水世闓．中國資本主義工商業的社會主義改造（湖北卷・武漢分冊）．北京：中共黨史出版社，1991.

吳仲炎．情系大武漢．武漢：武漢出版社，1998.

〔德〕馬克思恩格斯．馬克思恩格斯選集．北京：人民出版社，1972.

〔俄〕列寧著．俄國資本主義的發展．北京：人民出版社，1956.

〔美〕羅威廉．漢口：一個中國城市的商業和社會（1796-1889）．北京：中國人民大學出版社，2005.

〔澳〕莫理循．一個澳大利亞人在中國．福州：福建教育出版社，2007.

〔英〕伊落貝拉・伯德．1898：一個英國女人眼中的中國．武漢：湖北人民出版社，2007.

〔日〕水野幸吉著，劉鴻樞等譯．漢口──中央支那事情．上海：昌明公司，1908.

〔英〕穆和德等著，李策譯．近代武漢經濟與社會──海關十年報告（1882-1931）．香港：香港天馬圖書有限公司，1993.

〔蘇〕A・B・巴庫林．中國大革命武漢時期見聞錄．北京：中國社會科學出版社，1985.

〔德〕王安娜．嫁給革命的中國．北京：三聯書店，2009.

日本防衛廳防衛研究所戰史室．中國事變陸軍作戰史（第二卷第一分冊）．北京：中華書局，1979.

日本歷史學研究會．太平洋戰爭史（第二卷）．北京：商務

印書館，1961.

漢口日本商工會議所調查部．武漢地區工業調查報告書第十號（華人鐵系金屬工業）．漢口日本商工會議所資料．1943.

金陵大學農學院農業經濟系．中華民國二十年水災區域之經濟調查．金陵學報第 2 卷第 1 期，1932.

官商關係與清末民初湖北紗布絲麻四局承租權的流轉．近代史研究．2011 年第 2 期.

鄒振環．19 世紀早期廣州版商貿英語讀本的編刊及其影響．學術研究．2006 年第 8 期.

胡濱，李時嶽．李鴻章和輪船招商局．歷史研究．1982 年第 4 期．朱華，徐冰．近代湖北金融業發展史‧銀行卷．武漢金融．2011 年第 2 期.

張篤勤．抗戰時期武漢工廠內遷的艱難歷程及慘重損失．中國經濟與社會史評論 2012 年卷．中國社會科學出版社，2013.

林繼庸．民營廠礦內遷紀略．工商經濟史料叢刊第 1 輯，文史資料出版社，1983.

齊植璐．抗戰時期工礦內遷與官僚資本的掠奪．工商經濟史料叢刊第 2 輯.

二〇一三年，是武漢近代工業誕生一百五十周年。武漢與上海、天津、廣州、南京、蘇州、寧波、福州等城市是中國近代工業的發源地，武漢也是中國重工業的主要發源地。武漢三鎮歷史上是重要的傳統手工業城埠，是我國傳統手工業向近代工業自然轉變的主要城埠之一。十二世紀以後，武昌就是南中國的主要手工業和商貿城埠，元明清三朝六百四十年，武昌一直是南中國主要的政治、經濟中心之一；十五世紀中葉，漢口在長江最大支流漢江改道中形成，是中國中西部地區傳統手工業生產和運輸、銷售的集大成者，十九世紀初中期成為僅次於上海的第二大工商城埠；漢陽則是府、縣兩級衙門所在地，紡織業發達。

一八四〇年鴉片戰爭，中斷了中國緩慢而艱巨的傳統手工業向近代工業化轉化的進程，西方列強用堅船利炮迫使中國捲入世界資本主義經濟體系。一八六一年漢口開埠後，歐洲工業革命的浪潮湧向中國腹地。蜂擁而至的外國商人建成一批農業深加工和日用品生產工廠，以及相關的二十家銀行、一百餘家洋行，成為武漢近代工業的發端，並由此壟斷了中國的茶葉、桐油、蛋製品、皮革、豬鬃等國際貿易市場。

一八八九年是武漢近代工業的發展之年。清朝晚期洋務運動領袖、湖廣總督張之洞主持鄂湘「興業禦侮」，漢陽成為中國鋼鐵、軍工的重工業基地，武昌成為僅次於上海的紡織業基地，漢口則成為著名的國際貿易港。武漢新軍強大、工商昌盛、文教領先。

武漢近代工業的發展及經濟基礎的變革，對我國近代歷史的走向產生重大影響。一九一一年武漢率先爆發辛亥革命，推翻已有二千一百三十二年歷史的封建君主制度，使世界五分之一的人口走向共和制度。一九二一年中國共產黨誕生，武漢共產主義小組是六個發起機構之一；中共一大十三名代表中，湖北籍並曾在武漢學習工作的代表有五人。一九三八年十月以後中國半壁江山被日本軍隊佔領，武漢內遷的二百五十個人中型工廠和十餘萬工人，占抗戰內遷企業和設備半數以上，成為抗戰勝利的工業中堅，也改變了全國的工業布局。

工業強大、國家富強是中華民族振興之夢。但是，中國近代工業的進程兩次被日本武力中止：一八九五年甲午海戰、一九三七至一九四五年侵華戰爭。直至一九四九年新中國成立，全國仍未建立與國家地位相適應的近現代工業體系。

武漢同全國一樣，工業復興出現在二十世紀六〇年代至九〇年代。作為國家重要工業基地，武漢有三十多年時間居全國工業產值、固定資產前五位。武漢工業再次復興則已進入二十一世紀二〇年代，汽車、鋼鐵、光電子資訊、生物醫藥、環保產業等成為支柱產業，武漢鋼鐵公司、東風汽車公司進入世界五百強，高速鐵路、特大型橋樑、特大型水利樞紐、高速公路、電子資訊等

工業設計享有世界聲譽。

「前事不忘，後事之師」。二〇一一年底，武漢市委、市政府部署「工業興市，實現萬億工業產值」的工作，湖北省委常委、武漢市委書記阮成發提出要學習工業歷史，做明白的工業人。時任武漢市長唐良智批准武漢近代工業史研究課題立項。

但是，武漢近代工業史一直缺乏系統研究，原因是武漢近代歷史上的三次浩劫造成工業史料嚴重缺失：一是一九一一年十月辛亥武昌首義後，馮國璋率清軍火燒漢口三天三夜，除漢口五國租界外，工商企業毀損三分之二；二是一九三一年長江特大洪水，武漢三鎮堤壩失修潰垮，工廠被淹史料損失嚴重；三是一九三八年十月日軍侵佔武漢，大批工業史料毀於空襲或工廠內遷途中。

二〇一二年，武漢市政府時任市長唐良智，決定組織力量撰著《武漢近代工業史》，以總結武漢近代工業的發展規律，推動新時期武漢工業的快速、健康發展。收集、核實和梳理工業史料，成為《武漢近代工業史》課題組的首要任務。

為力爭全書的結構比較合理、脈絡比較清晰、史料比較翔實和學術嚴謹，課武漢近代工業史題組邀請兩位歷史學家擔任學術顧問，華中師範大學中國近代史研究所原所長嚴昌洪教授，湖北省社會科學院歷史文化研究所原所長徐凱希研究員。他們審閱了全稿，有些重要學術觀點與撰著者進行了討論。武漢檔案局（館）、武漢地方志辦公室、武漢市經信委、工商聯等給予了實質性的支持。

全書由主編統籌。撰著大綱及體例由唐惠虎博士完成，經撰

著者討論完善;唐惠虎通審了全書。武漢圖書館館長、研究館員李靜霞,副館長、研究館員張穎參與全書統稿工作,組織查閱了許多館藏的珍貴歷史資料,聯繫查閱了北京等地的涉漢工業歷史資料。武漢社會科學院歷史文化所原所長張篤勤研究員、武漢工程大學劉秋陽教授等作者,對本書的完成提供了重要幫助。副主編杜宏英、王鋼承擔了諸多編務工作,十分辛苦。王鋼還承擔了歷史照片的收集、整理工作。

《武漢近代工業史》撰著者是:唐惠虎(第一章),杜宏英(第二、四章),孫智龍、杜宏英(第三章),王鋼、張篤勤(第五章),張均(第六章),張篤勤(第七章),王鋼(第八章),張振有(第九章),吳翔、杜宏英(第十章),劉秋陽、王鋼(第十一章),張穎(大事記)。

作者中,張篤勤是武漢市社會科學院歷史文化所原所長、研究員,近代史著述豐富;劉秋陽是武漢工業大學教授、歷史學博士,對武漢近代史研究多有卓見。唐惠虎、李靜霞、張穎、杜宏英、王鋼等已有較多武漢近代研究論著論文。全書歷經三年完成。其中,一些重要學術觀點借鑑了前期研究成果:一八六三年是武漢近代工業發端年,採用了武漢市總工會主持的多次全國學術研討會的研究成果;一八八九年是武漢近代工業的發展年,採用了臺北「中央研究院」蘇雲峰研究員《中國現代化的區域研究‧湖北省(1860-1916)》的論點;一九三八年底武漢內遷西北企業成為抗戰後方工業中堅,採用了國民政府實業部檔的表述等等。

武漢海關、湖北商品檢驗檢疫局、交通部長江航務管理局,

解放軍武漢軍事經濟學院、湖北省檔案館、圖書館、武漢市政協文史委員會、武漢市財政局、經濟資訊委員會、文化新聞出版廣電局、檔案局、地方志辦公室、市工商聯合會等以及武漢鋼鐵公司、裕大華紡織公司等企業，在撰著中給予了許多實質性的幫助。

本書由時任武漢市市長唐良智博士作序，撰著期間他多次過問，並對一些重要的學術觀點進行了討論。二〇一五年一月萬勇任武漢市市長，堅持工業立市的市策，同時也十分關注此書的撰著工作。

本書從策劃到出版得到湖北人民出版社先後三任社長劉道清、袁定坤、姚德海，總編輯王建槐的支持，並專調曾任《湖北工業史》責任編輯的陳革擔任本書責任編輯，他為此書的出版傾注了心血。張琦對本書也提供了幫助。

本書撰著參考了較多歷史資料，也引用借鑑了較多學術研究成果，部分在文中或書後作了標注，十分感謝這些注明的和未注明的學者或存史者的貢獻。

由於史料收集困難，加上眾手成書，撰著者對各章所承擔的內容理解不盡相同，全書在史料引用和表述上偶有不盡一致。雖經主編和撰著者數次審修，仍不盡如人意，因而十分期待得到讀者的指教。

編　者

二〇一五年六月六日

昌明文庫・悅讀歷史　A0604008

武漢近代工業史 第四冊

作　　者	唐惠虎、李靜霞、張穎
版權策畫	李煥芹
責任編輯	呂玉姍

發 行 人	陳滿銘
總 經 理	梁錦興
總 編 輯	陳滿銘
副總編輯	張晏瑞
編 輯 所	萬卷樓圖書股份有限公司
排　　版	菩薩蠻數位文化有限公司
印　　刷	百通科技股份有限公司
封面設計	菩薩蠻數位文化有限公司

出　　版　昌明文化有限公司

桃園市龜山區中原街 32 號

電話　(02)23216565

發　　行　萬卷樓圖書股份有限公司

臺北市羅斯福路二段 41 號 6 樓之 3

電話　(02)23216565

傳真　(02)23218698

電郵　SERVICE@WANJUAN.COM.TW

大陸經銷

廈門外圖臺灣書店有限公司

　電郵　JKB188@188.COM

ISBN 978-986-496-508-3

2019 年 3 月初版

定價：新臺幣 480 元

如何購買本書：

1. 轉帳購書，請透過以下帳戶

　　合作金庫銀行　古亭分行

　　戶名：萬卷樓圖書股份有限公司

　　帳號：0877717092596

2. 網路購書，請透過萬卷樓網站

　　網址 WWW.WANJUAN.COM.TW

大量購書，請直接聯繫我們，將有專人為您

服務。客服：(02)23216565　分機 610

如有缺頁、破損或裝訂錯誤，請寄回更換

版權所有・翻印必究

Copyright©2019 by WanJuanLou Books CO., Ltd.

All Right Reserved　　　　　　**Printed in Taiwan**

國家圖書館出版品預行編目資料

武漢近代工業史　第四冊 / 唐惠虎, 李靜霞,

張穎著.-- 初版.-- 桃園市：昌明文化出版；

臺北市：萬卷樓發行, 2019.03

　　冊；　　公分

ISBN 978-986-496-508-3(第 4 冊：平裝)

1.工業史　2.湖北省武漢市

555.092　　　　　　　　　　108003229

本著作物經廈門墨客知識產權代理有限公司代理，由湖北人民出版社授權萬卷樓圖書
股份有限公司(臺灣)、大龍樹(廈門)文化傳媒有限公司出版、發行中文繁體字版版權。